武汉城记

我们共同的历史与遗产

1860 —— 1959

许颖 丁援 著

SHARED HISTORY, SHARED HERITAGE

A Story of Wuhan (1860-1959)

中信出版集团 | 北京

图书在版编目（CIP）数据

武汉城记 / 许颖，丁援著 . -- 北京：中信出版社，
2022.11
ISBN 978-7-5217-4681-5

Ⅰ . ①武… Ⅱ . ①许… ②丁… Ⅲ . ①城市史－史料
－武汉 Ⅳ . ① K296.31

中国版本图书馆 CIP 数据核字（2022）第 157968 号

武汉城记
著者：　　许颖　丁援
出版发行：中信出版集团股份有限公司
（北京市朝阳区惠新东街甲 4 号富盛大厦 2 座　邮编　100029）
承印者：　北京盛通印刷股份有限公司

开本：787mm×1092mm 1/16　　印张：21.5　　字数：330 千字
版次：2022 年 11 月第 1 版　　印次：2022 年 11 月第 1 次印刷
审图号：武汉市 S（2021）033 号　　书号：ISBN 978–7–5217–4681–5
定价：79.00 元

服务热线：400–600–8099
投稿邮箱：author@citicpub.com

目录

第三章

营造武汉　武汉近代著名事务所、建筑师及营造厂

第四章

武汉“共享遗产”　从“西风东渐”到“中西合璧”

第五章

武汉“共享遗产”　从“师夷长技”到跨越发展

序

我在武汉这座城市已居留 70 余年，情感可谓深切。丁援约我为其新著《武汉城记》作序，欣然领命，正是出于这份情感。此书是丁君团队第四本关于武汉城市和建筑的论著，不乏卓见。

我曾提出这样一个思路：一座城市“市龄”的确定，并非简单追溯出某一久远年代便可了事，而必须将其纳入该城市发生发展的历程中做系统考查。关于武汉的“市龄”，从武汉史的阶段性发展而论，可以分为四个层次，分别加以考证：第一，武汉地区最早建筑完备城垣的时间；第二，武汉地区最早出现城市建制的时间；第三，武汉地区的市镇以经济（工商业）为主要功能开端于何时；第四，武汉作为现代都会始于何时。

《武汉城记》的主旨，即在于对武汉由中古商业重镇转向现代大都会的百余年城建历史的系统梳理与发微探奥。不同于武汉近现代城市建设史的常见叙述逻辑，作者另辟蹊径，从城市规划和共享遗产的角度论述武汉近现代的规划历程，归纳在中国社会近现代转型的大背景下武汉城市的个性特色。

武汉的研究需要打通学科界限，需要中外历史与建筑规划的知识积累，是一项长期而艰苦的工作。我衷心希望能有更多的有识之士投身于武汉的城市研究和文化遗产保护事业。

是为序。

冯天瑜

2022 年中秋前

自序

在“历史空间”中触摸城市

现代意义上的“武汉”从何而来？从地理格局上来说，武汉的“三镇鼎立”格局出现于汉水改道、汉口形成之后，其实不过500多年。在此之前，汉阳城与武昌（鄂州）城隔长江相望，双城并立的格局持续了千余年。临江而建的城池、屡毁履建的黄鹤楼、从江水中出现又终于并于两岸的沙洲和滚滚东逝的江水见证着这座城市的强盛与衰落，也塑造着这片土地上人们的性格。

开埠通商、张之洞督鄂、辛亥首义，这是每个武汉研究者都绕不开的三个关键词，我们这本书也不例外。但是除了讲述这些，我们也试图关注一些细节，比如城市的设计、街道的尺度、建筑的风格、本土设计师的成长，还有一个又一个“历史空间”的故事。

20世纪初，张之洞在武昌创办了大量的新式学堂，其中有不少设置在了旧式的礼仪空间之中，如湖北陆军军医学堂就设置在了昙华林左卫城隍庙。辛亥元勋万耀煌曾经回忆过这样的情境：“高家巷，有府城隍庙，正拟改作学堂，有一天城隍升天，武昌知府梁鼎芬……亲自拈香，恭恭敬敬地拜了四拜，行礼如仪后，梁命撤去香案，由16名大汉，将木雕城隍神像，抬到丹墀大堆干柴上面，举火焚烧，道士痛哭，如丧考妣。”虽然物质空间并没有剧烈的变革，但旧式礼仪空间内承载的文化意义已经截然不同。在武汉，这样拥有多个历史层次的空间其实并不少见。

一方面，标志性的历史空间从来不缺故事。以武昌蛇山南麓的阅马场为例，这一区域在明代是武昌内城——楚王府的所在地，明末农民起义时为张献忠部所焚，只余楚望台等历史地名。清康熙元年（1662 年），这一区域被湖广巡抚刘兆麟辟为校场，“阅马场”之名也由此而来。咸丰三年（1853 年），太平天国首克武昌后，曾在阅马场建高台宣传革命。1909 年，湖北咨议局成立，选址阅马场北端。1911 年，武昌起义打响了辛亥革命第一枪，其中首先攻占的，便是楚望台军械库。次日，湖北军政府即在湖北咨议局大楼内成立。其后，黎元洪仿效汉高祖刘邦拜韩信为将的故事，拜黄兴为将，举行隆重庆典，并在阅马场中央设置了拜将台。新中国成立后，这里又一度成为了湖北省委及政府机关所在地。风云变幻，从封建王朝的地方统治中心到农民起义的宣传阵地，再到辛亥革命的革命中心和新中国地方政府的政治行政中心，阅马场这一拥有丰富层次的公共空间，是传统城市公共空间发展变化的典型。

另一方面，有意思的故事也模糊了空间。武昌的花园山一带，原是明初坐镇武昌的楚昭王朱桢的第五子朱孟炜的王府花园，清代时产权归刘氏家族所有，俗称“刘家花园”。光绪六年（1880 年），明位笃主教想重建天主堂，但得不到当时官府的同意，于是令教徒出面，宣称“为民祈福，需建大王堂”，将花园山从刘氏手中买了过来。此后请江成德设计、监造主教公署，两年后建成。在建设过程中，“大王堂”的“大”和“王”分别被加上了一横、一点，就变成了“天主堂”。

风云变幻的历史，是这种空间交叠的创作者。例如，武汉在1927 年短暂地成为首都，也再一次成为革命的中心。在这一时期，毛泽东居住在武昌都府堤的一栋中式建筑中，周恩来、瞿秋白、李维汉及邓小平等人居住在前英租界湖南街的德林公寓，中华全国总工会在军阀程汉卿的西式公馆内办公，其秘书长刘少奇则居住在街对面的一幢里分式建筑之中。距离它们并不远的地方，武汉国民政府设置在南洋兄弟烟草公司大楼三楼，宋庆龄则居住在华俄道胜银行。中共五大会址位于武昌高等师范学校附属小学内，“八七会议”则紧急召开于汉口英国人建的西式公寓。作为现代人，身处这样的“历史空间”之中，我们能够感受到的“场所精神”也是多层次的、复杂的。

这种复杂性深深地吸引我，也是推动我开展“共享遗产”（Shared Built Heritage）研究的一个原因。我的武汉城市史研究受到罗威廉很深的影响。他的《汉口——一个中国城市的商业和社会（1796—1889）》和《汉口——一个中国城市的冲突和社区（1769—1885）》两本书给了我很大的启发——我很喜欢他的视角、写法和运用材料的能力。我也希望能够从文化交流的角度“由外而内”又“由内而外”地触摸这座城市，对武汉的“历史空间”展开分析。

本书虽然构思已久，但主要是写在2020年武汉“封城”的那段时间。那时的我们被封在武汉，除了担心这座城市和自己的命运，也急切地想要为这个城市留下一些记录。本书的另一位作者丁援是我的博士后指导老师。在囤菜、看新闻、盼春天到来的那些日子里，我们只能通过电话和网络交流本书内容的细节。最终，武汉复苏，我们的书稿也经过不断的修改而确定下来——好像是向这座英雄的城市交出的笨拙而又坚定的答卷。

许颖

第一章

理解武汉

从文化交流的角度书写武汉历史

第一节

近代以前的武汉三镇

距今 18 亿—2 亿年前，武汉所在的中国中部，曾是一片汪洋大海——扬子海。20 世纪 70 年代，考古学家在汉阳锅顶山上发现了一种没有下巴的古生物化石，它被称为“汉阳鱼”。渐渐地，海洋随岁月流逝而退去。距今 1.5 亿—1 亿年前，地壳运动造就了龟山、小龟山、蛇山等山峰，又经过距今约 7 000 万年前的地壳运动，如今武汉山川相缪、湖陆相间的地理格局正式形成。[①]

1999 年，在武汉市汉南区纱帽山的长江之畔，汉南区环保局干部毛凑元捡到了一具头盖骨。经过专家考察和检验，该头盖骨属于一位生活在距今 5 万—1 万年前的 25~35 岁的女性，她被命名为“汉阳人”，为晚期智人类型，与四川资阳人、北京山顶洞人年代相近。汉阳人头盖骨的发现，佐证了长江流域也是中华民族的摇篮这一事实。[②]

《战国策 · 魏策》云：“三苗之居，左彭蠡之波，右洞庭之水。”鄱阳湖与洞庭湖之间的江汉之地，在传说时代是“三苗”所居住的地方。尧舜禹时代，三苗曾不服尧禅让给舜，欲北上抗击。舜在晚年亲征三苗，本人也死于征途。禹后来征伐三苗，最终将其打败，把江汉

---

① 刘玉堂、王本文、张硕：《武汉通史 · 先秦卷》，武汉出版社，2006 年，第 2—3 页。

② 张松平：《“汉阳人”头盖骨发现始末》，载武汉地方志编纂委员会办公室编：《春兰秋菊集——〈武汉春秋〉20 年文存》，武汉出版社，2003 年。

地区纳入了夏王朝的版图。在那个洪水汤汤的时代，舜和禹都在江汉平原上留下了治水的传说。如今，荆州南纪门外，还存有相传禹“堵水”用的“息壤”，而禹疏江导汉，更使“江汉朝宗”的故事传诵至今，并在如今的汉阳地区留下了禹功矶、禹稷行宫、禹柏、禹碑等大量文化遗产。

让武汉能够真正称得上“城市”的，应该是距今约 3 500 年前的盘龙城（彩图 1）。根据考古发现，盘龙城是一个集政治、军事、经济三位一体的早商时期长江中游地区的中心城市。[①] 盘龙城是长江流域最早的商代城邑，是武汉的城市之根。

西周时期，周成王在汉江流域分封了不少姬姓的侯国和伯国，称为“汉阳诸姬”，又在鄂西北的山区封楚人熊绎为子爵。大约 150 年后，熊渠将楚人的势力范围扩大到了今天武汉的江南地区。“筚路蓝缕，以启山林”，到春秋时期，楚人的势力范围拓展到了如今的汉口、汉阳地区，也慢慢控制了整个江汉平原。两周时期，在如今武汉的周边地区，曾经存在过一批封国，留下了多个城市遗址。但当时的城市范围尚未发展到如今武汉中心城区的位置，城市的功能也以军事为主。武汉最早的城市建制，要到西汉时期才正式开始出现。

秦始皇统一天下后，正式建立了郡县制度。在全国的 36 郡中，武汉属于南郡，其治所在江陵，即今天的荆州。汉高祖六年（前 201 年）从南郡中析出江夏郡，包括湖北中东部与河南东南部的 14 个县。与今武汉相关的，是西陵县、邾县、沙羡县、鄂县 4 县。其中，沙羡县位于今武汉江夏区金口镇，其名得之甚早，可以追溯到公元前 350 年左右。沙羡县的设立也是武汉城内第一次设立县级行政机构，标志

① 陈贤一、陈春、刘国胜编著:《图说盘龙城》，武汉出版社，2017 年，第 238 页。

着武汉正式纳入了国家行政建制的序列。

武汉市中心区域的发展，始于汉末三国时期却月城（汉阳）和夏口城（武昌）的双城对峙。却月城位于今汉阳江汉桥一带，是当时的军事战略重地。从建安四年（199 年）到建安十三年（208 年），江东孙氏与刘表为争夺却月城先后进行过三次战争，以孙权胜利告终。222 年，孙权称王，将统治中心从湖北公安移到了鄂县（今鄂州），并将其改名为武昌，在黄鹄山上建造了夏口城。以夏口城和却月城（以及随后建造的鲁山城）为代表的双城并立的格局持续了 1 000 多年，直到明朝中后期汉口兴起，才为三镇鼎立之格局所取代。

夏口城在刘宋时期被改扩建为两重城垣的母子城——郢州城。其中的“子城”也就是内城，即原来的夏口城。南北朝时期，战事纷纭，夏口–郢州城因武而兴，也由武而衰。隋朝开皇九年（589 年）建立了鄂州，治所在江夏县，城址则是原来的郢州城。到唐代，地方行政建制又有了新的变化，在长江的北岸与南岸分别设置了沔州和鄂州，两个区域性政治中心隔江而峙的局面完全形成。虽然终唐一代，鄂州的政治地位都不如南朝时重要，但作为长江中游最大的商业中转码头，鄂州的造船业与航运业非常发达，鄂州也逐渐成为一个富庶的商业城市。安史之乱之后，鄂州重要的经济地位也带来了它政治地位的提升。唐敬宗宝历元年（825 年），牛僧孺开始坐镇鄂州。在其任上，第一座以砖结构代替夯土结构的鄂州城完成修造。2019 年，武昌城德胜门考古中发现了唐代城墙砖，极有可能是牛僧孺的鄂州城所留。除了修城，牛僧孺还向朝廷建议将鄂州、沔州合二为一——这是武汉地区历史上首次城市一体化规划，具有里程碑的意义。从唐末到五代，鄂州一直是农民军及割据势力的必争之地。到后周世宗显德五年（958 年），后周、南唐划江为界，后周在江北设置了汉阳军，江南的鄂州

武昌城德胜门城墙发掘现场

据现场工作人员告知，此处为宋代城墙遗存，内含部分唐代城墙砖。

城则归南唐所有。

宋代的鄂州、汉阳军同属荆湖北路。南宋初年，岳飞镇守鄂州，曾驻扎 7 年之久，并以此为大本营进行北伐。无论是其“驾长车，踏破贺兰山缺”的壮志，还是“十年之功，废于一旦”的遗憾，都将岳飞与鄂州城紧紧联系在了一起。除了军事方面的重要性，鄂州的经济地位也在宋代显著上升。随着经济中心的南移和商品经济的发展，鄂州、汉阳的商业和水上运输业再次繁盛起来，不逊于钱塘（杭州）和建康（南京），成为长江流域的三大都会之一。

元朝灭南宋之后，建立了行省制度。湖北地区属于湖广行省，其行政中心就设置在鄂州。元成宗大德五年（1301 年），改鄂州路为武昌路，后改为武昌府（又称武昌、上武昌）。位于今武汉市中心城区的“武昌”，正式定名，而原“武昌县”即今日的鄂州市，仍称武昌县，也被称为“下武昌”。元末农民起义中，武昌和汉阳成为天完红巾军和大汉政权的大本营。元末农民起义领袖陈友谅以武昌为大汉政权的行政中心，他在鄱阳湖大战中战死后，也被运回安葬在了今武昌黄鹄矶头黄鹤楼附近。

打败陈友谅并赢得武昌和汉阳两座城的是明朝的创始人朱元璋。相传在他接受陈友谅之子陈理投降之时，第六子朱桢出生，立即被他封为“楚王”。洪武十四年（1381 年），朱桢正式来到武昌就藩，不仅拱卫京师，而且巩固了明朝在长江中游地区的统治。在明朝初年的政治改革中，元代的湖广行省改为湖广承宣布政使司，与提刑按察使司和都指挥使司都设置在了武昌。英宗正统三年（1438 年）设置湖广巡抚，明中晚期又设置湖广总督、总兵、提督等。武昌城内既有省级三司衙门，又有高于府县级的总督、巡抚衙门，还有武昌府、江夏县的官署，被称为“湖广会城”。汉阳地区则设汉阳府，下辖汉阳等县，设有府、县两级衙门。武昌城、汉阳城此时都重修了砖城，其中武昌城较大，设 9 门，以楚王府为核心，而汉阳城较小，设 4 门，两城隔长江天堑相对，以“武汉”并称。明宪宗成化年间（1465—1487 年），汉江改道形成新的入江口，武汉三镇的第三座城市——汉口，慢慢展露雏形。

从双城到三镇，武汉的地理格局在明朝中后期正式形成。汉口形成之后，由于码头和商业的发展，城市里迅速形成了大片的商业区。万历年间（1573—1620 年），汉口成为湖广地区漕粮转运的唯一口岸，也是淮盐的集散地，居民人数随着商业和水上运输业的发展与日俱增。汉口的水患，来源于其北部浩渺的后湖。崇祯八年（1635 年），汉阳通判袁焻主持在汉江北岸修筑十里长堤，上起硚口，下迄堤口，呈半月形环绕汉口市镇北部，该堤后被称为“袁公堤”（即今长堤街）。又引水入堤旁取土之壕沟，成为“玉带河”。袁公堤的修筑，增强了汉口市区抵御后湖洪水的能力，为汉口的发展提供了重要的保障。

到了清代，武昌仍然是省级行政中心，主要管理的地域范围则缩小至两湖地区。武昌地区设武昌府，汉阳地区设汉阳府，汉口在行政关系上属于汉阳县。在康乾盛世中，汉口成为中国四大名镇之首，人口众多、商业兴盛、码头林立，被《大清一统志》称为“楚中第一繁盛处”。汉口的淮盐、粮食及竹木业发展较好，出现了会馆、行业公会等民间组织和牙行、票号、当铺等商业组织。在开埠以前，汉口的商业及文化就已经发展到了相当繁盛的程度。

武昌城墙老照片（万学工供图）

第二节

从汉口开埠到武昌首义

如果说1840年的鸦片战争是中国近代史的开端，那么最初拉开其序幕的，应该是“武汉销烟”。1838年9月，湖广总督林则徐在武昌、汉口、汉阳和长沙等地开设禁烟局，开始着手禁烟，收效甚佳。10月27日，林则徐与湖北巡抚张丘崧率部亲赴校场，锤碎焚毁烟枪烟具，又将烟土烟膏投入江心销毁。[①] 12月，林则徐被任命为钦差大臣，赴广东主持禁烟事务。随后的虎门销烟、鸦片战争与《南京条约》的签订，撕裂了中国传统社会持续2 000余年的相对稳定的状态，将中国推上了近代化的道路。

然而鸦片战争后，列强的势力还没有完全渗透到中国的腹地，武汉的对外开放与工业化也尚未起步。清廷在武汉面临的对手，是中国历史上规模最大的农民革命运动力量——太平天国。太平军于1852年进入湖北，随后三克武昌，四占汉口、汉阳，在武汉产生了深远的社会影响。

1856年，英、法两国发动第二次鸦片战争，中国再次失败，于1858年签订了《天津条约》，汉口被开放为通商口岸。1861年，英国海军参赞巴夏礼与武汉当局签订了《汉口租界条款》。不久，英国首

① 萧忠生：《林则徐研究文集》，海峡文艺出版社，2017年，第87—89页。

任驻汉口领事金执尔抵达汉口并建立领事馆、设立英租界，汉口正式开埠。随后，德国（1895年）、俄国（1896年）、法国（1896年）与日本（1898年）也相继于汉口设立租界。五国租界沿长江在汉口一字排开，独立于中国行政与法律的管辖之外，设有“工部局”“巡捕房”等机构，成了事实上的“国中之国”，极大地损害了中国的利益。但从城市发展的角度来看，租界内的建筑设计、城市规划、市政建设、城市管理以及工业、商业的发展，的确为传统商贸市镇汉口注入了新的活力。

开埠之前，汉口的商品市场已经发展到了相当繁盛的程度，但贸易结构单一，主体为农副产品，贸易对象也以国内为主。与第一批开埠通商的东南沿海城市相比，汉口对外开放晚了20年左右，工业的发展则更加滞后。

最早进入汉口的，是西方的贸易公司——洋行。1862年，英商怡和洋行、德商美最时洋行开始在汉口设立分支机构。随后，来自法国、美国、丹麦、荷兰、西班牙、比利时、意大利、匈牙利、日本、瑞士、秘鲁、巴西等国的洋行纷纷在汉口设立分行，截至辛亥革命之前，共有125家之众，其中又以英国、德国的为最多。汉口的洋行引入了大量新的贸易种类，洋纱、洋布与茶叶成为新的贸易对象。

为了控制进出口贸易结算，早已在上海、香港等地立足的外商银行也纷纷在汉口设立了自己的分支机构。中国传统的金融机构——票号、钱庄，就此受到排挤，逐渐衰退。1880年，汉口票号盛极一时，达到33家，到1911年，就只剩下了18家。1933年，汉口最后的两家票号——济生、永亨改为钱庄，票号自此从汉口消失。1908年，汉口最大的三家钱庄——怡和兴、怡和永、怡和生因为无法偿还汇丰银行的50万两欠款集体倒闭，不仅牵连了汉口诸多钱庄与商号，还引发了几省的金融危机。

1863 年开设办事处、1865 年正式建成开业的英国麦加利银行是汉口第一家外国银行。随后，英国汇丰银行、德国德华银行、法国东方汇理银行、日本横滨正金银行、美国花旗银行、比利时华比银行等银行都在汉口设立了分行。通过开设银行，开展存贷、汇兑、投资、政府借款、关税外税保管等业务，外国银行控制了武汉的金融、外贸行业，也在一定程度上影响和控制了地方政府和中国企业的投资和经营行为。

在允许外商在华设厂的《马关条约》签订之前，外资就已经陆续在中国兴办工厂了。茶叶贸易方面，1862 年的《中俄陆路通商章程》赋予俄国商人直接进入羊楼洞产茶区设栈收茶的权利，1863 年俄商更是直接在羊楼洞和崇阳开办茶厂制茶。为了使贸易更加顺畅，19 世纪 70 年代，原址设于崇阳的俄商顺丰砖茶厂、原址设于蒲圻羊楼洞的阜昌砖茶厂和新泰砖茶厂迁至汉口。由于俄商在税收、资金、设备和运输上拥有优势，其茶叶贸易逐渐脱离了晋商。到 1894 年，由于英国茶商将采购目的地改为印度与锡兰，俄商控制了中国茶叶出口的主体。除了俄国商人，英国、德国、法国、荷兰、日本等国商人也纷纷在汉口设厂，截至 1911 年辛亥革命之前，共开设工厂 76 家，涉及制茶、制革、打包、蛋品加工、面粉加工、自来水、制冰、汽水、食品、酿酒、榨油、发电、金属加工、机械修理、建筑工程等。

长江是中国的“黄金水道”，开埠之后，外国人取得了长江的航行权，汉口“九省通衢”的枢纽地位为各国所青睐。1861 年，美商琼记洋行的“火鸽号”开设沪汉航线，收入颇丰。1862 年，美国旗昌轮船公司在上海成立，1864 年也开始设立沪汉航线，并迅速通过降低运价等手段垄断了长江航运。1872 年起，英商太古洋行加入

1863 年的汉口顺丰砖茶厂

沪汉线、汉宜线的航运竞争，迫使旗昌妥协，共同垄断了沪汉航线的经营权。同年，李鸿章成立轮船招商局，1873 年成立了汉口分局，1876 年又购买了旗昌的产业。但外商的实力不容小觑，1881 年，规模更大的怡和轮船公司加入竞争；1898 年，日商开始涉足长江航运；1907 年，日清汽船会社成立。除航运外，这些轮船公司还在汉口江滩等地建有码头和堆栈。到辛亥革命前夕，招商局始终没能打破外商对长江航运的垄断。

从国外来到汉口的，除了商人与政治家外，还有一大批传教士。1861 年，英国伦敦会传教士杨格非来到武汉，在汉口后花楼建立了花楼总堂。随后，来自英国、美国、意大利、西班牙、瑞典等国的传教士在武汉三镇开设教堂、建立学校、设立医院及从事慈善事业，客观上也推动了武汉城市的近现代转型发展。

与武汉开埠几乎同时，以奕䜣、曾国藩、李鸿章、左宗棠等为代表的“洋务派”开展了以“师夷长技以自强”为口号的洋务运动。起初，洋务运动的中心在上海，汉口开埠后二三十年间，除了湖广总督李鸿章设立的轮船招商局分局、崇文书局等少数近代工商业与文化事业外，没有建起一座国人自办的近代工厂，也没有建起一座国人自办的近代学堂。武汉民族经济与文化的发展相对滞后，直到张之洞督鄂后，武汉才发生了巨变。

张之洞，字孝达，又字香涛，河北南皮人。在成为湖广总督之前，他曾担任湖北学政、四川学政、两广总督等职务。他在武汉的“新政”主要包括兴工矿、办学校、建新军三个方面，从根本上改变了武汉的格局。他试图在武汉建立一个“自相挹注”的工业体系，创办了汉阳铁厂（1890 年）、兵工厂（1890 年）、纺纱厂（1894 年）、官砖厂（1907 年）、针钉厂（1907 年）和造纸厂（1907 年）等工厂。从龟山到赫山，汉阳沿汉江一带形成了蔚为壮观的工业长廊。其中，汉阳铁厂 1890 年动工，1893 年基本竣工，1894 年开始炼钢。铁厂包括铸铁厂、打铁厂、机器厂、钢轨厂、炼熟铁厂等 6 个大厂、4 个小厂，拥有炼钢炉两座，共雇用了外国技师 40 人、中国工人 3 000 人。为解决原料及燃料问题，铁厂又开办了大冶铁矿、王三石煤矿和马鞍山煤矿，成为亚洲第一家集开矿、采煤、炼铁于一体的大型近代化钢铁联合企业，早于 1901 年开工的日本八幡制铁所。“布衣兴国，蓝缕开疆”，与兴办铁厂同时，张之洞在武昌大力兴办轻工业。1890—1906 年，张之洞在武昌建立的布纱丝麻四局，也奠定了武汉作为中国纺织工业基地的基础。

“中体西用”，在 19 世纪 90 年代成了有识之士的流行语。1898 年 5 月，张之洞写成《劝学篇》，其中《设学篇》指出：“新旧兼学，四书五经、中国史事、政书、地图为旧学，西政、西艺、西史为新学，旧学为体，新学为用。”这与1898年6月光绪皇帝《定国是诏》宣谕的“以圣贤义理之学，植其根本，又须博采西学之切于时务者，实力讲求……以成通经济变之才”十分切合，反映了当时的时代要求和清政府寻求变革的诉求。

除了修缮续办创建于明代的江汉书院，张之洞还于1890年创办了两湖书院，1891年创办了算学、方言学堂，并将其1869年创办的经心书院移至武昌三道街，1893年创办了自强学堂。这5所书院均是传统教育体制下的旧式书院，但也开设了方言、算学、格致、化学、矿学等西学课程。张之洞也对这些书院进行了改革，如在两湖书院设立兵法、格致、体操课程，在经心书院后山建立天文台供学生天文观测，在自强学堂延请德、俄籍教师教授外语。在这5所书院的基础上，张之洞又新建了武备学堂、将弁学堂、农务学堂、工艺学堂等专业类学堂。1902年，湖北开始推行新学制，以学校代替书院。两湖书院改建为文高等学堂，又称两湖大学堂，一年后改为两湖总师范学堂，学习内容中西合璧，学生除在武汉就读四年外，还需出国留学一年。中等学堂，有文普通中学、武普通中学；专业类学堂，有方言学堂、农业学堂、工业学堂、驻东铁路学堂、军医学堂、陆军小学堂等；小学则有五路（东南西北中五处）高等小学堂等。1905年，科举制废除，进入学堂代替考科举，成为学子们新的目标。到辛亥革命前夕，武昌有官办各类实业学堂13所、私立实业预备学堂1所、府立中等实业学堂6所、高等小学堂5所、初等小学堂60所。张之洞还特别重视推动湖北学生前往各国留学与游历。辛亥革命前，湖北留日学生多达5 000余人，位居全国第一，文武官吏也在他的选拔下赴日本考察，其中就包括革命家黄兴等人。

中日甲午战争失败后，清廷决心编练“新军”。当时张之洞任两江总督，编练了“自强军”。1895 年，张之洞在回任湖广总督时，带回洋操护军营 500 人，1899 年续编工程队一营，成为湖北新军的雏形。1900—1903 年，新军三次扩编，拥有两镇，共 17 260 人。1906 年，清军调整编制，湖北军改为一镇一混成协。其中原第一镇改为第八镇，镇统为张彪，第二镇改为第二十一混成协，协统为黎元洪。虽然张之洞操练新军的目的是拱卫清廷，但 5 年后，正是第八镇的工程营士兵打响了辛亥革命的第一枪。

这一时期的城市格局，也随着租界的发展与张之洞的“新政”发生了根本性的变化。张之洞于 1898 年奏请成立夏口厅，提高了汉口的行政级别，使三镇鼎立的行政格局正式出现。在市政方面，张之洞在武昌修筑了武昌至青山的武青堤、白沙洲至金口的武金堤，加固了沿江旧有的驳岸，并在武胜门外沿江修筑了石驳岸。为了湖水排涝，又修建了武泰闸和武丰闸。1904 年，张之洞主持修筑了后湖官堤，使饱受后湖洪水侵袭的汉口广大腹地露出水面，极大地扩展了汉口的面积，奠定了汉口城区的格局。后湖堤从此被称为“张公堤”。1907 年，张之洞命人拆除汉口城堡，改建为后城马路，并把袁公堤和后城马路之间的土地辟为街道。除了兴建基础设施，张之洞还在武汉三镇兴办邮政、电报、电话、水电公司等现代化产业。汉口的繁华街道上开始出现路灯，租界与华界的大片城区内近 10 万人都用上了自来水，这在当时的全国范围内都是领先的。

在经济与社会发展的背后，思想进步的潮流也势不可当。由于学堂的发展和留学生的增多，新的近代知识分子群体出现在武汉。1902 年，留日学生发起出版《湖北学生界》，次年，又成立湖北同乡会，在上海设立昌明公司，于武汉设立分公司，传递海内外信息，输入革命书刊，宣传民主思想。黄兴从日本回到武昌后，在两湖书院发表演说鼓吹反清革命，散发《猛回头》《革命军》等革命书刊 4 000 余册。武汉各学堂的部分青年学生和新军士兵受到了民主共和思想的熏陶，日益倾向革命。1904 年 7 月，武汉的第一个革命组织——科学补习所在武昌成立。1905 年，留学日本回鄂的梁钟汉成立了群学社，时为武昌圣公会会长的黄兰亭筹建日知会。1905 年 5 月，日知会正式成立，不久，群学社也加入了日知会。1907 年起，各种革命小团体纷纷出现，最终演变为两个并进的革命组织——文学社与共进会。

1907 年，清廷宣布仿行预备立宪。当年，湖广总督赵尔巽遵旨在湖北设立咨议局创办所。次年，继任湖广总督的陈夔龙将创办所改名为筹备处。1909 年，经过选举，咨议局正式宣告成立。此时，原来的资产阶级改良派势力重新扩张，成为“立宪派”。武汉立宪派的代表人物是咨议局的议长——在日本学习过法律的汤化龙。与清廷的“假立宪”不同，汤化龙主持的咨议局提交了不少具有积极意义、反映民族资本主义发展的议案。1911 年，汤化龙代表湖北赴京请求速开国会、成立责任内阁，出发前共有万人在汉口跑马场为其壮行。然而“立宪”并没有取得实质性进展，武汉的立宪派也在一片革命声中日渐沉寂。

1911 年夏，为了镇压四川保路运动以及削弱革命党人在武汉的军事力量，清廷命端方率部分新军外调。9 月，文学社与共进会的代表经过协商，决定起义，时间定在 10 月 6 日。10 月 3 日，瑞澂和张彪召集文武官员召开防务会议，决定加强全城防卫、全城戒严。10 月 4 日，革命党机关内的炸弹被军警发现，瑞澂调兵加强对楚望台（彩图 2）军械库的防守，收缴了各营士兵的子弹，并令楚豫、建威两艘军舰待命。于是，起义军总指挥部决定将起事时间改至 10 月 10 日。

10月9日，孙武等人在汉口俄租界宝善里14号机关内检测炸弹时被炸伤，俄国巡捕搜去了起义用的旗帜、袖章、名单、印信和文告。武汉当局因而得知革命党人的机关所在及活动情况，并大肆搜捕。于是，总指挥部决定当夜12时以南湖炮队鸣炮为号，城内外一同起义。但快到午夜时，军警闯入指挥部，逮捕了刘复基、彭楚藩与送炸弹去工程营的杨宏胜。城内戒严，负责前往南湖炮队传达命令的邓玉麟未能按时传递消息。午夜起义的计划未能实现。

10月10日晚，辛亥革命的第一枪终于在城内工程第八营打响。熊炳坤率队前往楚望台军械库，得到该库士兵鸣枪响应。熊炳坤以总代表的名义，宣布起义军为湖北革命军，开始攻打总督署和武昌城。湖广总督瑞澂乘兵舰逃往汉口，新军第八镇统制张彪也逃往汉阳。经过一夜苦战，革命军占领了总督署，控制了武昌城内督署以下各官衙及各城门，武昌首义胜利。11日晚，汉阳革命士兵占领了兵工厂与汉阳铁厂，12日清晨汉阳宣布光复。汉口的革命士兵则于11日晚从居仁门发难，在汉阳革命军的支援下，12日汉口也宣布光复。

武昌起义胜利后，清军调集大军镇压，湖北军政府也积极备战。10月18日起，武汉保卫战开始，汉口战役从10月18日持续到11月1日，汉阳战役从11月2日持续到11月20日。这场历时40余天的保卫战，又称为“阳夏战争”。虽然最终汉口与汉阳落入清军之手，但武昌这一首义之城被保卫了下来，全国各地也掀起了响应革命的浪潮。

1912年1月1日，孙中山就任中华民国临时大总统，持续2 000多年的封建制度宣告结束。

第三节

革命中心、临时首都与文化名城

辛亥革命之后，由于阳夏战争的破坏，汉口城区许多建筑物和公共设施被摧毁。1911 年 10 月 31 日，受清廷派遣镇压革命军的清军第一军总统冯国璋，下令在汉口五国租界外的市区纵火，企图阻止革命军民的抵抗。上至硚口玉带门、六渡桥，下至今车站路、大智路一带，大火蔓延一二十里，火头就有十几个之多。这场大火持续 5 天之久，一直到 11 月 4 日才被扑灭。汉口的华界街市被完全烧毁的占 1/4，严重毁坏的也占 1/4。

“锦绣之场，一旦化为灰烬。”① 大火和战争导致武汉经济、社会遭受巨大损失，大批工厂、作坊被烧毁，近代工业与国际贸易都遭受重创，数以万计的工人失业，造成 1 亿元以上的资产损失。

1912 年起，汉口被焚的房屋大量重建，但由于资金难以到位，拟订的规划与蓝图都难以实现。店主、居民根据自己的财力重建店铺与住宅，规格偏低，城市仍然呈自然形态生长。临近租界的土地，则成了富商与军阀的抢手地盘。这一时期，汉口的房地产行业兴起，里分住宅成为汉口居住建筑的主要形式。汉口华商总会在华界创建“模

① 中国人民政治协商会议湖北暨武汉市委员会、中国社会科学院近代史研究所、湖北省博物馆等编：《武昌起义档案资料选编》上卷，湖北人民出版社，1981 年，第 267 页。

范区”，其建设可与租界媲美。模范区的范围，西起江汉路，北抵铁路，东至大智路，南到中山大道。除了里分建筑，模范区中还有大量银行、行会、公所和别墅官邸，区内设有警察局管理治安，成为当时除租界区以外的另一高档居住区。

除了修房建屋，武汉兴建厂矿的风潮在辛亥革命之后也蔚然兴起。一方面，由于一战爆发，西方列强无暇东顾，客观上为中国民族资本主义的发展留下了一定的机会；另一方面，一战期间，德国在武汉的工厂悉数关闭，袁世凯签订“二十一条”后国内又掀起了抵制日货的运动，这也为中国民族工业提供了发展的空间。武昌第一纱厂、裕华纱厂、震寰纱厂、申新第四棉纺织厂等私营纺织厂，康成酒厂（彩图3）、扬子机器厂、武昌电灯公司、燮昌及燧华火柴公司、福新面粉厂等其他企业，都兴办于这一时期。一战结束之后，列强卷土重来，租界的经济开始恢复，外商也在租界新办了许多工厂，掀起了新一轮的建设高潮，但也对武汉的民族工商业造成新一轮沉重打击。

辛亥革命后，中资银行也在汉口的金融市场上崭露头角。中国银行（1913 年）、聚兴诚银行（1915 年）、农业银行（1917 年）、金城银行（1918 年）、四明银行（1919 年）、上海银行（1922 年）、中南银行（1923 年）、香港国民银行（1923 年）、广东银行（1923 年）、大陆银行（1934 年）等银行在汉口筑楼营业（彩图 4）。与此相应的是，西方银行在一战时期一度兴起了倒闭潮，万国通商银行、德华银行、中法振业银行、华俄道胜银行等纷纷停业倒闭，到 1937 年抗战之前，汉口的外资银行只剩下台湾银行、横滨正金银行、麦加利银行等 10 家。

1919 年，五四运动揭开了新民主主义革命的序幕。在武昌，恽代英、陈潭秋、林育南等人，带领进步青年投入了轰轰烈烈的运动当中。五四运动之后，宣传马克思主义的刊物开始陆续在武汉创办，马克思主义思想也开始在武汉传播，先进的武汉青年开始接受马克思主义。1920年秋，武汉共产主义研究小组在武昌成立，又以武汉中学为基地，筹建了社会主义青年团。1921年，董必武、陈潭秋代表武汉共产主义研究小组前往上海参加中共一大。中国共产党成立之后，武汉共产主义研究小组的使命完成，中共武汉工作委员会在武昌正式成立。

1923年，京汉铁路工人大罢工爆发，这是中国工人阶级在中国共产党领导下进行的第一次有组织的政治斗争。2月3日，京汉铁路总工会从郑州迁至汉口江岸，江岸机车修理厂的工人拉开了罢工的序幕。在命令工人复工失败后，2月7日，参加罢工的工人被围捕，包括共产党人林祥谦、施洋在内，死难32人，受伤200余人，被捕数十人。惨案发生后，中共中央发表《为吴佩孚惨杀京汉路工告工人阶级与国民》，号召工人阶级和全国人民团结起来，打倒军阀，为自由而战。

同样反对北洋军阀统治的，还有孙中山。1924年，在中国共产党和苏联的帮助下，国民党召开了第一次全国代表大会，确定了“联俄、联共、扶助农工”的三大政策，共产党员、共青团员可以以个人身份加入国民党。依照1923年中共三大确立的同孙中山领导的国民党合作的方针，武汉地区也建立了革命统一战线，组建了国民党湖北省党部。①

1926年，国民革命军从广州誓师北伐，在武汉与直系军阀吴佩孚交战。其中，对武昌的包围进攻持续了41天才取得艰难的胜利。

① 涂文学主编：《武汉通史·中华民国卷》上，武汉出版社，2006年，第116页。

北伐军占领武汉后，武汉成为全国革命的中心。11 月 26 日，国民党中央政治委员会第二次临时会议正式做出迁都武汉的决定，会后国民政府财政部、外交部、交通部陆续迁到武汉办公。1926 年年底，国民党中央党政联席会宣布，1927 年元旦后正式在汉办公。迁都武汉后，国民政府将武昌、汉口、汉阳三镇合为京兆区，定名武汉，这也是武汉三镇第一次在行政上划为一座城市。1927 年 4 月 16 日，武汉市政府正式成立。

与此同时，中共中央机关从上海迁至武汉，由共产党领导的中华全国总工会也从广州迁至武汉。① 湖北及武汉的工人运动、农民运动蓬勃发展，工会组织日益庞大，农民武装也逐渐增多。1927 年 3 月，中央农民运动讲习所在武昌黉巷正式开学，由毛泽东负责，成为农民运动的大本营（彩图 5）。② 4 月 27 日—5 月 10 日，中共五大在武昌及汉口召开。③

为了庆祝国民政府迁都武汉和北伐胜利，武汉各界组织演讲队到市内各处演讲，结果在江汉关前受到了英租界当局的挑衅，发生了死 1 人、伤 10 余人的“一三惨案”。经过激烈的斗争和谈判，迫于全国人民的英勇斗争和国际舆论，英方在 2 月 19 日和 20 日与武汉国民政府签署协定，归还了汉口、九江两地的租界。

4 月，蒋介石在上海发动了“四一二”反革命政变，并于 4 月 18 日在南京建立南京国民政府。武汉国民政府立刻发出回应，追查责任，开除蒋介石党籍，并发表了《讨蒋通电》。汪精卫借此机会，以左派的身份当上了武汉国民政府主席。随后，汪精卫发动“七一五”反革

① 涂文学主编：《武汉通史 · 中华民国卷》上，第 155—156 页。

② 涂文学主编：《武汉通史 · 中华民国卷》上，第 158 页。

③ 杨朝伟、刘君主编：《红色武昌》，武汉出版社，2004 年，第 130 页 .

命政变，以“宁可错杀千人，不使一人漏网”为口号大肆杀戮共产党员与工农群众。到 7 月底，湖北有 35 个县发生了屠杀革命者的事件。大革命至此，完全失败。此时的武汉，由于北伐的创伤和时局的动乱，又进入了百业萧条的阶段。

8 月 7 日，中国共产党在汉口三教街 41 号召开紧急会议，史称“八七会议”，提出要武装反抗国民党，发动土地革命，发动独立的工农阶级斗争。毛泽东也在这次会议上提出“须知政权是由枪杆子中取得的”这一论断。但八七会议后的武汉革命局势仍然紧张，在严重的白色恐怖中，中共的组织多次遭到破坏，大量革命者在汉牺牲。①

1931 年，汉口遭遇了严重的水灾，受灾面积达 300 多平方千米，死亡 3 000 余人，给武汉的社会、经济以沉重打击。到抗战前夕，经济社会发展势头向好，抗战全面爆发后，武汉成为内迁工厂的中转站，经济一度十分繁荣，但在南京失陷后，遭到日军重点打击，发展又遭中断。1938 年起，武汉的钢铁厂、纱厂、机器厂等各类企业开始内迁至四川、陕西及鄂西部分地区。到武汉沦陷前夕，内迁、轰炸损失和主动破坏的企业达到七成以上，武汉的经济发展再次停滞。

1937 年“七七事变”后，武汉地区的抗日浪潮如火如荼，沉寂了 10 年的武汉，成为全国的抗战中心。11 月 20 日，国民政府决定迁都重庆，政府机关先迁至武汉，武汉成为事实上的临时首都。1938 年 3—4 月，国民党在武昌举行临时全国代表大会，制定了《抗战建国纲领》，发表了《中国国民党临时全国代表大会宣言》，并在会后决定设立国民参政会。毛泽东、董必武等 7 名共产党参政员发表《我们对国民参政会的意见》，提出了动员各方面的力量保卫大武汉等主张。②

---

① 涂文学主编:《武汉通史 · 中华民国卷》上，第 175 页。

② 涂文学主编:《武汉通史 · 中华民国卷》上，第 231 页。

由于国共开始第二次合作，共同抗日，1937 年 10 月，中共在汉口设立八路军驻武汉办事处，起初的办公地点在汉口安仁里 2 号，[①]1938 年元旦迁入日租界中街 89 号大石洋行。[②]1937 年 12 月，中共中央长江局在“八办”内成立，[③]新四军总部也在汉口成立。[④]为了宣传政治主张，中共在汉口还创办了《新华日报》（1938 年 1 月 11 日—11 月 25 日）和《群众》周刊。[⑤]白求恩、柯棣华、斯诺、斯特朗、史沫特莱等国际友好人士，都曾在中共代表与“八办”的接待和介绍下来到武汉，或从武汉进入延安和敌后根据地，参与抗日斗争。[⑥]

叶剑英（左一）、李克农（右二）在“八办”代表八路军接受美国华侨捐献的救护车

① 王钢：《安仁里》，载董玉梅主编：《百姓里分》，武汉出版社，2014 年，第 198 页。

② 涂文学主编：《武汉通史 · 中华民国卷》上，第 232 页。

③ 中共中央党史研究室组织编写：《中流砥柱：中国共产党与全民族抗日战争》上，中共党史出版社，2005 年，第 141—142 页。

④ 涂文学主编：《武汉通史 · 中华民国卷》上，第 234—235 页。

⑤ 涂文学主编：《武汉通史 · 中华民国卷》上，第 233 页。

⑥ 涂文学主编：《武汉通史 · 中华民国卷》上，第 234 页。

1937年12月，苏联空军志愿队及轰炸机、驱逐机抵达武汉。1938年2月18日，武汉第一次空战，中国空军告捷。4月29日是日本的天皇诞生日，日军出动69架飞机轰炸武汉，苏联空军志愿队升空迎战，30分钟击落日机21架，中方损失战斗机5架。5月31日，日军出动驱逐机36架、重轰炸机18架，中国空军迎战，击毁日机14架。8月3日，日军出动70余架飞机轰炸，中方迎战，击落11架，损失6架。2—8月，4次空战共击落日机57架，但由于力量悬殊，未能保住武汉的制空权。

陆战方面，1938年6月，日军攻占开封。国民政府炸开黄河花园口大堤，洪水侵袭河南与安徽的大片土地，使得华北日军无法沿平汉铁路南下。日军主力在6月13日占领安庆后，沿长江西进，抗日正面战场上最大的“武汉会战”一触即发。6月14日，国民政府编组第九战区负责长江防线，武汉卫戍部队则负责武汉核心阵地的防御。武汉会战涉及河南、安徽、湖北、江西4省，有14个集团军、129个师，共100多万中国军人参战。日军10月24日攻陷黄陂，25日攻陷葛店，27日攻陷贺胜桥，从东、南、北三面包围了武汉。10月24日，停泊在金口的中山舰被日机炸沉。25日，日军从黄陂向汉口推进。迫于战况，国军决定撤出武汉。当晚，日军进入汉口市区，武汉沦陷。26日，日军进入武昌，27日从武昌及汉口渡江攻占了汉阳。历时4个多月的武汉会战，日军投入40万人，死伤和被俘、染病20万人，中国军队死伤和被打散40万人。中国军队付出了惨烈的代价，粉碎了日军快速占领中国的妄想，大大消耗了日军的有生力量，为后方的巩固争取了宝贵的时间。至此，抗战进入了持久战的新阶段。

日军进入武汉后在武汉进行了暴虐的管制。武汉城市建设、经济发展都受到极大破坏，人口则从1938年的125万锐减到1939年的46万。在国军撤离武汉之后，新四军仍在鄂豫边界开展游击战争。1941年，国民党发动第二次反共高潮，制造了皖南事变，取消了新四军的番号。中共重建新四军，将原鄂豫边挺进纵队改编为第五师，并成立了鄂豫军区，进行经济文化建设及大生产运动。第五师在战斗中不断成长，建立了鄂豫皖湘赣军区，其游击战有力地配合了正面战场的战斗。1945年日本投降后，沦陷了7年的武汉终于光复。9月18日下午，国民党第六战区在中山公园受降堂内举行受降大会（彩图6）。

1940年，伪国民政府行政院长汪精卫来汉，将武汉特别市政府改组为汉口特别市政府。1943年，汉口又降为省辖市。武汉光复后，1946年，武昌市政府正式成立，管理武昌地区，与汉口市同为省辖市。汉阳市区则改属汉阳县。武汉三镇行政上再次分离，由统一的"武汉市"变为"两市一县"的武汉三镇。

1947年8月，刘邓大军挺进大别山，部队被改编为中原人民解放军，并迅速挥师南下，扩大影响。1948年9月—1949年1月，人民解放军取得了辽沈、淮海、平津三大战役的胜利，并于4月23日渡江解放了南京。5月15日，白崇禧弃守武汉。16日，武汉各界代表迎接人民解放军由刘家庙进入汉口。17日，人民解放军进入汉阳，并从长江、卓刀泉两个方向进入武昌。武汉三镇终于解放。

第四节

共和国的工业重镇

1949 年 5 月 22 日，武汉市军事管制委员会正式成立。5 月 24 日，武汉市人民政府成立，辖原汉口市、武昌市和汉阳城区，土地面积 302.7 平方千米，市区人口 110 万。25 日，中共武汉市委成立。1949 年 5 月—1954 年 6 月，武汉市为中央直辖市，先后由中原临时人民政府、中南军政委员会（中南行政委员会）领导。1954 年 6 月起，武汉市并入湖北省建制，归湖北省领导，为湖北省省会。

历经多年战火硝烟，新中国成立前，武汉“东方芝加哥”的地位已经丧失殆尽。铁路及水运被破坏中断，堤防岌岌可危，市政设施残破不堪，工商业的萧条导致民不聊生。解放之初，武汉市军管会和党政领导即着手恢复社会与经济秩序。从 1950 年开始，武汉地区着力开展镇压反革命运动、土地改革及城市民主改革，武汉社会风貌为之一新。

经济方面，恢复生产成了与政治上组织接管齐头并进的大事。经过全市人民与解放军官兵的共同努力，在战火中遭到破坏的京汉铁路修复通车，长江的航运业得到恢复，张公堤、武泰闸等被国民党军破坏的市政设施也得到了修复。到 1949 年年底，全市的公私企业大部分恢复生产，商业与贸易也有了一定程度的恢复。国营经济的建立和发展，也起到了平抑物价、制止投机的重要作用。到 1952 年，全市工业总产值及主要产品产量都有较大幅度增长，人民生活得到初步改善。

1953 年，中国共产党制定了过渡时期的总路线和总任务，开始了“一五”计划。“一五”计划带有浓重的学习苏联的色彩，无论是当时的产业发展，还是城市规划、建筑设计，都体现了学习苏联的成果。在这一时期，武汉成为中国工业发展的八大重点城市之一：1954 年，全国第一次城市建设会议上，武汉与太原、包头、兰州、西安、大同、成都和洛阳一起，被划分为“有重要工业建设的新的工业城市”。

“一五”期间，苏联援建了中国 156 项重点工程，其中在武汉兴建的重点项目有新中国兴建的第一个钢铁联合企业武汉钢铁公司、武汉重型机床厂、我国最大的特种炉生产厂武汉锅炉厂、武汉肉联厂、青山热电厂、湖北省电力建设第一工程公司、内地最大的造船综合企业武昌造船厂和武汉长江大桥。除此之外，国棉一厂等工厂，武汉展览馆等文化场馆，也都在这一时期竣工。

在这一时期，武汉市市政建设也高歌猛进。“一桥飞架南北，天堑变通途”，1955 年，汉江铁路桥和公路桥建成通车，1957 年，武汉长江大桥正式通车，汉江两岸、长江两岸在地理上真正连通在一起，京汉、粤汉铁路也从此融合，不仅武汉三镇融合有了实质性的突破，中国的南北交通大动脉也从此畅通（彩图 7）。汉口的解放大道修成了宽 60 米的城市大动脉，在当时，这是颇为超前的市政建设，还引起了广泛的争论。

1957 年，“一五”计划提前一年完成，大好形势滋长了急躁冒进的情绪。1958 年 5 月，中共八大二次会议通过了“鼓足干劲，力争上游，多快好省地建设社会主义”的总路线。“二五”计划中，以大炼钢铁为代表的“大跃进”，造成人力、物力、财力的巨大浪费，给国民经济造成巨大的损失。

第二章

规划武汉

近代城市规划与城市发展

第一节

从租界规划到“一五”计划：近现代武汉的规划与建设方略

中国传统的城市结构，最常见的描述见于《周礼·考工记》：“匠人营国，方九里，旁三门。国中九经九纬，经涂九轨，左祖右社，面朝后市，市朝一夫。”根据这个说法，古代的都城都是 9 里见方，每面城墙上设三座门，城内的大道纵 9 条、横 9 条，每条大道的宽度，可以容纳 9 辆车并排行驶。按照今天的尺寸计算，每条路大约是 16.5 米宽。城里王宫的左边（东边）是宗庙，右边（西边）是社稷坛，寝宫朝南，前面是朝堂，后面是市场。朝堂和市场都大约方圆百步。

站在《考工记》这样理想化的“礼制城市”视角，武汉三镇只有武昌和汉阳符合这样的规范。汉口则是一个“另类”——从明成化年间汉江改道、汉口形成开始，一直都是一个层级较低的商业市镇。明嘉靖年间（1522—1566 年）置汉口镇，一直到 1912 年夏口厅改为夏口县，才成为县级行政中心。

晚清时期武汉的规划

从 1861 年汉口开埠到 1911 年辛亥革命之前，是武汉近代城市规划的起步期。在这一时期，西方城市规划理念传入，武汉的城市规划从五国租界一带开始，在隔江相对的武昌得以落实，在汉口华界和汉阳也得到一定的实施。

英租界设立后，英国人专门为汉口英租界做了规划图。随后，俄、法、德、日租界在英租界下游江边比邻而设。五国租界采用方格网状、尽端式布局，沿江布置银行、洋行、领事馆等大型景观建筑和码头、仓库等便于水上物资转运的建筑，内部则是教堂、生活区、工厂与办公楼。各租界的规划与建设由各国设立的工部局等机构管理，无论是城市道路、排水设施还是照明系统，都逐渐完善，邮政、电报等城市公共服务也应运而生。在租界设立的早期，道路整齐、建筑高大、景观优美的租界和道路狭窄、房屋低矮、拥挤杂乱的华界形成鲜明对比。

从英租界最初的规划图可以看出，租界内的纵横道路呈 72° 角相交，形成了一系列的平行四边形街区。在 1894 年英租界扩界之后，新建成的区域没有延续原有的规划及道路结构，因此地块肌理存在很大差异，道路的连贯性也不如其他几个租界。

法租界与俄租界是相互咬合的两个地块。俄租界沿江地块较宽，法租界则向内延伸更长，更接近当时正在修筑的京汉铁路。俄租界和法租界的道路体系都运用了巴洛克式的规划手法，设计了放射性的道路节点，在三角地块设置了标志性建筑，形成了具有秩序的空间感。尤其是法租界利用拆除的汉口城墙（现中山大道的一部分）的自然弧度，将其纳入道路体系，并在与其他街道的交界处构建圆形广场，颇有奥斯曼改造后的“巴黎风格”，与天津法租界规划类似，营造了独特的城市空间。

1909 年的汉口俄租界码头（张伯林摄）

图片来源：张伯林：《近世中国影像资料》第一辑《1793 年以来西方的中国影像》第 9 册，黄山书社，2013 年，第 202 页。

德租界和日租界则均采用方格网络道路系统，与其本国的街道尺度类似，德租界网格尺度较大，日租界街道更密、地块更小（彩图 8）。

张之洞督鄂之后，大量设立城市管理类机构，如 1898 年开办的汉口事务公所和商务局，1900 年开设的商场局、江岸局，1902 年设立的武昌警察总局和 1905 年设立的汉镇马路工程局。1899 年，张之洞奏请将汉阳府同知改为夏口厅，汉口开始独立发展。张之洞也根据三镇政治、经济与自然条件的不同，为三镇制定了不同的规划定位：汉口以商业为主，汉阳以工业为主，武昌以教育为主。张之洞为武汉的规划奠定了武汉的近代化基础，至今，武汉三镇虽然版图扩张、人口增多，但商业、工业与教育的特色仍非常明显。

张之洞在武汉建设的近代工业厂房，都沿汉江、长江主轴设置在三镇老城区的附近，便于通过水运输入原材料、输出工业产品。自上游至下游，汉江汉阳一侧依次分布了官砖厂、针钉厂、兵工厂和铁厂，汉口一侧则设置了贫民工厂。长江的武昌一侧，设置了造纸厂、缫丝局、纺纱局、织布局、制麻局和毡呢厂，武昌城内有铜钱厂、银圆厂和模范工厂。

开埠之后，武汉的商业发展迅速，需要大量的后备用地。张之洞在武昌沿江与汉口租界相对的位置开设了武昌商埠，并创办了两湖劝业场和汉口商埠。武昌商埠开设于 1900 年，位置南抵武昌城北武胜门一带，北达青山徐家棚，总面积约为 5 平方千米。商埠由英国工程师斯美利负责勘测设计，分为甲、乙、丙、丁 4 个区域，共 123 个地块，含平行于长江的道路 7 条、垂直于长江的道路 26 条。但由于粤汉铁路建成延后，张之洞建立武昌商埠的计划并没有完全实现。两湖劝业场建于 1902 年，位于武昌兰陵街，总面积约为 5 000 平方米，分为本地商品区、外地商品区、天然产品区，并附设陈列馆，出售主要来自两湖地区的各种商品。

1904 年，后湖官堤（张公堤）开始修建，1905 年建成，汉口的市区面积在大堤修成后扩大了两倍多。1905 年，汉镇马路工程局成立，修筑大智门至玉带门一带马路，希望通过修建新马路提高交通效率，扩大城市面积，促进新商业区的发展，这也标志着汉口商埠建设的开始。1906 年，京汉铁路全线通车，但铁路与城市的联系受到了汉口堡的阻隔。次年，汉口堡被拆除改修为后城马路，汉口的城市格局为之一新。铁路也就此代替汉口城墙成为城市新的边界。

民国时期武汉的规划

阳夏大火之后，汉口华界损失巨大，从官员到商人，都在积极呼吁重建和制订汉口规划。1912 年 6 月，参考巴黎与伦敦的城市规划，汉口建筑筹办处绘制了《建筑汉口全镇街道图》，范围是长江、汉江、京汉铁路围合的区域，不包含租界。这张图是对汉口华界重建的一个美好设想，完全摒弃了汉口原有的城市空间格局，采用了方格网络与放射形道路结合的双重道路体系，各有垂直于岸线的道路呼应长江与汉江，有序而规整，充满了理想主义色彩。与此同时出现的，还有另外两个内容较为接近的规划图：其一是 1912 年 5 月 3 日发表于《华中邮报》增刊上的《汉口华界重建规划平面图》，这个方案与《建筑汉口全镇街道图》基本一致；其二是 1912 年 6 月的《汉口兵燹后改良市政新旧街道详图》，以方格路网为主，仅有两条主干道为放射形道路。[①]

早在 1912 年，辞去临时大总统的孙中山就曾抵汉探访，并督促重建。1919 年，《远东时报》发表了孙中山用英文写的《建国方略·实业计划》，这是他对中国近代化建设的宏伟构想，其中关于长江的开发及武汉的发展规划颇为详细。在孙中山看来，武汉的战略地位颇高——“吾人沟通大洋计划之顶水点”、“中国本部铁路系统之中心”和“中国最重要之商业中心”。在他看来，在中国铁路开发完善之后，武汉更能成为“世界最大都市中之一”。

孙中山为武汉发展定下的规模是“略如纽约、伦敦之大”[②]。在这

---

① 谭刚毅、孙竹青、翟跃东：《〈汉口兵燹后改良市政新旧街道详图〉读解》，《建筑师》，2017 年第 1 期，第 73—86 页。

② 孙中山著，张小莉、申学锋评注：《建国方略》，华夏出版社，2002 年，第 171 页。

样的定位下，孙中山详述了武汉规划的方略：整治长江堤岸，于长江左岸填筑土地，扩大汉口租界一带临江地区的城市面积；整治汉江入江口和汉阳河岸建筑；武昌上游建有闸船坞，下游建大堤，以扩展城市面积；修建过江隧道、长江大桥联结三镇；将城市外围土地收归国有，防止私人土地投机。

1923 年，署名为孙武的《汉口市政建设计划书》出版。孙武还成立了汉口地亩专局，并倡导建立汉口模范区。这一时期，汉口出现了建房热，但上文提到的诸多规划，由于并没有政府机构牵头落实，都停留在了图纸上。汉口的重建主要还是依靠商人、居民的自发组织。对比 1918 年的《汉口市街全图》，可以看出，重建后的汉口几乎恢复了大火前的原貌，理想化的道路系统与城市布局并没有实现。

1928 年年底，拥有美国加州大学洛杉矶分校市政管理硕士学位的董修甲出任武汉市市政委员会秘书长，引入西方管理模式改组市政府。1929 年 4 月，他被任命为工务局局长，主管城市规划与重建。在他的带领下，武汉特别市首次拟订了《武汉特别市工务计划大纲》，并制订了三镇统一的分区计划，对 60 年后武汉城市的扩张进行了预测。三镇分治后，他又拟订了汉口、汉阳的分区计划和公园计划。董修甲对武汉的道路改造、公园等开放空间体系的设计源于美国的城市科学 / 实用运动及孙中山的《建国方略 · 实业计划》，颇具前瞻性。1936 年，汉口市工务局编制了《汉口市都市计划书》，对城市的用地布局、道路改造与建设提出了更详细的规划。由于 30 年代武汉的政局较为混乱，抗日战争全面爆发后，武汉市的建设被迫中断，这些规划都未能落到实处。

1943 年鄂西会战之后，抗日战争胜利有望。时任湖北省政府主席的陈诚组织专家商讨了武汉的战后重建事宜。1944 年 1 月，湖北省政府编印了《大武汉市建设计划草案》(以下简称《草案》)。这一《草案》对武汉的市区范围、三镇性质、交通路网、三镇联通等内容做了规划，将武汉定位为国际都市，在国内的地位则是国都或者省会。此后，《大武汉建设规划之轮廓》《武汉区域规划实施纲要》《武汉区域规划初步研究报告》《武汉三镇土地使用与交通系统计划纲要》分别出台。1947 年，应当时国民政府内政部所传达的联合国秘书长的要求，汉口市政府工务科拟订了《新汉口市建设计划》。由于战后经济发展缓慢、内战频仍，武汉三镇的恢复重建工作屡受打击。但上述几个重要的规划，还是为武汉解放后的城市规划打下了坚实的基础。

新中国成立初期武汉的规划

新中国成立之后，武汉作为重点建设城市，其规划也受到了苏联专家穆欣、巴拉金等人的指导。1953 年的《武汉市初步规划方案》就是在巴拉金的指导下制定的。他引入轴线概念对武汉三镇作为一个城市进行整体规划：轴线以汉口中山公园前的人民广场为起点，向黄鹤楼方向延伸，开辟主干道通向两江交汇处的集家嘴、南岸嘴，过长江后，轴线从武昌古城西北角的江边向东延伸，以中南行政中心广场（现洪山广场）为武昌地区的中心，一直延伸到珞珈山高等文教区。这条轴线穿过了汉口的经济中心汉正街、生态动脉汉江与长江、政治中心洪山广场和文教中心武汉大学，虽然这一规划在 1956 年武汉展览馆建成后就停止了，但对武汉的集中向心式发展给予了极大的启发。35 年后的 1991 年，洪山广场建成，落实了巴拉金的城市轴线构想。

1954 年，借鉴苏联的规划经验，武汉市编制形成了《武汉市城市总体规划》，提出城市建设的重点为“为大型工业建设服务”。在这一规划中，提出建设武汉长江大桥，并指出武汉市的道路系统应以长江为主轴对称设置。

1957 年，在苏联的援助下，武汉长江大桥正式建成通车，与 1956 年在汉江上建成的江汉桥一起，将武汉三镇从物理上联结在了一起。长江、汉江上不断增多的桥梁，也成为苏式城市设计中的圈层结构不可缺少的部分。

武汉近代城市规划经历了“租界—汉口—武汉”的发展过程，借鉴了欧美、苏联的规划成果，逐渐形成了三镇统一规划、圈层结合轴线发展、主城与卫星城同时发展的思路，具有前瞻性。

第二节

武汉的近现代转型与中西文化交流

无论是西方传教士的宗教传播、商人与技师的技术传授，还是洋务派的“师夷长技”、留学生的主动学习，中西文化交流都为武汉城市的发展与转型提供了新的视野，也为城市建设带来了新的内容、新的元素，给城市生活注入了新的活力。

西风东渐——传教士来汉与城市转型发展

最早来到武汉的是西方天主教的传教士。据《武汉天主教志》记载，明崇祯十年（1637 年），葡萄牙籍耶稣会传教士何大化来湖广传教，并于 1638 年在武昌蛇山脚下建立天主教堂。当时受洗者就有 300 余人。次年，由于张献忠攻打武昌，何大化卖掉房屋逃往福建，教徒就此散失，教堂也在不久后被毁。此后的 200 年间，由于清廷禁止传教，西方传教士多在农村隐蔽传教。1846 年，道光皇帝宣布弛禁天主教，此时武汉的教徒已近千人。1847 年，武昌大堤口天主堂建成，历经主教江成德两次扩建，最终定名为“圣多默堂”。

1862 年，时任天主教鄂东代牧区主教的意大利天主教方济各会传教士明位笃把主教公署及坐堂由湖北应城迁往武昌花园山，并在汉口英租界怡和街修建教堂及经理处。武昌花园山的鄂东代牧区主教公署及一侧的武昌主教座堂（花园山圣家堂）也由江成德设计，规模宏大，装饰华丽，颇具特色。

汉口开埠以后，基督教先后有15个教派在武汉从事宗教活动，其中最早的是1861年到汉的英国伦敦会传教士杨格非。他在武汉传教时间长达51年，1864年在武昌戈甲营建立崇真堂。1870年，美国圣公会驻华主教文惠廉之弟在武昌昙华林创办男童寄宿学校。1871年，为了纪念文惠廉，美国圣公会驻鄂主教韦廉臣在昙华林创办"文华书院"，这是武昌最早的教会学校。

除了建立教堂和学校，杨格非还在武汉建立了圣教书会与圣教书局，主持基督教书刊的翻译出版及印刷工作。根据1899年的统计，全国基督教出版物中有80%由圣教书会编写出版，影响巨大。

除了主动传教，教堂与宗教组织的设立也满足了在汉工作与生活的外国人的宗教信仰需求。除天主教与基督教外，俄国在汉口开设了多家制茶工厂，几乎垄断了汉口的茶叶贸易，还在汉口俄租界建造了一座东正教堂。此外，英国在汉口英租界建有一座锡克教堂，日本则在日租界建有西本愿寺、本愿寺及汉口神社。

师夷长技——洋务派的城市改造

1890年，张之洞创设武昌铁政局，并选定汉阳大别山（今龟山）北麓筹建汉阳铁厂。铁厂由英国工程师约翰逊担任总体设计，机械设备均从英国订购。从1890年筹建汉阳铁厂起，至1912年首个中国人担任总工程师为止，22年内共有5名外籍技术人员担任总工程师，分别是英国的贺伯生、比利时的白乃富、德国的德培、美国的堪纳第和卢森堡的吕柏。据资料统计，汉阳铁厂最多时有40余名外籍工匠同时在厂工作。由于文化背景存在差异，沟通也不够顺畅，汉阳铁厂的外籍工程师与中国人经常发生矛盾。张之洞及后期接办汉阳铁厂的盛宣怀都试图通过聘用留学生等掌握勘探及冶炼知识的中国技术人员来扭转这一局面。1901 年起，盛宣怀开始选派汉阳铁厂及汉冶萍公司的学生前往英国谢菲尔德大学、美国里海大学等地学习冶金、采矿、机械等专业。其中，汉阳铁厂的第一位中国工程师吴健，即由盛宣怀亲自从南洋公学挑选，由汉阳铁厂送至英国谢菲尔德大学委培，并获得了冶金专业的学士和硕士学位。除了建立新式工厂，洋务派还建造了大量的民用建筑，教育建筑如湖北工艺学堂，商业建筑如两湖劝业场，大型公共建筑则有 1908 年在武昌阅马场建成的湖北咨议局大楼。

新旧交融——城市建设与城市转型

这种“被动学习”与“主动使用”的关系，在城市发展的其他方面也有诸多体现。以建筑为例，开埠之后，西方的建筑风格与施工技术开始进入武汉三镇，中国工匠对此多是“被动学习”，而留学欧美的建筑师在回到中国后，开始主动在自己的作品中使用这些西方元素，并与中国元素结合，为中国建筑设计带来了新的气息。与此相应，西方建筑师也为了适应中国人的喜好，在建筑设计中主动融合了中国元素，因此这些建筑具有强烈的时代特征。

辛亥革命后，武汉三镇的建设进入一个繁荣时期，西方古典复兴式建筑、折中主义建筑与现代主义建筑在武汉大量出现，中国自己的建筑师也在这一时期登上了历史舞台。

随着城市的发展，武汉人的生活方式也有了较大的转变。1896 年，英商首先建立跑马场与足球场。1900 年，美商汇喇洋行在汉口老跑马厅上映美国精巧新奇影戏，汉口人开始看起了电影。1902 年，汉口租界出现了第一家专业电影院——百代大戏院。教会学校带来了武汉最早的现代体育运动。1905 年，英、法、俄、德、日等国又建立了西商跑马场，其中除了跑马场，还有高尔夫球场、足球场、网球场和游泳池。1910 年，文华大学田径队参加了中国第一届全国运动会。博学中学的足球队曾以4：2战胜了英、法、德、日等8国的商人、水兵联队。

汉口的跑马场旧照（万学工供图）

进入社会主义时期，“中苏友好”成为武汉国际文化交流的第一个主题。1956 年，中苏友好宫（武汉展览馆）建成，首先举办的就是苏联经济文化成就展览会（彩图 9）。

第三节

武汉的近现代转型与三镇融合发展

近代武汉三镇的融合发展，得益于三镇空间的扩展与联通。

围——城墙、堤防与城市边界的变迁

武汉三镇中，武昌与汉阳的老城都有历史悠久的围墙。汉口则是一个由贸易发展而来的非传统市镇。汉口城墙，又称汉口城堡、汉口堡，是为了防御太平军的侵扰而修筑的，只维持了 40 年的时间。

由于地形的原因，汉口的水患来源并不是长江与汉江，而是其北侧腹地的后湖。为了减少后湖水患，明崇祯八年，汉阳府通判袁焻主持修建了袁公堤。掘土筑堤形成的水沟宽约 6.7 米，汉江灌入，联通长江，襟带市廛，因此得名玉带河。袁公堤与玉带河也成为汉口最早的人工屏障与城市边界。

清咸丰年间（1851—1861 年），饱受太平军侵扰的汉口，又遭到捻军的进攻。1864 年，汉阳知府钟谦钧、县令孙福海与汉口绅商胡兆春等人开始筹建汉口堡。汉口堡的位置在今中山大道一带。堡基密钉木桩，堡垣由红石砌成，内为夯土，堡上建有炮台 15 座。为便于出入，汉口堡设门 8 座，自西至东分别为玉带门、便门、居仁门、由义门、循礼门、大智门、通济门、便门。堡外留有由取土而成的深沟。

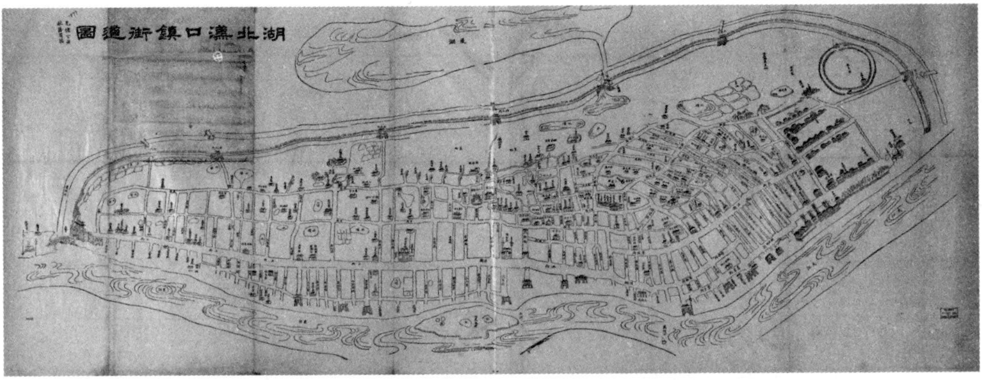

1877 年湖北汉口镇街道图，汉口堡及玉带河清晰可见（刘建林供图）

汉口堡建成后，袁公堤被夷平为街道，汉口城市开始向北扩张。

1905 年，汉镇马路工程局设立，扩展了汉口大片腹地的张公堤也开始建设。张公堤西起舵落口，东至江岸堤角，堤内涸出大片土地，成为汉口新的边界。随后，在 1907 年，拆堡修路的工程就已经开始。拆除汉口堡后在原址所建的道路称“后城马路”，即今日的中山大道上段和中段。

武昌城自修筑至拆除共存世 1 706 年。明清武昌城为“湖广会城”，由江夏侯周德兴拓建。城墙周长 10 余千米，东西宽 2.5 千米，南北则有 3 千米，为陶砖结构。武昌城初有 9 门，分别为城东的宾阳门、忠孝门，城南的望山门、保安门和中和门，城西的汉阳门、平湖门、文昌门，以及城北的武胜门。清光绪三十三年（1907 年），于宾阳门和中和门之间增辟通湘门，城门增至 10 座。辛亥革命后，湖北省议员陈世英等于 1919 年联合上书要求拆除武昌城。1927 年武昌城开始拆除，至 1929 年基本拆完，只保留了具有历史纪念意义的起义门及一小段城墙。由于城墙的拆除和武金堤、武青堤及武泰闸、武丰闸的建设，武昌的城市空间也得到了极大的拓展。

汉阳有城约 1 400 年。明清汉阳城墙修筑于明朝初年，依据宋代汉阳城的基础，周长约 2.5 千米，设东朝宗、南南纪、西凤山、北朝元 4 座城门，各有谯楼。明初的汉阳城墙为单砖墙，无里城。嘉靖年间开始修筑里城。由于战火、洪水，城墙屡毁屡修。1926 年，北伐军攻克武汉，次年开始拆除武昌与汉阳城墙。1931 年武汉大水，汉阳城区内水淹 1 米以上，残存的汉阳城垣从此荡然无存。1947 年，汉阳西门城楼最终拆除。

三座城城墙的拆除，从物理上消除了三镇之间的阻隔，除山川间隔之外，武汉三镇在 20 世纪 20 年代从各种意义上都融合成为一座城市。

合——桥梁、道路与城市缝合

咸丰二年（1852 年），太平军发动了对武汉的进攻。12 月，太平军首先占领了汉阳和汉口，随后由唐正才负责，在长江上修建了两座浮桥，其一由鲇鱼套口至汉阳东门，其二由草埠门外大堤口至汉镇龙王庙。浮桥有丈余宽，下有铁锚，车马行于上方如履坦途。这是长江上第一次建立浮桥，也是中国桥梁史上前所未有的壮举。

在长江上建立长江大桥的设想，最早由张之洞提出，用以联结京汉铁路与粤汉铁路。1912 年 5 月，詹天佑被北洋政府聘为粤汉铁路会办，为粤汉铁路复勘定线。考虑到未来粤汉铁路与京汉铁路将跨江接轨，他在规划武昌火车站（通湘门车站）时，就预留了与江北的京汉铁路接轨出岔的位置。

1913 年，在詹天佑的支持下，北京大学德国籍教授乔治·米勒带领夏昌炽、李文骥等 13 名土木专业的学生来到武汉进行长江大桥的选址勘测，并由时任北京大学校长严复将建桥意向提交给交通部。这也是武汉长江大桥的首次实际规划，其选址与后来实际建桥的位置基本一致。大桥的设想参考了苏格兰爱丁堡的福斯桥，为公铁两用，并设电车道和人行道。

关于长江大桥的第二次规划来自1919年孙中山的《建国方略·实业计划》："在京汉铁路线于长江边第一转弯处，应穿一隧道过江底，以联络两岸。更于汉江口以桥或隧道，联络武昌、汉口、汉阳三城为一市。"此外，他提出在城市用地发展扩大之后，还可以有数点建桥或穿隧道。1923年，根据孙中山的规划思想，孙武组织编制了《汉口市政建筑计划书》，提出"以汉阳至大别山麓（龟山），武昌至黄鹄山麓（蛇山）为基，架设武汉大铁桥，可收平汉、粤汉、川汉三大铁路，连贯一气之完美"。

1921年，北洋政府在建造黄河大桥新桥的同时，也由交通部聘请了美国专家华特尔为顾问设计武汉长江大桥。其选址与北京大学方案大致相同，设计方面采用简单桁梁、锚臂梁、悬臂梁混合布置，并主张使用合金钢以减轻重量。但970万银圆的预算过于庞大，计划不了了之。

1929年，武汉特别市市长刘文岛再次邀请华特尔来华，商议建桥事宜。华特尔此次对1921年的方案进行了修订，桥体为单层，公铁共用，结构为简单桁梁，并可以升降。由于经费巨大，加之政府疲于战事，这次规划也再次被搁置了。

1935年，粤汉铁路即将全线通车。跨越长江连接平汉、粤汉铁路再次成为议题。由茅以升担任处长的钱塘江大桥工程处再次勘测桥址，并与苏联驻华莫利纳森工程顾问团合作拟订建桥计划。桥址定于武昌黄鹤楼到汉阳莲花湖北刘家码头之间，桥体为单层，公铁共用，并为大型轮船通行留出空间。但由于预算过高、集资困难，建桥方案也不了了之，最终平汉、粤汉铁路从 1937 年开始，以轮渡的形式过江通行。

抗战胜利之后，1946 年，长江大桥的建设再次被提上日程，美国桥梁专家鲍曼、市政专家戈登都曾来汉考察，并最终提出了建桥意见。但这一方案因国共内战而被再次搁浅。

新中国成立之后，长江大桥的修建才真正开始。自 1913 年便开始多次参与长江大桥规划和勘探的李文骥，联合桥梁专家茅以升等，向中央人民政府上报了《筹建武汉纪念桥建议书》，提议建设武汉长江大桥。1950 年，铁道部成立铁道桥梁委员会、武汉长江大桥钻探队和设计组，由茅以升任组长。专家组一共做了 8 个桥址方案，在 1953 年终于确定。1954 年 7 月，苏联政府派遣了以康斯坦丁·谢尔盖耶维奇·西林为首的专家工作组一行 28 人来华援助。经过 1954 年的再次勘测，1955 年，大桥选址最终确定，技术方案也最终确定，9 月 1 日，大桥正式动工。1956 年，毛泽东在武汉第一次游泳横渡长江，也见到了正在施工的长江大桥。他即兴写下的《水调歌头·游泳》中，“一桥飞架南北，天堑变通途”，正是对武汉长江大桥的美好期待。1957 年 9 月 25 日，武汉长江大桥全部完工。10 月 25 日，大桥正式通车，武汉三镇正式成为一个整体（彩图 10）。

聚——城市公共空间的营造

武昌、汉阳等传统城市的公共空间主要是礼制空间。但作为一个商业市镇，汉口的公共空间政治性较弱，主要服务于商业贸易发展及城市生活。其中，码头是汉口民众最重要的公共空间。清朝初年，汉

建设中的武汉长江大桥（唐浩供图）

大桥通车典礼（刘建林供图）

江沿岸自东向西有柯家码头、杨家口、四官殿、集家嘴、沈家庙、武圣庙、龙王庙、宗三庙 8 座著名码头。这些码头除了承担贸易功能，还具有“城市客厅”的功能——码头是人来人往的渡口，附近就是进行日常生活物资交易的市场、讨论各类事务的会馆、休闲娱乐的茶楼和进行祭祀与宗教活动的庙宇。

实际上，在清末英租界选址之时，英国人最初的选择也是两江交汇的龙王庙一带。当然，由于本地居民的保卫，英国人的选址只好北移到长江沿岸，随后的四国租界也沿着长江向下游建设。传统的码头仍然属于华界的中国人。

从历史照片与地图中可以看出，租界对于江岸的规划与华界截然不同——各国租界面向长江的马路组成了一条长达 2 英里（约合 3.2 千米）的河街，而相应的堤防工程也建设得蔚为壮观，并留出了宽阔的公共空间。

由于没有传统城市礼制的约束，汉口的宗教信仰空间蔚为大观。据统计，道光年间（1821—1850 年）的 865 个街巷单位中，有 155 个街巷中建设了寺、庙、殿、庵等信仰空间。与此相反，在武昌、汉阳这一类传统城市里，城隍庙才是公共生活的中心。但随着中西文化的交流与碰撞，这一类公共空间也在晚清民国时期有所改变。20 世纪初，张之洞在武昌创办了大量新式学堂。辛亥元勋万耀煌曾回忆过城隍庙改作小学之事：“梁太守亲自拈香，恭恭敬敬地拜了四拜，行礼如仪后，梁命撤去香案，由 16 名大汉，将木雕城隍神像，抬到丹墀大堆干柴上面，举火焚烧，道士痛哭，如丧考妣。”虽然物质空间并没有剧烈地变革，但空间之内承载的文化意义已经截然不同。

如上文所言，公共空间经常拥有多个历史层次的文化意义。以武昌蛇山南麓的阅马场为例，这一区域在明代是武昌内城——楚王府所在地，明末农民起义时为张献忠部所焚，只余楚望台等历史地名。清康熙元年，这一区域被湖广巡抚刘兆麟辟为校场，“阅马场”之名也由此而来。咸丰三年，太平军首克武昌后，曾在阅马场建高台宣传革命。1909 年，湖北咨议局成立，选址阅马场北端。1911 年，武昌起义打响了辛亥革命第一枪，其中首先攻占的，便是楚望台军械库。次日，湖北军政府即在湖北咨议局大楼内成立。其后，黎元洪仿效汉高祖刘邦拜韩信为将的故事，拜黄兴为将，举行隆重庆典，并在阅马场中央设置了拜将台。新中国成立后，这里又一度成为湖北省委及政府机关所在地。风云变幻，从封建王朝的地方统治中心到农民起义的宣传阵地，再到辛亥革命的革命中心和新中国地方政府的政治行政中心，阅马场这一拥有丰富层次的公共空间，是传统城市公共空间发展变化的典型（彩图 11）。

除了功能的转换，公共空间的性质转换也体现着历史的变迁。以汉口中山公园为例，1910 年建成时，它是一座私家园林。1927 年，汉口市国民政府将其收归国有，并改为“汉口第一公园”。1928 年，“汉口第一公园”正式改名为“中山公园”并启动扩建。随后，万人抗日歌咏活动、第六战区受降仪式、武汉市第一次运动会等群众性活动及政治事件都在此举行。1956 年，公园门楼又被改为苏联式的检阅台，武汉的大型庆典活动都会在此举行检阅和集会。隔江相望，武昌的东湖风景区，其前身是周苍柏建于 1930 年的私家园林“海光农圃”。1949 年新中国成立后，周苍柏将其献给国家，改名为“东湖公园”（彩图 12）。

第三章

营造武汉

武汉近代著名事务所、建筑师及营造厂

第一节

武汉近代著名事务所

1861 年汉口开埠后，最早来到武汉执业的外国建筑师，应该是来自英国爱丁堡的约翰·加文。他于 1863 年 3 月 9 日在汉口开展业务，事务所名称为“约翰·加文洋行”。1865 年，休·莫里森成为他的合伙人，事务所名称也相应地改为“加文与莫里森洋行”。约翰·加文曾于 1864 年测绘过英租界，莫里森曾担任汉口教会医院及汉口英国圣约翰教堂的工程监督。1863 年，上海有恒洋行在汉口开办分支，由英国建筑师、土木工程师金斯密负责。但 1866 年合伙人惠特菲尔德移居日本，有恒洋行业务集中在汉口开展，汉口支行关闭，作品也未见留存。

1872 年，加文与莫里森洋行仍见于《孖剌报行名簿》，两人为汉口仅有的建筑师。其后二人也再无消息。直到 1899 年，汉口才再次有建筑师出现。上文提到，在洋务运动期间，张之洞曾聘请过一批外籍工程师在汉任职，其中数人有土木工程背景。

1894 年，曾在香港执业、为神户英租界设计排水工程的澳大利亚建筑师斯美德利从横滨来到汉口，居至 1896 年。在此期间，斯美德利负责汉口英、德和俄租界的测绘及城市排水工程。此后，他前往上海开办美昌洋行。1900 年 1 月，美昌洋行又受委托进行汉口日租界的测绘和设计等工作，于当年 11 月完成。

1895 年，比利时著名铁路工程师保罗·德黑斯来到中国，取道天津乘船来到武昌，负责修建卢汉铁路和粤汉铁路。后来，德黑斯在汉口开办了汉通洋行，并一度与比尔合伙，洋行英文名也一度改为“Hees P. De and C. E. Birr Engineer and Architect”。1911 年前后比尔退出，洋行再度更名为汉通洋行，直至 1915 年 5 月德黑斯去世。

1898 年 3 月，英商通和有限公司汉口支公司在宝善路英国总领事馆对面成立。由通和设计及监督的建筑包括七里河政府造纸厂、黄石湖北水泥厂、武昌造纸厂、裕大洋行、宝顺洋行、兴立特许银行、中国银行、维纳斯保险公司事务所和湖北路剧场。

进入 20 世纪，在武汉执业的外资事务所逐渐增多，能够查询到名字及活动记录的有怡昌洋行（又名怡昌隆）、挪威工程师创办的盛和洋行、马石洋行、泰和盘公司、宝利洋行、汉通洋行、通和洋行、新盛洋行、韩贝工程处、景明洋行、义品放款银行建筑部、倍克洋行、通和洋行汉口分部、三义洋行、鲁康司洋行、思九生洋行、太古洋行汉口分部、宝顺洋行、公和洋行汉口分部、石格司建筑师事务所、格列甫夫建筑师事务所等。

其中，怡昌洋行在 1903 年前由混迹东方多年的亚历克斯·罗斯创办，先经营建筑设计、土木工程和测绘业务，后高兰平加入洋行，公司改为经营进口、土地和房地产经纪、一般佣金代理及商业业务等。值得一提的是，罗斯在 1908 年兼任天顺公司经理，该公司与汉口租界各工部局签订合约，负责各租界内的填土加高工程。

泰和盘公司由德国建筑师富希纳和同胞卡普勒合伙创办，故公司英文名为“Fechner & Kappler，Architects and General Building Contractor”。卡普勒来汉口更早，此前已开办了一家砖瓦工厂——德源公司。泰和盘公司成立后，最初由富希纳负责管理，经营建筑设计和工程承包业务；卡普勒则负责管理德源公司，生产砖瓦等建筑材料。但两人的合作并不长久，卡普勒在1907年左右就退出德源公司，富希纳遂兼管两家公司。1908年，汉口建筑业发展迅速，富希纳曾任汉口德租界工部局建筑师多年，汉口的俄国、德国和意大利领事馆皆由其建造，他人脉广泛，加之其砖瓦厂采用当时最先进的模制砖和装饰瓦设备，采用德国式烧窑，即所谓哈夫曼专利窑，故其产品不仅遍布汉口租界，而且远销北京地区。

在20世纪初的汉口生意场上同样地位显赫的还有宝利洋行，由德国建筑师洛塔尔·马尔克斯创办于1904年，英文名为“Marcks, Lothar, Civil Engineer, Architect and Building Contractor”，承接建筑设计、土木工程和营造包工业务，代理德国阿尔托纳及汉堡营造商广包公司。

1907年左右，因埃米尔·布施加入，公司英文名改为“Lothar Marcks & Busch Architects, Contractors, and Civil Engineers”。两位合伙人都曾在青岛的施密特事务所供职，经验丰富，加之当时汉口正值先划定的各国租界大力建设的阶段，故二人的事务所生意颇为兴隆。他们不仅提供设计，还承包整个建筑的建造工程，为此，他们建造了设备精良的锯木厂、铁厂及车间、砖瓦厂和木器厂。在汉口期间，他们设计和建造的著名建筑有俄国工部局大楼、德国工部局大楼、永兴洋行大楼，承包建造的建筑有英美烟草公司厂房、德华银行和华俄道胜银行。其中，他们的德国工部局大楼设计方案，在公开竞赛中获得了第一名。

1909年，马尔克斯离汉归国，由布施独立经营宝利洋行，并改名为“宝昌洋行”。1917年，北洋政府对德奥宣战后，宝昌洋行停止在汉业务，至20世纪20年代初在上海恢复营业。1920年，马尔克斯再次来到中国，并于1925年在沈阳创办“Marcks, Lothar”事务所。

另一由德国建筑师开设的建筑师事务所是韩贝工程处，由韩贝（毕业于德国柏林土木建筑工程学院）创设于1908年前，承接建筑设计和土木工程。韩贝曾在1904—1905年担任德国领事馆场地建筑师，1917年后一度湮没无闻（彩图13）。20世纪20年代初复现，1934年尚见于记载。该事务所的著名员工德国建筑师石格司，毕业于德国格阿高级工程建筑专科学校，于1910年前来汉，进入韩贝工程处任职，后于1925年前独立开办石格司建筑师事务所，在武汉设计了立兴洋行大楼、信义公所大楼、珞珈碑路高级住宅区等众多建筑，在1936—1937年仍从事建筑设计工作（当时汉口仅剩三家建筑师事务所，分别为义品洋行、景明洋行和三义洋行）。另外，石格司与汉协盛创始人沈祝三交好，对落魄后的沈祝三颇有照顾。

1908年前在汉口开办的著名建筑师事务所尚有新盛洋行。其创始人勒内·德希斯于1898年左右来华，1905年抵汉，开展土木工程师和建筑师业务，并任汉口法租界工部局工程师，指导工务处运作，给法租界的街道布局和建设带来巨大改变。该公司在1910年前由皮埃尔·德希斯接任，此后无闻。

在汉口最负盛名的景明洋行，前身是由毕业于英国伦敦皇家建筑学院的新西兰建筑师海明斯创立的建筑公司。1911年，海明斯与澳大利亚建筑师伯克利共同创立事务所，英文为“Hemmings & Berkley”，1913年，公司中文名正式定为“景明洋行”。

根据学者的考证，海明斯在1910年以前都长居香港，任职于理及柯伦治机器司，但以个体建筑师的身份在汉口承接项目。他于1908年在汉口与埃米莉·格特鲁德·维潘结婚，次年开始在汉口独立承接建筑设计业务，但多数时间仍在香港原设计事务所任职，1911

年正式建立景明洋行后定居汉口。伯克利则于1907年来到中国，任职于广州帕内伯捷洋行，次年跳槽至丹备洋行广州支行，1909年遭老东家帕内伯捷洋行提起诉讼，被判三年内不得在广州从事建筑师相关工作，遂在回国两年后于1911年来到汉口。

1917年，伯克利英年早逝（35岁），洋行业务由海明斯独力承担，但公司英文名不变。1922年，海明斯委派南非建筑师帕金赴天津开办分行，并于1927年亲赴天津发展新行业务。1931年汉口大水后，景明洋行在汉业务不振，海明斯遂将洋行在汉口的业务售予英国人霍柏，仍用“景明洋行”的名号。

在海明斯与伯克利之后，景明洋行的负责人依次为雷诺兹、帕金和何伯乐。其中，雷诺兹为英国建筑师协会会员、英国皇家建筑师学会正式会员，帕金是英国皇家建筑师学会准会员，何伯乐也为英国皇家建筑师学会正式会员。除这三位之外，景明洋行的外籍建筑师还有汉塞尔、米尔恩、马钱特、图纳、罗斯、道巴恩、巴林顿、耶茨等人，其中汉塞尔为英国皇家建筑师学会正式会员，米尔恩、马钱特、图纳、罗斯是英国皇家建筑师学会准会员。在景明洋行工作过的中国人也有很多，例如著名建筑师卢镛标、刘根泰、钟前功、蒋啸涛、许佩青、顾本祥等。景明洋行可以算是汉口建筑师的摇篮，1948年《汉口市建筑师开业登记清册》中，华人建筑师有29人，大半出身于景明洋行。

景明洋行正式成立之前，海明斯在1909年设计了圣教书局大楼（彩图14）。大楼为外廊式殖民地样式，为中国各租界早期流行的风格。立面采用对称的横竖三段式设计，一层有三个带有拱券的出入口，其中主入口位于中央，有优美的装饰。各层均有外廊，二至三层外廊有宝瓶栏杆，由带有横向线条划分的通高方柱支撑，二层两边各有一个略微突出的小阳台。侧立面为非对称设计，一层正中设入口一个，二层及三层各有一个贯穿四开间的阳台，三层窗框装饰各不相同。建筑顶部线条简洁优美、有层次感，上方有主次分明的山花装饰。材料方面，一层为花岗岩，二至三层则为清水砖墙，局部楼板和整个屋面板采用钢筋混凝土。建筑的一层为商铺及会议室，二至三层为职员宿舍，顶层为开放空间。作为景明洋行在武汉的开山之作，圣教书局的设计在当时的武汉乃至全国都属先进，不仅赢得了业主的好评，而且为景明洋行在武汉正式开业打下了坚实的基础。

景明洋行在 1917 年即已成为武汉建筑业的翘楚，其建筑样式和施工方法都极为优秀，率先为武汉引入了钢筋混凝土技术并大获成功，还因其出色表现而被任命为汉口英租界和俄租界的建筑物检查员。景明洋行在武汉设计的建筑不少于 40 栋，超过半数为钢筋混凝土结构，在单体规模、整体数量、建筑风格乃至建筑技术等方面都在武汉近代建筑史中占据绝对领导地位。其建筑风格以古典复兴式为主，也有少数为早期现代主义及 Art Deco（装饰艺术）风格。建筑用途则以银行、洋行为主，兼及工厂、影院、饭店、仓库、高级住宅、里分等。保安洋行、台湾银行、交通银行、新泰大楼、横滨正金银行、浙江兴业银行、花旗银行、卜内门洋行、亚细亚火油公司、浙江实业银行、日清汽船公司、安利英洋行、大孚银行、聚兴诚银行等均出自景明洋行之设计。其设计的璇宫饭店、日清轮船公司货栈、平和货栈、辉记洋行新货栈、顺丰茶厂、英亚货栈、汉口药房等工商业、公共建筑，德林公寓、巴公房子、八大家、怡和房子、公德里、同丰里、治安村、六也村和梁俊华公馆等住宅类建筑，也都各有独特的风格。

景明洋行设计的建筑，地点多为沿街或街道转角处，建筑平面根据地块形状设置为一字形、L 形与其他不规则形。建筑的正立面大多采用对称的横竖三段式构图，形体庄严。位于转角处的房屋则多将主入口设于转角，部分建筑设有塔楼，如古典复兴式的璇宫饭店及 Art Deco 风格的大孚银行；部分建筑转角处内缩，形成独特的入口立面，如横滨正金银行。对于不规则的地块，景明洋行的建筑设计也充分考虑到了建筑的通风与采光，不把地块填满，而是留有通道或内部庭院。

与景明洋行同年开办的设计师事务所还有法比合办的义品放款银行汉口分支建筑部，先后聘请了劳斯、维利克、斯皮尔和德龙格等建筑师。

辛亥革命后，1913 年前后，上海德商建筑师事务所倍克洋行在汉口设立分支，由德国建筑师苏尔负责，但他在 1915 年即因一战而离汉。在此期间，至少由洋行的合伙人之一卡尔·倍克设计建造了汉口德华学堂（今武汉六中）的三栋大楼，其中一栋（“空飞楼”）至今仍存，是研究武汉早期德式建筑尤其是学校建筑形态不可多得的遗存样本。

1917 年前，丹麦人尼尔森和马尔科姆在汉口开办了三义洋行，其又称“三义工程所”，承办机械工程咨询、验船验货、工程检验公证、建筑设计、火损估算等业务。三义洋行的发展势头十分迅猛，1917 年成为汉口德租界工部局建筑师。

同样在 1917 年，英国皇家建筑师学会准会员劳斯在汉开办鲁康司洋行，其同时兼任比利时义品放款银行的建筑师，曾在 1919 年设计汉口新世界。

1921 年，上海思九生洋行在汉口海关设计竞赛中胜出，遂在汉口开设分行，委派英国皇家建筑师学会准会员沃森负责，后沃森升任合伙人，公司英文名遂改为“Stewardson, Spence & Watson”。1928 年，洋行因创始人撤出而散伙。

20世纪20年代初，太古洋行为适应公司经营发展，在汉口增设码头、堆栈和分支办公楼，大多由其建筑部门内的建筑师设计。其中1921—1922年，汉口太古洋行先后有两位建筑师奥弗和吕克尔在任。1923年左右，汉口宝顺洋行也开展了建筑设计相关业务。1925年，上海公和洋行也在汉口开设分行，由英国皇家建筑师学会准会员里普利任负责人。当年，汉口共有8家主要建筑设计事务所，分别为英资景明洋行、公和洋行汉口分部、通和洋行汉口分部、思九生洋行和德资韩贝工程处、石格司建筑师事务所，以及丹麦三义洋行和俄国格列甫夫建筑师事务所。

此后，受战乱、自然灾害等因素影响，汉口经济地位下降，建筑师事务所逐渐关停，至1940年仅余比利时义品放款银行建筑部、英国景明洋行和丹麦三义洋行。

第二节

武汉近代著名建筑师

除了上一节提到的各大建筑师事务所中的建筑师，还有一些建筑师曾经在武汉执业，并留下作品。

早期来到武汉的有一批传教士建筑师，武汉三镇的宗教建筑、教会学校多由这些人设计。

1862 年，意大利方济各会建筑师江成德主持设计并修建了天主教鄂东代牧区主教公署，1889 年又在其西侧设计并修建了武昌主教座堂。

美国长老会建筑师柏嘉敏于 1920 年来到武昌，住在文华大学。他先后设计了武昌圣安德鲁教堂、三一教堂、圣救世主教堂、圣希里达学校礼拜堂、翟雅各健身所、汉口圣洛伊斯学校礼拜堂和华中神学院等建筑。

此外，还有英国伦敦会传教士贝礼循、英国浸礼会建筑师佩里姆、英国教会建筑师卡弗等，都曾在武汉留下他们的建筑作品。

1905 年，张之洞邀请英国土木工程师学会会员穆尔前来武汉三镇考察建立自来水公司的可能性。1908 年左右，穆尔担任粤汉铁路湖北段工程师，并接受汉口自来水公司的聘请，设计汉口水塔。汉口水塔于 1909 年建成，是武汉近代最高的建筑之一。

1908 年，日本建筑师福井房一来到汉口。来汉之前，他曾赴美

正在建造中的汉口水塔（张伯林摄）

图片来源：中国近代影像资料库：http://www.lzp360.com/picture/f58d52591efa68da152cd37c80d9999c286328.jhtml。

国留学，并在美国纽约的乔治·波士特设计事务所从事制图和设计工作，后任日本海军总部建筑部门的建筑师。1906年，福井来到中国旅游，从上海沿长江而上到达汉口，受到两地日本领事的接待，并受邀来华工作。随后，福井先短暂地在上海工作三个月，然后就来到了汉口，成为汉口日租界建设初期唯一的日本建筑师。他在汉口的时间共计4年半，设计了汉口日本总领事馆、日本人俱乐部、日本人小学校和湖北咨议局等建筑，以及一批日资公司的厂房和仓库。

另外，还有一些并不常住武汉的外国建筑师曾经在武汉留下过他们的作品。其中比较有名的是设计了花旗银行汉口分行大楼的美国建筑师亨利·墨菲、设计了汉口标准石油公司大楼的美国建筑师哈泽德和设计了武汉大学的美国建筑师开尔斯。

开尔斯1882年出生于芝加哥，他的父亲是当地律师协会的领军人物，家境优裕。开尔斯1907年毕业于麻省理工学院建筑专业。麻省理工学院是美国第一个系统设立建筑学专业的院校，采用法国巴黎美术学院的“布扎”教育体系，开尔斯也在这样的环境里接受了严格的古典美学及造型训练，打下了坚实的古典建筑设计基础。1915年，开尔斯来到上海，先后进入德和洋行与美国长老会、卫理公会工作，可能参与了一些中式风格的教会建筑的设计。1925年，开尔斯参加中山陵设计竞赛，并获得名誉奖第三名，是获奖者中唯一一名美国建筑师（另有5名俄国设计师、4名中国设计师获奖）。这一设计竞赛中对“中国古典式”的要求，也让他在自己接受的西方古典式建筑教育之外掌握了更多的中国元素与中式设计手法，为他随后的中西折中式设计打下了一定的基础。1928年，开尔斯承接了武汉大学的选址及校园设计工作。这一时期正值20世纪中国第一波传统建筑复兴的浪潮袭来，强调“中国固有之形式”，开尔斯将20世纪初美国流行的“布扎”式规划思想和中西合璧的建筑设计思想贯穿始终，正体现了“本诸欧美科学之原则”，又保存“吾国美术之优点”的要求。1929年11月，开尔斯完成了建筑详图，并持续关注武汉大学的校园建设，直至1937年七七事变爆发。1937—1942年，开尔斯留在了上海的租界内，1942年离开上海，经由莫桑比克抵达纽约，回到美国。随后不久，他移居加拿大，并于1957年在加拿大蒙特利尔去世。

在武汉执业的中国建筑师中，最受人瞩目的有庄俊、缪恩钊、卢镛标、王秉忱等人。庄俊和缪恩钊都是留洋归来的中国第一代受过系统建筑学教育的建筑师；卢镛标并无高学历，但他是在外国事务所建筑实践中不断获得成就的建筑师；王秉忱则是中国本土培养的第一代建筑师。这些人在武汉的作品，打破了汉口建筑设计由西方建筑师垄断的局面。

庄俊是中国第一批在西方留学的建筑师，曾先后就读于上海敬业学堂、南洋公学、唐山路矿学堂和清华学堂留美预备班。1910 年，庄俊进入美国伊利诺伊大学学习建筑工程专业。1914 年，庄俊从伊利诺伊大学毕业，获得建筑土木工程学士学位，成为中国第一位接受西方建筑教育并获得学位的建筑师。伊利诺伊大学的建筑教育在当时受到了学院派建筑理论和芝加哥学派的双重影响，既重视建筑历史与美术的学习，又关注结构与新技术、新材料，庄俊的美国学习经历为他在国内的建筑设计打下了坚实的理论基础。其执业之初所采用的西方古典主义风格，也是源于这一时期的学习。

回国后的庄俊首先在清华学堂任教，并作为中国建筑师协助美国建筑师亨利·墨菲设计了清华园“四大建筑”。亨利·墨菲对庄俊十分欣赏，庄俊也从亨利·墨菲那里学到了如何将西方古典主义与中国传统元素融合，为自己今后的折中主义设计奠定了基础。

1923 年，庄俊带领学生一起前往美国哥伦比亚大学交流学习一年。这一时期美国已经开始流行现代主义建筑，庄俊在学习了解西方古典主义建筑、折中主义建筑之外，也考察了现代主义风格建筑。这一次从美国回国之后，1925 年，庄俊成立了庄俊建筑师事务所，正式开始从事建筑设计。他的第一个作品上海金城银行就获得了极大的成功。随后，汉口的金城银行也交由庄俊设计。庄俊在武汉设计了金城银行、金城里、大陆坊等相邻的银行建筑与里分建筑，形成了一个独特的街道节点。汉口金城银行建成于 1930 年，占地面积为 670 平方米。金城银行面向一个街心广场，七间八柱，两侧与其职员宿舍金城里相连，气势宏阔（彩图 15、16）。

缪恩钊，江苏常州人，1914 年于上海私立圣约翰大学毕业后，考取清华学堂官费留美，1918 年获得麻省理工学院土木工程系学士学位，1919 年获得哈佛大学土木工程系学士学位。回国之后在上海和湖南担任教授，后在汉口纽约标准石油公司工程部担任工程师。1929 年 3 月，缪恩钊应国立武汉大学新校舍建筑设备委员会（以下简称“建委会”）邀请，担任武汉大学珞珈山新校舍监造工程师、工程处负责人，负责施工技术监督及部分结构、水暖设计。3 月 18 日起，缪恩钊带领沈中清等 5 位助手开始了新校舍的测绘工作，历时 5 个月完成。武汉大学的牌楼、半山庐、“六一”纪念亭等建筑，也由缪恩钊领衔设计。武汉大学最早的牌楼是木制的，建于 1931 年，由缪恩钊、沈中清设计，仿北方牌楼式样，四柱三间歇山式结构，琉璃瓦顶，略施斗拱，油漆彩绘，古朴大方。但木制的牌楼毕竟不够牢固，次年即毁于风灾。至 1937 年，武汉大学又在原址重建了这一钢筋混凝土牌楼，仍由缪恩钊、沈中清设计。半山庐位于华中水工试验所的背后，因地处珞珈山北麓的山腰而得名。由沈中清、缪恩钊设计的胡道生合记营造厂建造于 1932—1933 年。1947 年，“六一”惨案发生后，纪念亭由时任武汉大学土木系教授的缪恩钊设计，蔡广记营造厂承建，10 月开工，1948 年 4 月竣工。除武汉大学的建筑之外，缪恩钊和沈中清还设计了湖北省立图书馆，其址位于武昌抱冰堂下的蛇山南坡，落成于 1936 年 9 月，由袁瑞泰营造厂承建。由于缪恩钊协助开尔斯设计建造武汉大学新校舍，受到开尔斯建筑风格的较多影响，其设计的湖北省立图书馆与武汉大学老图书馆遥相呼应，仿佛兄弟建筑，同为中西合璧佳作。

卢镛标，浙江定海人，1922 年高中毕业后，经胞兄卢东阳介绍，

湖北省立图书馆碑：缪恩钊工程师设计，袁瑞泰营造厂承建（刘建林摄）

进入汉口景明洋行做学徒。1924 年，卢东阳去世后，卢镛标顶其职进入景明洋行工作，其间攻读了美国土木工程函授课程，并曾与在景明洋行共事的刘根泰合作组建宏泰测绘行。在成立自己的建筑师事务所之前，卢镛标设计了联保里、长春里、福生里等里分建筑。[①]1929 年，卢镛标辞去景明洋行的工作，在汉口二曜小路清义里创办了武汉第一家中国建筑师事务所——卢镛标建筑事务所，后搬迁至鄱阳街鼎余里。[②]卢镛标建筑事务所曾先后设计了上海电影院、永孚堆栈、立丰榨油厂、五丰面粉厂、四明银行大楼、中国国货银行大楼（彩图 17）、中国实业银行大楼、中国信托公司、硚口天主教堂、武昌善导

① 郑红彬：《武汉近代著名先锋建筑师卢镛标》，载张复合主编：《中国近代建筑研究与保护》第七辑，清华大学出版社，2010 年，第 574 页。

② 李治镇：《武汉近代建筑与建筑设计行业》，《华中建筑》，1988 年第 3 期，第 37—40 页。

女中、随州天主教堂医院和湖南邮政局等项目（见下表）。卢镛标在四明银行等建筑设计中应用的 Art Deco 风格，时间上早于景明洋行，也比景明洋行所采用的Art Deco式设计更加正宗，[①]具有鲜明的现代性，成为武汉建筑发展的一个时代缩影。

卢镛标主要作品一览表[②]

编号	原来名称	现在名称	用途（过去 / 现在）	地址	结构	规模	设计年份	竣工年份	施工单位	附注
1	汉口中央信托公司	湖北省交通厅	办公 / 办公	江岸区中山大道 912 号	钢混	地上 6 层	不详	1935	上海洪泰兴营造厂	Art Deco
2	四明银行	湖北省保险公司	银行 / 办公	江岸区江汉路 45 号	钢混	地上 5 层，中部 7 层，地下 1 层	1934	1936	汉协盛营造厂	Art Deco
3	中国国货银行	至尊国际婚纱摄影	银行 / 办公	江岸区中山大道 635 号	砖木	地上 3 层	不详	1934	李丽记营造厂	原建筑西方古典主义，装饰简洁
4	中国实业银行	湖北省药材公司	银行 / 办公	江岸区江汉路 24 号	钢混	地上 6 层，转角 9 层	1934	1936	李丽记营造厂	Art Deco
5	江汉村	江汉村住宅	住宅 / 住宅	江岸区鄱阳街下首	砖混	2~3 层	1936	1937	明巽建筑公司等	现代主义风格，带 Art Deco 细部

① 郑红彬：《武汉近代著名先锋建筑师卢镛标》，第 579 页。

② 摘自郑红彬：《武汉近代著名先锋建筑师卢镛标》，第 581 页，文字有改动。

（续表）

编号	原来名称	现在名称	用途（过去/现在）	地址	结构	规模	设计年份	竣工年份	施工单位	附注
6	武昌善导女中	武汉市第三十九中学	教会学校/学校	武昌首义路116号	砖石	地上3层	1935	1936	黄兴泰营造厂	现代主义风格，带 Art Deco 细部
7	上海大戏院	中原电影院	电影院/电影院	江岸区洞庭街46号	钢混	地上2层	1930	1931	明巽建筑公司	1987年改建，风貌不存
8	胜新面粉厂			硚口宗关街7号	钢混	地上5层	1936		钟恒记营造厂	建筑设计长而窄，取其建筑费少而便于管理①
9	六也村柴海楼住宅	江汉村某住宅	住宅/住宅	江岸区鄱阳街下首	砖木			1934年后	李丽记营造厂	六也村后并入江汉村
10	五丰面粉厂			汉阳月湖堤198号	钢混	地上5层	1930	1932	元亨营造厂	2004年拆除
11	随县天主教堂医院			随州市烈山大道168号						
12	湖南邮政局	小吴门邮局、长沙中山医院等	办公/办公、医院	长沙市中山东路与建湘路交会处	钢混	地上4层	1935	1937	天津申泰营造厂	现代风格，此楼时称"小摩天楼"

① 王一鸣：《汉口胜新面粉厂简记》，《武汉文史资料》，1988年第3辑，第109页。

王秉忱，江苏扬州人，生于浙江黄岩，其父王季梁是首批庚款留美学生，与吕彦直是留美的同学和朋友。王秉忱对建筑产生浓厚的兴趣，也是受到吕彦直的影响。1935 年，王秉忱毕业于中央大学建筑工程系，随后留校任助教，随校西迁。他曾在李锦沛建筑师事务所、南京新中建筑公司、孝康建筑事务所执业。1940 年，王秉忱应申新纱厂、福新面粉厂的邀请负责宝鸡的厂房设计，1946 年被派往汉口负责厂房重建。新中国成立后，王秉忱获得了武汉市人民政府颁发的第一号甲级开业建筑师执照，后以建筑工程师的身份兼任过一年福新面粉厂的厂长。1952 年，王秉忱接受中南军政委员会的聘任，担任建筑处设计室的副主任。设计室后来扩展成为中南设计院，王秉忱任副总设计师。1958 年，王秉忱曾作为湖北省的代表，参与过北京人民大会堂的设计。1959 年，武汉剧院建成，作为对新中国成立 10 周年的献礼，其主要设计者之一也是王秉忱。

第三节

武汉近代著名营造厂

晚清时期，汉口的西式建筑逐渐增多，旧式的工匠及手工作坊不涉及绘图工作，建造方法也已经无法满足施工要求。在新的建筑体系下，掌握建造主动权的私人手工作坊逐渐发展成按照建筑工程师、结构工程师的图纸进行施工的新式营造厂，通过承包和投标承包等形式，在中国各个城市承建了大量新式住宅，成为建筑工程的“总包”单位。在汉的华人建筑师也多有在营造厂的工作经历。

中国第一家近代华人营造厂由上海川沙人杨阿毛（后改名杨斯盛）在上海建立。杨阿毛起初在上海的工地上做泥水师傅，因为手艺好，被介绍给了海关砌筑灶头，并顺便做些房屋修理工作。他结交了一群洋人朋友，并学会了英语。后来，他因为拾金不昧，被英商公平洋行大班阿摩尔斯赏识，便开始受公平洋行委托建造厂房和砌灶，也熟悉了现代化的建筑技术和施工方法。1880 年，他开设了杨瑞泰营造厂，开始承包工程。1891 年，杨瑞泰营造厂在上海新江海北关的营造项目上一战成名，成为中国近代首屈一指的营造业泰斗。

武汉的早期营造厂，经营者和主要技术人员基本都是外国人，如英商发德辅营造厂承建了麦加利银行（1865 年）、上太古二号仓库（1875 年）和怡和洋行宿舍（1880 年）。1880 年，杨斯盛在上海组建了中国第一家华人营造厂。1890 年，张之洞招请广州的广利祥承建湖北织布厂。1894 年，汉口横滨正金银行由一家上海营造厂承建，均采用甲乙双方直接商定承包的方式。招标比价的承包方式，也从 1902 年张之洞建造湖北制革厂时开始。1918 年，汉阳铁厂扩建化铁炉及存沙仓的工程，在《汉口新闻报》上登报招标，约定 12 月 4—10 日 7 天投标时间，并收取押金 5 元及挂号金 1 元。12 月 20 日，项目正式开标，建筑行业的市场化运作也自此开始。

1894 年，宁波人周昆裕从上海来到汉口负责横滨正金银行大楼的施工，他看到了武汉建筑业广阔的市场，随后辞去了上海营造厂的工作，先是与同行一起在汉口合营明昌太木厂，后于 1898 年在汉口创办明昌裕木厂，是为在武汉正式开业的第一家华人营造厂。随后，华人营造厂发展迅速，逐渐承担了武汉大部分新式建筑的建造工程。作为第一家华人营造厂，明昌裕先后承建过震寰纱厂、西商跑马场、颐中烟草公司、沙市打包厂等大型工程。为了解决建设中砖瓦供不应求、质次价高的问题，明昌裕还开办了裕记砖瓦厂。

来自浙江宁波的沈祝三最初在杨瑞泰营造厂任监工，后与其他人组织了协盛营造厂（由杨斯盛投资）。1905 年，他代表上海协盛营造厂来汉主持汉口平和打包厂的建筑施工。1908 年，沈祝三在汉口六合路创办汉协盛营造厂，很快成为武汉三镇建筑施工界的一颗闪耀明星，承担了各种类型的重要项目，留下了大量作品。

民国时期，武汉的营造厂有了较大的发展。1912 年以前，在武汉执业的营造厂有 48 户，其中外商 8 户。1920 年，登记在汉口商号名录中的营造厂有 60 户，1926 年则有 57 户。1929 年，武汉市工务局对全市营造厂和泥木作坊进行了注册登记，按资金多少分为 4 个等级。其中甲等和乙等营造厂分别登记了 30 户和 52 户，由旧式作坊转化而来的丙等与丁等则分别有 277 户和 210 户。

武汉沦陷期间，大量营造厂内迁或歇业，数量锐减。1941 年只剩下甲等 1 户、乙等 5 户，丙、丁等共 19 户。1942 年，甲等有 12 户，乙等有 71 户，丙、丁等共有 133 户。抗战胜利后，武汉的营造厂数量又有所回升，新中国成立前夕共有大小营造厂 398 户。新中国成立后，经过社会主义改造，武汉的营造厂逐渐全部纳入国有经济轨道。

据 1948 年资料记载，在武汉开业的营造厂中，武汉籍的占 39%，湖北其他地区籍的占 30%，江浙沪籍的占 14%，其他各省的占 7%。其中，甲级营造厂 67 家，江浙沪籍的有 27 家，占比高达 40%，武汉本土营造厂则仅占 27%。江浙沪一带营造厂的先进技术对武汉建筑施工行业的发展起到了重要的推动作用。

汉协盛营造厂是承担工程项目最多、范围最广的一家营造厂。上文提到，汉协盛曾承担景明洋行大楼的施工工作，并分文不取。作为景明洋行在武汉最重要的合作伙伴，汉协盛也在一定程度上推动了武汉近代建筑设计行业的发展。“景明洋行设计，汉协盛施工”成为武汉建筑的金字招牌，景明洋行也因此名声大振，将分行开到了上海与南京。汉协盛在武汉承担过工业、商业、民居、宗教建筑、学校建筑等几乎所有类别建筑的施工，低层与高层建筑、各种建筑结构兼有，古典主义、折中主义及现代主义建筑齐全，推动了武汉建筑施工体系的确立和完善。汉协盛还从国外进口了许多施工设备，包括英式打桩机、卡车及轮船拖驳等。

与上文提到的明昌裕类似，汉协盛也曾向建筑材料制备行业发展。汉协盛曾购买德商阜城砖瓦厂，并添置了 60 马力蒸汽机和 16 英寸砖机等设备，年产红砖超过 1 000 万块，又开办了阜城轧石厂及炼灰厂，解决了其施工中石材及石灰的材料供应问题，并可对外销售。

由于当时正处在社会历史巨大变革时期，营造厂的中国工匠在学习新的建造方式之外，往往还是以自己熟悉的中国建筑施工方式进行施工，在设计师有意的中西折中之外，又进行了“二次折中”，使建成的建筑拥有了更多的本地化风格，也使武汉的城市面貌在冲突与融合中向近代化发展。

以武汉大学文学院和法学院两个截然不同的屋顶为例。流行的说法是，文、法学院左右相对，呈现出“左文右武”的格局：文学院建筑屋顶采用翘角，寓意文采飞扬；法学院飞檐则很平缓，象征法力正直，执法如山。但从建筑施工的角度来看，这是一种关公战秦琼式的误解。

从开尔斯的早期设计图纸来看，图书馆旁边的两栋大楼起初都设置为文学院，都是带有天井的口字形中式屋顶大楼，是一对标准的姊妹楼，并不存在“左文右武”的功能设计，其屋角的设计也是同样起翘平缓的北方官式建筑风格，而这也符合 20 世纪 30 年代的建筑风潮。

当时，来华参与“中国固有之形式”运动的外国建筑师们对于中国南北建筑风格已经达成了普遍的共识，即倾向于“更紧缩”的北方风格，而非繁复的南方样式；另外，就发生在以南京、上海为核心的“中国固有之形式”运动的实际情况来看，当时在这两座大城市兴建的众多复古的“固有形式”大屋顶建筑，多数采用了与当地原有南方建筑迥然不同的北方官式建筑风格。那么，为何武汉大学文学院的屋角会是出挑较远且上翘的南方建筑风格呢？这可以从文学院和法学院不同的建筑时间上找到答案。

文学院属于武汉大学校园一期工程，由汉协盛营造厂承建，于 1930 年 4 月开工，1931 年 9 月竣工；法学院则属于二期工程，由上海六合贸易工程公司承建，于 1935 年 8 月开工，1936 年 8 月竣工。在珞珈山校舍一期工程正如火如荼地进行之际，开尔斯积劳成疾，只得在上海卧床休养，自然无法再到现场查看，直至 1932 年年初，他听闻武汉大学全体迁居新校舍，才扶病而来。汉协盛营造厂从老板到工匠大多是南方人，建造风格是一贯的南方式样，这在其后期承建的汉口商业储蓄银行大楼上也能得到充分的体现，汉口商业储蓄银行大楼建造于 1933—1934 年，由充分参与“中国固有之形式”运动的上海建筑师陈念慈设计，屋顶设计自然是平直简化的北方屋顶，但最终大楼被汉协盛打造成了浓郁的江南建筑风格：屋角上翘，两侧屋檐升起。显然，当时的武汉建筑并没有受到不远处南京、上海的“中国固有之形式”运动的充分影响。在汉协盛承建的武汉大学校园一期工程中，南方工匠们或许是出于建筑风格上的惯性，或许是出于本土意识的膨胀，其承建的所有建筑，不独文学院，还有学生饭厅及俱乐部、理学院和男生寄宿舍这些建筑的屋角都采用了上翘的南方建筑式样。当时全权代表开尔斯的德国建筑师石格司，显然并不熟悉中国建筑风格的地域差异，也没有注意到这种细节，径直在设计图纸上签字通过了。

1932 年春，开尔斯扶病前来欣赏自己最伟大的设计作品时显然是失望的，从二期工程的图书馆和法学院的平缓屋顶中，可以看出他坚持自己建筑风格的决心，哪怕是以牺牲狮子山建筑群屋顶造型的统一性为代价。最终，汉协盛的本土主义和开尔斯的坚持己见，演绎出了后人对此“左文右武”的误读与趣谈，也可算作近代建筑史上的一段佳话。

除此之外，在武汉大学建造的过程中采用的混凝土框架结构、钢架结构、玻璃中庭、三铰拱等在西方建筑界也尚属探索阶段的新材料、新技术，这体现了武汉的营造厂与时俱进、敢于尝试的特点。以武汉大学二期工程宋卿体育馆的大屋顶为例，其跨度为 22.6 米的三铰拱钢架的建设技术是从国外引进的，承建项目的六合贸易工程公司，其创办人李祖贤于1918年毕业于美国伦塞利工程学院，本身就是建筑专家，处理这样的技术难题并不逊于外资建筑公司。

除了承建洋行与外国设计师的设计项目，汉协盛营造厂也承建了大量的华商项目、华人设计师项目。上文提到的庄俊设计的金城银行、金城里，卢镛标设计的四明银行，以及汉口三元里、共和里、德华里、南洋兄弟烟草大厦等建筑，都是由汉协盛承建的。

上文提到，在武汉的甲级营造厂，江浙沪籍占据很大比例，明昌裕和汉协盛就都由宁波人创立。宁波商人是最早接受西方文明影响的华商群体，宁波人的营造厂在上海和武汉都极负盛名，在武汉的除明昌裕和汉协盛外，还有魏清涛的魏清记营造厂、项惠卿的汉和顺营造厂、康炘生的康生记营造厂、钟延生的钟恒记营造厂和李祖贤的六合贸易工程公司。这些营造厂多有在上海的从业经历，也与上海长期保持合作，将先进经验应用于武汉的城市建设。武汉优秀的近代建筑，有很大一部分都出自宁波籍营造厂之手。更值得注意的是，由于宁波人大量投资银行业，宁波籍营造厂与金融业联系密切，建造了大量的金融类建筑，这些建筑是汉口历史建筑中的精品。在汉口，汇丰银行、横滨正金银行、浙江实业银行、盐业银行、金城银行、四明银行、花旗银行、中国银行、交通银行、浙江兴业银行、中孚银行、大孚银行、永利商业银行等建筑，都由宁波籍营造厂建造（彩图18）。

除了工程质量高，宁波人的商业信誉也为人称道。汉协盛承建武汉大学一期工程时，由于一开始就估价过低，投标后又遇到世界经济危机，金价大涨，原材料价格大涨，工程进行得十分艰难。面对种种困难，汉协盛营造厂最终仍于1931年11月如期交付所有承包建筑，且仍旧按照当初约定，赠送武汉大学价值3万元的自来水塔，而自身则承受亏损40万元以上，不得不把一批房产和砖瓦厂抵押给浙江兴业银行，汉协盛从此没落，负债也直到武汉沦陷时才偿还完毕。武汉大学建委会有感于汉协盛的牺牲与困难，最终在本校经费也十分困难的情况下，补偿其修建水塔所耗费用，以表示感谢与体谅。

第四章

武汉“共享遗产”

从“西风东渐”到“中西合璧”

第一节

从古典主义到装饰艺术：武汉近代金融与公司建筑

武汉近代银行及洋行的发展

现代金融业及公司进入武汉之前，汉口就已经拥有了较为完善的金融体系，传统商业环境也已发展成熟。汉口在传统贸易环境中，是名副其实的“九省通衢”、商贸中心。开埠之后，银行与洋行开始进入汉口。现代银行和洋行与传统的票号和商行既有冲突也有融合，汉口的经济元素日益丰富，商业面貌焕然一新。

西方银行和洋行一般都在上海设立自己在中国的主要分支机构，然后沿江上溯到九江、汉口，或者沿海南下到宁波、福州。上海是东部沿海与长江沿岸最早、最重要的金融中心。1862 年，英商怡和洋行设立汉口分行。1863 年，英商麦加利银行开始在汉口设立分行，应该是汉口最早的外资银行。麦加利银行 1858 年设立上海分行（在华总行）与北京分行，其后在天津、青岛、哈尔滨、大连、汉口、广州、厦门等地也陆续开设了分行或者支行。

起初，麦加利银行只是在茶叶生产的季节派人来汉口为经营茶叶贸易的洋行服务，赁屋营业，春来秋去。到 1865 年，麦加利银行在英租界内正式建楼开业，成为第一家定居汉口的外资银行（彩图 19）。1868 年，汇丰银行在汉口开业，由大班、副班综理业务。当时，汉口海关由英国人掌握，汇丰银行成为江汉关的金库，积累一定数量后，再以支付我国国债的名义通过汇丰银行转账。

自汇丰银行开业后，到 1896 年华俄道胜银行在汉口开业之前，近 30 年的时间里，汉口的外资银行仅此两家。相较而言，这段时间洋行的发展更为迅速。据统计，1891 年，在汉口共有洋行 27 家、外商 370 人，其中英国 12 家 151 人，德国 6 家 15 人，俄国 4 家 41 人，美国 3 家 34 人，法国 1 家 16 人，日本 1 家 10 人，丹麦、西班牙、瑞典、挪威、奥地利及意大利外商共 33 人。随着中外贸易的增长，德商德华银行（1898 年）、法商东方汇理银行（1902 年）、比商华比银行（1902 年）、日商横滨正金银行（1906 年）、日商住友银行（1908 年）、美商花旗银行（1910 年）和美商万国通商银行（1910 年）陆续在汉口开业。这些银行在武汉经营政府借款、大额存款、往来存款、汇兑、透支放款、旅行支票及居民储蓄等金融业务，也肩负着保护本国贸易的责任，为本国洋行业务和经济扩张提供金融服务。

当时，上海汇丰银行操控了外汇行情，汉口汇丰银行每天上午 9 点半通过上海路透社发来的密码电报收到上海汇丰银行的外汇牌价，再根据汉口分行的外汇储备情况定出牌价，公布给汉口其他外商银行，地位不言而喻。“该行除经营通常的业务外，以其中英公司代表人的资格，还执行某些中英双方政府间有关财政方面的重要谈判。辛亥首义期间，它是坚持对外开放的唯一的银行。”①

---

① 菲尔德维克：《现时远东印象及在国内外都有名的人》，环球百科出版社公司，1917 年，转引自冯天瑜、陈锋主编：《武汉现代化进程研究》，武汉大学出版社，2002 年，第 331 页。

在外资银行的刺激下，中资银行也开始兴起。1897年，盛宣怀在上海主持开办了中国通商银行，6月8日，其第一家分行——汉口分行开业，成为汉口第一家中资银行。由于武汉有盛宣怀的两大事业——汉阳铁厂和卢汉铁路，中国通商银行汉口分行成为盛宣怀的资金后盾，向汉阳铁厂、萍乡煤矿等放款甚多，也从汉口铁路局、汉口善后局、汉口官钱局等机构揽收了大量存款。盛宣怀去世后，中国通商银行退回上海，汉口分行不复存在。

清末在汉口开设的中资银行还有大清银行、交通银行等国家银行，以及浙江兴业银行、信成银行、信义银行、湖北铁路银行等民营银行。“南四行”之首的浙江兴业银行于1908年在汉口设立分行，与中国通商银行、大清银行、交通银行等都发行了钞票——“汉钞”。辛亥革命以后，大清银行演变为中国银行，其与交通银行都是汉口中资银行的首领（彩图20）。

到辛亥革命之前，上海有外资银行27家，汉口有19家，天津有8家，广州仅有7家。汉口是中国中部唯一的金融中心。

北洋政府时期，汉口的银行业迅速发展。外资银行方面，合资银行大量出现，如法比合资的义品放款银行（1912年）、中法合资的中法实业银行（1915年）、中法合资的中法振业银行（1917年）和中日合资的中华汇业银行（1918年）等如雨后春笋般在汉口成立。在这一时期，银行除了从事传统业务，也开辟了新的业务领域。例如，义品放款银行在汉口从事房地产抵押贷款、租赁、投资工程、为租界内中资企业挂旗等业务，都获利颇丰。20世纪10—20年代，汇丰银行、花旗银行、横滨正金银行等银行都大兴土木，建造或重建了宏伟的银行大厦，汉口江滩金融中心风貌初现。但1923—1926年的汉口金融危机也波及了一批外资银行，一批经营不善的小规模外资银行纷纷倒闭。中资银行方面，除了本省的地方银行先后在汉口开业，其他地区的地方性银行也开始在汉口设立分行。1916 年 11 月，“北四行”之首的盐业银行成立了汉口分行。

清末民初，汉口的洋行共有 114 家。一战期间，汉口的部分欧洲洋行停业，日本洋行则数量大增。一战结束后，欧洲洋行东山再起。据统计，1924 年，在汉口营业的欧洲洋行有 93 家，日本洋行有 75 家。据《武汉市志 · 金融志》的统计，截至 1926 年，先后在汉口开设的银行共有 52 家，其中总行 9 家，分支机构 43 家。正常营业的外资银行有 12 家，分别是汇丰银行、华比银行、住友银行、麦加利银行、华义银行、台湾银行、花旗银行、震义银行、汉口银行、东方汇理银行、横滨正金银行和义品放款银行。

大革命期间，武汉成为中国的首都，城市的政治、经济、文化重要性凸显。但好景不长，南京政府时期，随着传统经济的进一步瓦解，江浙一带的外向型经济更加与世界接轨，中国的经济中心及金融中心逐渐转移到了以上海为中心的江浙一带，汉口的银行业逐渐衰落。据统计，抗战之前，汉口的中资银行有 33 家，外资银行仅剩 10 家。1925—1937 年，汉口的洋行有 130 家左右，到武汉沦陷之前，只剩 30 家维持业务。

武汉沦陷后，汉口的众多银行大楼被日军占为办公用房。中国银行大楼被占为日本宪兵司令部，金城银行变为陆军特务部，前中央银行变为海军特务部，交通银行变为日本领事馆，四明银行变为军官宿舍，大孚银行变为日本宪兵队驻地——日本宪兵队甚至因此被称为“大孚宪兵队”。在这种情况下，汉口大量银行、洋行有的撤离，有的被日本强行接收，横滨正金银行、台湾银行和汉口银行则卷土重来。洋行方面，1939 年，日本洋行增至 60 余家，太平洋战争爆发后更是独霸了汉口市场。

抗战胜利后，浙江兴业银行、金城银行、大陆银行、聚兴诚银行等中资银行回到汉口复业，一批新的银行也纷纷兴起；麦加利银行、汇丰银行、东方汇理银行等外资银行也回到汉口复业，并加入了汉口银行商业同业公会，但实际上它们已经气息奄奄。1949 年 9 月，麦加利银行正式停业，东方汇理银行和汇丰银行也分别在 1949 年 8 月和 1950 年 3 月正式停业。新中国成立后接受社会主义改造的银行只有 28 家，分别为金城银行、聚兴诚银行、浙江兴业银行、上海银行、中国实业银行、广东银行、盐业银行、四明银行、和成银行、新华银行、泰裕银行、四川美丰银行、大陆银行、中南银行、中国农工银行、亚西银行、重庆银行、开源银行、汉口商业银行、浙江第一银行、川盐银行、川康银行、中国国货银行、豫康银行、华康银行、谦泰裕银行、大孚银行和建业银行。1949 年 5 月武汉市解放时，在武汉营业的洋行、外国银行、保险、修理等共有 38 家。到 1949 年年底，只有 11 家洋行仍在营业。1955 年，洋行业务全部结束，退出武汉市场。[①]

武汉近代银行建筑

券廊式建筑——麦加利银行、东方汇理银行与早期横滨正金银行

券廊式建筑，又称“殖民式”“殖民地式”建筑，是一种在建筑周边做拱券围廊的 1~3 层砖木结构房屋。这类建筑是西方殖民者进入印度及东南亚一带后，为适应炎热的气候而形成的一种新的建筑形式，在我国澳门、广州、厦门等地也多有分布。武汉早期近代建筑，也多

① 武汉地方志编纂委员会主编：《武汉市志 · 对外经济贸易志》，武汉大学出版社，1996 年。

采用券廊式。银行建筑中，麦加利银行、东方汇理银行与早期的横滨正金银行都采用了这一形式。

麦加利银行是最早进入汉口的外商银行，位于洞庭街青岛路口，建造于1865年。大楼由英国发德普建筑公司承建，三层砖木结构，2008年被公布为湖北省文物保护单位。建筑平面为长方形，三层均有四面围合的贯通拱廊，二、三层设精美的宝瓶栏杆，临青岛路的立面为主立面，其拱廊由10个连续的拱券构成，洞庭街立面则为6个连续的拱券。屋面上铺红色铁皮瓦，四角各设一个英国古典式红色方斗堡塔。

东方汇理银行汉口分行开设于1902年，为两层外廊式砖木结构，总建筑面积为800平方米。建筑以条石砌筑基础，上砌清水砖墙，以红砖为主，间有青砖，檐口、腰线及柱头等处有明亮的白色装饰，外立面整体体现了法式巴洛克与洛可可风格。建筑一层及二层均有连续拱券构成的外廊，一层为封闭式，二层为开放式，设绿色宝瓶栏杆。平屋顶，屋面四周有带宝瓶栏杆的栏杆式女儿墙，正立面中央设有曲线构成的三角形山花。一层与二层的拱券间设有圆形壁柱，柱头一层为多立克式，二层为加入涡卷的科林斯混合式，其顶端各有装饰（彩图21）。

据《正金银行史》记载，横滨正金银行汉口出张所成立于明治三十九年（1906年），并于明治四十四年（1911年）改为汉口支店，最初是一个三层外廊式砖木结构建筑。其中，一层及二层设有拱廊，由立柱支撑，每层各5组10个拱券；三层为日式屋顶的房间，立面设置3个一组的拱券开窗。正立面面向英租界河街（即今沿江大道），一层主入口处设有拱券支撑的门斗，上设小型露台。此建筑已经不存，于1921年改建为现存的横滨正金银行大楼。

柱廊式建筑——汉口近代银行建筑的主要形式

柱廊式建筑是汉口近代银行建筑的主要形式。武汉的近代柱廊式银行建筑以西方古典主义建筑为基础，部分融入中式风格和其他西式风格，呈现出百花齐放的面貌。这一类型的建筑始于清末民初，兴盛于20世纪20年代，多为钢筋混凝土结构。建筑临街的立面设通高2~3层的柱廊，以爱奥尼柱为主，纵向三段式划分，横向三段或五段划分，形体庄重。由于建筑理念的不同，早期的这类银行建筑多为外资洋行设计，临街立面及立柱多为麻石砌筑，后期则由砖砌，并以水刷石作为饰面，多为中国建筑师设计或监制。

位于沿江大道和黎黄陂路转角处的汉口华俄道胜银行旧址可算作汉口近代柱廊式建筑的早期形态。道胜银行原为法俄合资银行，成立于1895年12月，总行设在沙俄首都圣彼得堡。1896年2月13日，巴黎国家贴现银行上海分行改组为华俄道胜银行上海分行，正式开始在中国营业。1896年8月28日，清政府钦差、驻俄大使许景澄奉旨，允准与道胜银行订立建造管理东三省合同，出资入股。9月2日，入股合同正式签订，清政府与之联合组成“Russo-Chinese Bank”，译作华俄道胜银行，是近代中国第一家中外合办银行。同年，华俄道胜银行在汉口设立分行。

关于汉口华俄道胜银行大楼的建设年代，有1896年、1898年和1902年三种说法，不过考虑其设计者德国人马尔克斯1904年来汉口创办宝利洋行，1909年回国，其建造于1904—1909年的可能性更大。

这是一座单栋四层砖混结构建筑，坐西朝东，墙身厚，净空高，地上四层，地下一层，墙面简洁，略含简约西式装饰，平屋顶，浅米黄主色调外墙、白色门窗楣、白色花饰。其立面的外窗随楼层的增加而由下至上逐步缩小，在不规则中跳跃，显得独特新颖。这种处理手法充分体现出建筑的现代风格，具有一种创新精神。其地上第四层实为隔热层，净空很高，成人可在其中直立。除临近沿江大道一侧的一层和塔楼为封闭的窗型外，沿江大道的正面一、二、三层和黎黄陂路侧面的二、三层均为内廊。这种隔热层和内廊的设计非常适合武汉的气候。临近沿江大道的一侧为正立面，三段构图的手法将内廊巧妙划分。一层外廊为圆拱门洞，二、三层为上内角带有花饰的矩形门洞，四层为横向矩形窗。二层与三层外廊的铸铁花饰护栏的下部楼板外部，也有细致花饰图案。整个建筑将古典与现代融为一体，显得既庄重典雅又活泼明快。

明信片：华俄道胜银行汉口分行大楼

1910 年 10 月 17 日，华俄道胜银行与俄法合资的北方银行合并，改名“Russo-Asiatic Bank”，中文名仍为华俄道胜银行。1918 年，华俄道胜银行总行被苏俄政府收归国有，遂改巴黎分行为总行，继续在华业务。随着苏维埃政府宣布废除沙俄政府海外特权，华俄道胜银行海外经营败落。1926 年 9 月 30 日，因华俄道胜银行上海分行及哈尔滨分行投资失败，中国政府颁布《清理中国境内华俄道胜银行章程》，包括汉口分行在内的华俄道胜银行各分支行全部倒闭。

1926 年，北伐军占领武汉三镇，华俄道胜银行汉口分行大楼成为武汉国民政府财务部办公地。12 月 10 日，宋庆龄在时任财政部长宋子文的安排下入住此楼的二层。在入住大楼的 7 个多月时间里，宋庆龄利用大楼四周的花园举行花园茶话会，为国民革命军的伤员组织红十字会的救赈活动，还在此写下了著名的《讨蒋通电》和《“七一四”声明》，以维护“三民主义”和“联俄、联共、扶助农工”的三大政策。1927 年 1 月 20 日，宋子文在此开设汉口中央银行。1927 年汪精卫发动“七一五”反革命政变后，宋庆龄于 7 月 17 日被迫离开汉口。7 月 27 日，曾于 5 月受宋庆龄邀请入住此楼三层的美国进步记者安娜·路易斯·斯特朗也与共产国际驻中国代表、苏联驻中国国民党代表鲍罗廷一道离开，武汉国民政府首脑汪精卫、宋子文前来送别。9 月，“宁汉合流”，该楼成为民国政府中央银行汉口分行办公处。

1949 年后，该楼归属国有，由中南军区和武汉军区使用。新中国成立初期，该楼楼顶坡面被改造为阁楼。起初，大楼成为原武汉军区胜利文工团驻地，后又被用作华江制药厂办公室。1998 年，大楼由军队移交湖北省南方集团公司，归湖北省国资委管理。1998 年 2 月，该楼被确认为曾是宋庆龄在汉口的居所，并于 2002 年被改造为宋庆龄汉口旧居。2011 年 1 月，该楼被正式划转归武汉市管理，当年 9 月开始维修加固。2013 年 5 月 18 日，“宋庆龄汉口旧居纪念馆”重新开馆。2019 年 10 月，该旧址以“汉口华俄道胜银行旧址”之名被并入第六批全国重点文物保护单位“汉口近代建筑群”。

汇丰银行 1864 年成立于香港，1866 年在汉口设立分行，并在英租界江滩建造二层砖木结构楼房办公。1913 年起，大楼开始重建，分主楼和副楼两部分。副楼先建，由公和洋行设计[①]、汉协盛营造厂施工，为钢筋混凝土结构，1913 年开工，1917 年建成；主楼亦为钢筋混凝土结构，同样由公和洋行设计、汉协盛营造厂施工，1914 年动工，1920 年建成。主楼三层，副楼四层，各另有一层地下室，主楼还建有屋顶花园。建筑占地面积 3 591 平方米，建筑面积为 10 244 平方米。1938 年，大楼被日军占领，1944 年被美机炸弹炸穿屋顶至中庭，毁坏面积达 150 平方米。2006 年，大楼作为汉口近代建筑群的一部分被公布为全国重点文物保护单位。

受地块形状的影响，汉口汇丰银行建筑平面呈平行四边形，大楼正立面面向临江大道，高约 20 米，纵向三段式、横向五段式划分，主入口居中突出，立面整体对称。正立面的柱廊高两层，立柱全部由花岗岩拼接，10 根巨大的爱奥尼柱分为 5 组，中间入口一组与两侧两组各配有两根带有花饰的方柱，中段略微凹进，两组柱廊还分别有两根扶壁柱与其他三组相接。廊内镶嵌大理石墙裙，外墙贴面及基座为花岗岩。正立面中央三层，有一个巨大的拱窗，其上有雕饰精美的山花。两侧各有由 5 根方柱支撑的小型柱廊，面向青岛路的侧立面为横向三段式划分，一层及二层左右两边均为两根方柱夹两根爱奥尼柱的组合，并设一个侧门。中段一至二层为两根爱奥尼柱支撑，三层则为 5 根简约的方柱。建筑设三个钢结构嵌彩色玻璃穹顶采光天窗，门框、窗框、墙面、檐口、腰线及基座都有精美的雕花装饰。汇丰银行是当时汉口最雄伟的大楼，对 20 世纪 20 年代的同类建筑产生了较大

---

① 《汉口租界志》等材料记录的是“上海汇丰总行派纳工程师设计”。据武汉市房管局原始档案（档案号 6 LS 96），“派纳”即“Palmer & Turner Architects”，也就是公和洋行。

的影响，在其后建成的上海汇丰银行大楼（1921—1923 年，同样由公和洋行设计）和天津汇丰银行大楼（1924—1925 年）都与此建筑式样大体相同（彩图 22）。

与汇丰银行大楼隔青岛路相望的花旗银行大楼动工于 1919 年，由景明洋行和美国建筑师亨利·墨菲设计、魏清记营造厂施工，完工于 1922 年春。

20 世纪 20 年代汉口花旗银行（左）汇丰银行（右）（刘建林供图）

花旗银行前身纽约城市银行于 1812 年 6 月 16 日成立于美国。当时，美国首任财政部长亚历山大·汉密尔顿在 1791 年设立的美国国家银行因权力过大，严重束缚州立银行扩张贷款的能力，遭国会解散，部分纽约商人遂以纽约州为担保，成立纽约城市银行以替代之。银行首任总经理为共和党杰出领袖塞缪尔·奥斯古德上校。美国南北战争后期，美国政府颁布《国民银行法》。纽约城市银行遂于 1865 年由州立银行改为国民银行，名称随之改为纽约国家城市银行。至 19 世纪 90 年代，纽约国家城市银行已发展成为美国最大的银行。

1901 年，纽约国家城市银行被委任为美国政府驻华国库代理机构，受托接管庚子赔款。1902 年，纽约国家城市银行在上海开设分行，官方中文名为“万国宝通银行”，由于难以记忆，上海民众遂以该银行办公楼门前悬挂的美国星条旗为其命名，称作“花旗银行”，银行在中国内地（大陆）分行的官方中文名也因之于 1907 年修改（中国港澳台地区仍称“万国宝通银行”），其在中国内地（大陆）发行的纸币上，也顺应这一称谓，印有“美国花旗银行”的字样，其中文名在中国内地（大陆）沿用至今。花旗银行汉口分行大楼的侧门门楣处，也刻有“花旗银行”的大字。后来，花旗银行英文名称辗转变更，于 1976 年变更为“Citibank, N. A.”。

建筑上“花旗银行”字样

除上海之外，花旗银行又陆续在哈尔滨、大连、天津、北京、汉口、厦门、广州、香港、长春、青岛等地设立分行。其中，花旗银行汉口分行于 1909 年设立。最初，花旗银行仅雇请英国人诺思充当银行大班（负责人），由诺思携英美籍职员一二人及一上海陈姓买办来汉口，觅就汉口英租界鄱阳街景明洋行大楼附近地点为行址。起初活动范围不大，业务仅限于替美商洋行和传教士办理汇款、储蓄等业务，开办数年不见起色。后经交汇介绍，与华俄道胜银行买办刘子敬合作（刘子敬因还兼任阜昌洋行买办，不能再兼，遂由其同胞弟弟刘瑞溪充任花旗银行汉口分行买办，自己实际负责经营），业务开始蒸蒸日上，至辛亥革命前后，往来和存款户日益增多。

一战爆发后，汉口的英、俄、德、法各国银行，因受战争影响，多紧缩、停办，花旗银行则因美国初守中立而趁机扩张，资产膨胀。1919年，花旗银行汉口分行报经总行同意投资建造新大楼，遂于沿江大道购买地皮，委托景明洋行代为设计打样，并交由汉协盛营造厂按设计图纸及施工说明估计。据美国康奈尔大学杰大·科迪博士提供的资料，新大楼的设计者是20世纪前期美国著名在华建筑师亨利·墨菲，墨菲应受美国纽约花旗银行总部委托，参与了花旗银行汉口分行新大楼的部分设计工作；最终的施工单位因汉协盛当时正在包工建设的汇丰银行大楼尚未全部完工，且诺思大班与汉协盛议价未达成一致，遂改为魏清记营造厂。新大楼的重要建造材料，如钢筋、水泥、五金及木料均由花旗银行自海外购入供给，魏清记营造厂只承担包工及砖瓦灰、砂石等部分材料。

花旗银行汉口分行新大楼最终于1922年春建成。或许是原计划于1921年完工，遂在屋顶正中栏杆处刻有“1921”字样，花旗银行当时的英文名称“THE NATIONAL CITY BANK OF NEW YORK”也被镌刻于大楼门楣之上。

花旗银行汉口分行大楼的建筑平面较为方正，正立面面向沿江大道，左右对称，竖向三段式划分，最左设一退后于正立面的侧门入口。

大楼共有地面五层、地下一层，主入口为前设门廊的拱券门，设在首层中央，两边各有三扇拱券窗。门廊由两根圆柱、两根方柱支撑，上方设小型三角形雕刻山花。二至四层设有贯通的柱廊，由 8 根爱奥尼圆柱支撑，其中左右两根为扶壁柱。柱与柱之间，隔层都开敞的走廊，装饰有金属栏杆。大楼五层由方柱支撑，屋顶有栏杆式的女儿墙。屋顶正中栏杆处刻有计划建成年份“1921”，上方则是雕刻有世界地图的两个球体，以及一只展翅翱翔的美国鹰。面向青岛路的侧立面纵向划分与正立面相同，一层设 4 扇拱券窗，最右侧为贯通一层与半地下层的拱门，拱门两侧首层位置各有一根矮柱。二至四层左侧回廊由 5 根爱奥尼圆柱支撑，其中左右两根也为扶壁柱，金属栏杆与正立面相同。

诺思大班在施工中既追求耐久、实用，又要价廉物美，故其主持的花旗银行汉口分行大楼虽不及汇丰银行大楼华美，但与横滨正金银行和汇丰银行大楼并立江边也并不显得逊色，造价则较汇丰银行大楼低廉将近一半（花旗银行汉口分行新大楼，包括购买地皮及一切设备的全部建筑费用，共计白银 37 万两，约合银圆 24 万余元），是外商在汉口修建的大楼中造价最低廉的一栋。

新大楼建成后，花旗银行汉口分行遂将其用于本行营业和员工居住。

1927 年 1 月 1 日，花旗银行的唯一股东——纽约国家城市银行正式将花旗银行归并，所有花旗银行英文名称改为“National City Bank of New York”，中文名不变。1927 年 9 月 18 日，纽约国家城市银行合并谷易银行，超过英国伦敦的米兰银行成为世界第一大银行。至今，总部设于美国华尔街的花旗集团，仍是当今世界资产规模最大、利润最高、全球连锁最多、业务门类最齐全的金融服务集团之一。

抗日战争爆发后，花旗银行汉口分行因长江封锁、商业不振，于1940年11月27日停止营业，将一切账目归并花旗银行上海分行办理。此后，花旗银行汉口分行大楼被用作日本中江银行行址（日本中江银行汉口分行于1940年5月5日正式开始营业）。

抗战胜利之后，花旗银行并未立即来汉口复业，而是将大楼出租给美孚公司。1949年5月武汉解放之后，美孚公司停止营业，将大楼委托一浙姓中国人代为照管。大楼先由荣军管理局借用五层的一部分房间办公，随后即由武汉市军事管制委员会全部征用，后由武汉市公安局使用。2009年，中国工商银行武汉市汉口支行获得该旧址使用权。2011年，该旧址修缮完成后至今，一直作为中国工商银行武汉市汉口支行办公楼使用。2019年10月，花旗银行汉口分行大楼旧址被并入第六批全国重点文物保护单位“汉口近代建筑群”。

1921年，横滨正金银行拆除了自己砖木结构的旧大楼，开始新楼的建设。新大楼半地下一层，地上三层，为钢筋混凝土结构，位于沿江大道与南京路交会处，由景明洋行设计、汉协盛营造厂施工。建筑平面近似切掉一部分锐角的直角梯形，以转角处为入口立面，两边沿沿江大道与南京路分别展开，沿江大道一侧为中轴对称的5开间，南京路一侧为中轴对称的7开间，各有一个入口，统一而又有所区别。大楼底层为半地下的仓库等用房，与二层之间有连续的回文装饰分隔。二层起为营业大厅及办公、公寓用房。三个立面的三层与四层之间设有连续的突出腰线，腰线下有精美的雕饰，并各有贯穿二至三层的柱廊，由希腊式中段稍粗的爱奥尼柱支撑，三层则均为方形短柱。三个入口各有15级台阶直接通向二层。入口立面设立柱两根；沿江大道立面为中间两组双柱，左右各一根单柱；南京路立面为中间四组双柱，两边各一根单柱。圆柱均由8节麻石砌成，整个建筑的外墙面也是从下到上均由麻石筑成，气势壮观。门框、窗框等均有富有现代感的雕花装饰，沿江大道楼顶还饰有富有现代感的山花。

建筑室内也细节丰富。二层大厅为开敞式无柱大空间；三层办公用房中空，由回廊联通，由天窗采光；四层为员工公寓。营业厅地面为水磨石，办公室地面为白色大理石，公寓房间内为木地板。室内装饰带有一些日本元素。2006 年，大楼作为汉口近代建筑群的一部分被列入全国重点文物保护单位（彩图 23、24、25）。

现代式建筑——华人建筑师的荣光

1917 年，景明洋行大楼在鄱阳街青岛路口建成，成为武汉现代风格建筑的滥觞。1925 年，巴黎举行的国际装饰艺术博览会使 Art Deco 这一设计手法迅速传遍全球。武汉在这一时期也吸收了大量的现代建筑设计手法，建筑面貌为之一新。1929 年，卢镛标从景明洋行辞职，建立了自己的事务所，开始独立设计。这一时间也是现代式建筑、Art Deco 风格建筑开始大肆流行的时期。30 年代，武汉的现代式建筑大量出现，如庄俊设计的大陆银行（1934 年），卢镛标设计的上海电影院（1930 年）、四明银行（1934 年）、中国实业银行（1934 年）、中央信托公司（1935 年），景明洋行设计的大孚银行（1936 年），等等。

四明银行是我国最早的商业银行之一，总部设在上海，由宁波人创办于 1908 年，以宁波的“四明山”命名。四明银行汉口分行设立于 1919 年，位于江汉路与交通路之间，新大楼由近代著名建筑师卢镛标设计、汉协盛营造厂承建，1934 年动工，1936 年建成。这是卢镛标在武汉设计的第一座钢筋混凝土建筑，也是将 Art Deco 风格引入武汉的建筑，对武汉近代建筑的现代式风格产生了巨大的影响。[①] 该建筑于 2014 年被公布为湖北省文物保护单位（彩图 26）。

建筑以江汉路一侧的立面为正立面，地上部分中央塔楼 7 层，其余部分 5 层，下方另有一个架空层。交通路一侧地上为 6 层。建筑整体色调为浅灰色，基座为麻石砌筑，以上诸层均为水刷石饰面。主入口为铁质镀铜大门，设在江汉路一侧正中，外有带石质围栏的小型院落，门楣上凸雕行名，两侧有几何形状的装饰。立面以直通到顶的竖向平行线条为主，塔楼渐次收进、错落有致，矩形玻璃窗样式统一，装饰风格简洁明快，具有鲜明的早期 Art Deco 风格。建筑内部一层与二层设置通高的中庭，由玻璃天花采光。中庭三层以上中空，便于采光透气。

中国实业银行创办于 1919 年，1922 年设立汉口分行，位于江汉路的大楼与四明银行同时兴建，同样也是卢镛标在武汉的代表性作品，由李丽记营造厂承建。大楼于 1934 年开建，1936 年建成，高达 48.5 米，是继汉口水塔（41.32 米）、江汉关大楼（46.3 米）后汉口最高的建筑，这一纪录保持了将近半个世纪，到 1984 年高 88.6 米的晴川饭店建成才被打破。建筑底层基座设大理石外墙，外墙均以赭红色水泥砂浆装饰，在以浅灰色为主的银行建筑中十分耀眼夺目。建筑的主入口设在转角处的塔楼下方，塔楼高 9 层，两翼各 6 层。建筑外立面没有显著的装饰，只有样式统一的矩形玻璃窗，其中两翼的窗较宽，塔楼的窗较窄，塔楼各层 4 面均有 4 条竖向线条装饰，最上两层呈收束之势，整体呈现向上的动态。玻璃窗外都有铁质护栏，以几何形状为装饰。

---

① 郑红彬：《武汉近代著名先锋建筑师卢镛标》，载《2010 年中国近代建筑史国际研讨会论文集》第 579 页。

20 世纪 30 年代的中国实业银行大楼（刘建林供图）

武汉近代洋行建筑

宝顺洋行

宝顺洋行，又称“颠地洋行”，最早可追溯至 1807 年英属东印度公司代理人乔治·巴林在广州开设的巴林洋行，后因加入另外两个公司代理人而改名为“巴林·莫隆奈·罗伯茨洋行”。1811 年，苏格兰人达卫森以撒丁领事身份来到广州，加入洋行。1813 年，洋行改名“达卫森公司”。1823 年，英国鸦片贩子托马斯·颠地接手洋行，将其改组为“颠地洋行”，主要经营鸦片及丝绸、茶叶、印度棉花等商品的进出口贸易。1826 年，英国人兰斯禄·颠地加入该行，并于 1831 年托马斯·颠地离开后成为行主。1839 年虎门销烟 2 万余箱鸦片，其中就有颠地洋行的 1 700 箱。鸦片战争后，颠地随英国领事来到上海，于 1843 年在上海设立颠地·比里公司，中文名“宝顺洋行”，取“宝贵和顺”之意，转而经营合法贸易，进口西药、杂货、布匹，出口湖丝、棉花、茶叶，同时经营中国沿海航运。公司首任大班为兼任葡萄牙和荷兰领事职务的英国人比里。

宝顺洋行是1861年3月汉口开埠后最早进入英租界的洋行，它投资修建了汉口第一条洋马路——宝顺路（今天津路）和汉口长江边第一座轮船码头——宝顺栈五码头，此后又于1865年垫资白银20万两，修筑沿江堤防，并在堤内修建河街（今沿江大道）。宝顺洋行汉口分行和英国驻汉口领事馆是宝顺路最早的建筑，现存宝顺洋行办公楼位于天津路5号，约建于1906年前后，由汉合顺营造厂承建。

大楼为三层砖混结构建筑。红瓦坡屋顶，清水红砖外墙。平面沿天津路和洞庭街呈L形，转角处为圆弧凸窗，主入口设在此处。立面强调竖向线条，壁柱贯通三层，雕刻精致。二、三层有挑出的小阳台和内阳台。展开的两侧墙体做横向凹槽，砖拱木窗、三角形窗楣和门楣等装饰精美，颇具英国古典风格。

宝顺洋行在1866年的伦敦金融恐慌中大受牵连并于1867年宣告破产，此宝顺洋行大楼为留汉惨淡经营的原宝顺洋行汉口分行后续机构投资建设，这是宝顺洋行留在中国的唯一遗存建筑（彩图27）。

美最时洋行汉口分行

美最时洋行是德商在远东最著名的洋行之一，1806年创立于德国不来梅，1866年在香港成立分公司，开始经营大中华市场，1884年设立汉口分行。依托长江航运，洋行在汉口主要经营皮张、烟草、牛黄、猪鬃、桐油、麻、棉花、丝绸、禽蛋等土产的出口贸易，并设有包装、清洗和产品加工工厂（蛋品厂、牛羊皮厂、芝麻厂、澄油厂），此外还代理保险业务，投资建设电灯厂。当年从汉口乘德国轮船可直达德国汉堡。

美最时洋行汉口分行大楼位于德租界皓街（今胜利街一元路口），于 1908 年建成，由德国建筑师石格司设计、汉协盛营造厂施工，为四层（第四层为假层）钢筋混凝土结构。古典主义风格。红瓦坡屋顶，上竖左右两个烟囱。三段式构图，正面13开间，中间5开间的三、四层凸出，建有 6 根廊柱，两侧门各有一开间退后，顶部各建一平行塔楼。大楼底层为麻石砌筑，上部仿麻石饰面，每层之间皆有明显的腰线划分，檐口及女儿墙细部做工精致。大楼一层为拱券式窗户，其余除第四层（假层）两侧分别有一个拱券式窗户外，均为长窗，屋顶还开有天窗。一、二层的窗户上有锁石装饰，四层的窗户上下饰有窗楣和吊穗，以突出高贵豪华、精美典雅的感觉。

主入口设在大楼中部，拱券式的大门虽然不大，但是古朴而庄重。在造型考究的门梯石雕护栏的相拥中，踏上 16 级用麻石砌筑的台阶，通过空间高旷的门厅，直接进入二层。

一战时期，美最时洋行汉口分行的德国人均奉命回国，财产托荷兰总领事馆代管。1917 年北洋政府对德、奥宣战，没收该行大楼交予京汉铁路局使用。一战后，美最时洋行恢复营业，并改名“中德合资公司——美最时中国合作公司”。1926 年 10 月，北伐军攻克汉口，此后国民政府自广州迁汉，共产国际代表、国民政府总顾问鲍罗廷也随政府要员来汉，入住此楼，直至 1927 年“七一五”反革命政变后离开，故这栋洋楼也被称为“鲍公馆”。当时一层是美国新闻工作者威廉和雷纳 · 普罗梅主编的《国民论坛》社办公地。1939 年 9 月二战正式爆发后，在汉口的德国人除少数留守者外，大都回国，其汉口分行所属的蛋品厂、电灯厂、仓库及职工宿舍均毁于 1944 年年底美军轰炸，仅存该行大楼和一处牛皮厂房。1945 年德国战败后，美最时洋行汉口分行留汉人员全部遣返回国（彩图 28）。

美孚石油公司汉口分公司

美孚石油公司于 1903 年设立汉口分公司，内设营业（煤油）、机油、运输（船头）、账房和统计 5 个部门，下辖郑州、九江、南昌、宜昌、老河口、黄石、沙市、武穴、新堤、樊城、长沙、常德、津市、岳阳、衡阳、湘潭、重庆各小型分行和营业部、经销店。汉口分公司于 1918 年、1929 年和 1947 年分期在汉口丹水池江边建一大型油栈，并有专用码头、趸船和铁路专用线等。

分公司大楼位于江岸区江岸路 5 号，约建于民国初年（1912 年），为二层砖木结构的中西合璧式小型别墅建筑。铁皮瓦坡屋顶，一层红砂岩勒脚，水刷石墙面，二层清水红砖墙，转角外廊进深较大，立柱上部支撑屋架的木梁及木构架造型独特。主入口处铁艺花式木门图案精美。

1941 年 12 月美国正式对日宣战后，日本没收美孚石油公司汉口分公司一切财产，软禁所有美籍员工。抗战胜利后，美孚石油公司改汉口分公司为“美孚石油汉口公司”，恢复营业。武汉解放后，美孚石油汉口公司逐步停止营业。

保安洋行

保安洋行是英国最早来华成立的两家保险公司之一（另一家为怡和洋行旗下的谏当保险行），是英商宝顺洋行于 1835 年在广州设立的一家保险行，全称“广州保险协会联盟有限公司”，1910 年在汉口设立分行，经营各项保险业务。各地分公司以“Union”的发音命名，全称“于仁洋面水险保安行”，香港称“友宁洋行”，汉口称“保安洋行”，等等。

汉口保安洋行大楼位于青岛路洞庭街口，建于1914年，由景明洋行设计、汉协盛营造厂承建，五层（现为六层，顶层疑为加层）钢筋混凝土结构，为武汉早期古典主义建筑的代表，属典型爱德华巴洛克式样，是当时的主流风格。立面为横竖三段式构图。地处十字路口转角处，转角做圆弧处理，并设置主入口。主入口为拱券大门，门框凸凹雕花，用牛腿出挑支撑雨棚。门楣托起二至四层的半圆转角楼体，五层塔楼以密集的石柱形成三个柱廊。立面富于变化。仿麻石堆砌做法，上下五层均为外廊设计，又各有变化。一、二层为厚重方墩状砖柱，镶砌麻石基础脚，机制红砖，墙身颇厚，增加了朴质凝重之感；三、四层为高大的爱奥尼柱式，柱间设通开大面积玻璃窗；五层柱廊似由三、四层延伸而来，更显此段柱式之高耸畅达。立面装饰简洁，有花环、花草纹、圆环、壁柱和线脚等。室内水电卫生设备齐全，一层光线不足，原用于堆放保险货物，二层以上通风采光稍好。

1941年年底，太平洋战争爆发，美英对日宣战，汉口保安洋行停办，负责人回国途中在香港停留，将汉口保安洋行大楼卖给王禹卿。王禹卿买进大楼后，楼下经营堆栈业务，楼上自住一层，其余出租。抗战胜利后，国民政府没收王禹卿财产，旋即将此大楼卖给国民党陆军上将何键。武汉解放后，该楼被人民政府接管，拨交武汉市税务局使用，后又转交武汉市公安局使用，现为酒店（彩图29）。

日信洋行汉口分行

日信洋行，创立于1892年，是日本经营棉纱和布匹的最大商贸企业之一，日文名为“大阪日本棉花株式会社”，1902年来华，中文名为“日信公司”，1940年日文名改为“日本棉花实业株式会社”，中文名不变。

1910 年，日信洋行设立汉口分行，行址初设河街（今沿江大道），江边设专用码头。依托汉口这一华中最大的棉花集散市场和汉口日租界，日信洋行汉口分行很快以此为据点，编织了一张遍及湖南、湖北、河南、山西、四川、贵州、甘肃等中西部地区的棉花收购网络，供应上海、青岛等地日本人开设的纱厂所需原料，并销售日本纱布，获利颇丰。

1916 年，日信洋行汉口分行迁建至太平街（今江汉路沿江大道口）。大楼由景明洋行设计、汉协盛营造厂承建，1917 年建成，系五层钢筋混凝土结构，欧洲古典主义风格。横向三段构图，中间宽、两侧窄，临街外墙面麻石（花岗岩）砌筑。主入口并不宽敞但样式精致。一至二层长窗料石，三层以上为半圆凸出的小阳台和落地大窗，成为大楼中央楼体的醒目部位，檐口顶建有女儿墙，五层横贯阳台与中间凸出的半圆体做十字交叉，整体立面庄重（彩图 30）。

1937 年抗日战争全面爆发后，日信洋行汉口分行紧急撤回日本，1938 年日军占领武汉后又全部返回汉口，先帮日军接收公私资产，从事情报工作，后通过收购、强占等手段替日军掠夺中国物资，1941 年伙同泰安纱厂强占武昌第一纱厂。1945 年 8 月，日本宣布投降后，该行即宣布关张。

景明洋行

景明洋行大楼与圣教书局相邻，是景明洋行为自己设计的办公楼，建于 1916 年，1917 年完工，由与景明洋行配合默契的汉协盛营造厂建造。景明洋行大楼共计修建了 18 个月，电梯、钢门、窗户及玻璃皆由国外进口，从上海运来，暖气和卫生设备由汉口颜发利洋行承包，电灯、电线由汉口通用电料行承包，建筑材料费与施工费高达白银8万余两，装修设备费约6万两，汉协盛分文不收，权作赠送给景明洋行的礼物。这座大楼是当时汉口最高的钢筋混凝土建筑和临江标志性建筑，受到新建筑运动的影响，为当时颇为新潮的装饰主义风格。

建筑地上六层，地下一层，受地块限制，平面为近似“凹”字的不规则多边形，正立面为纵横三段式对称构图，入口设在首层中部偏右，二到六层中部设置了大面积的玻璃窗营造自然采光效果。一层为花岗石砌筑，上挑腰线作为与上部的分隔。正立面三到五层两侧的房间有多边形凸窗，六层则为挑出的长方形外阳台。三层凸窗的下方，有现代风格的结构支撑。三层中部及六层中部，也分别有一个贯穿四间和两间的长方形外阳台。建筑与圣教书局相邻的侧立面也为对称格局，三到五层两侧同样设置了突出的多边形房间，六层设贯通长方形外阳台。大楼出檐较深，檐口部分有简约大方的装饰及古典风格的支托。

景明洋行大楼的内部也颇为精致，除设置电梯外，室内卫生及水暖设施俱全，楼梯材质为大理石及水磨石，房间内部全部铺设木地板，并有木制门窗、百叶窗、壁龛、橱柜及护墙板。由于武汉夏季潮湿炎热，景明洋行大楼的每个外窗下都设置了由连杆控制、可手动操作的气窗，外侧有铸铁格栅防止老鼠或其他动物进入。六层屋顶有屋架式天窗，可与正立面的玻璃窗一同为建筑引入自然光照明。天窗周边有菱形几何图案装饰，与外立面的现代风格相协调。

景明洋行大楼建成后，一层由景明洋行留作营业办公用房，四、五层为业主海明斯与伯克利自住，二、三层作为公寓式住宅出租给各国侨商，六层为平台，另外还建有地下室。此后，景明洋行办公室搬至二层，一层则租给美商友华银行开设营业，友华银行歇业后，又出租给比商华比银行，直至抗日战争爆发。

景明洋行（左）历史照片（刘建林供图）

海明斯离开汉口前往天津发展之后，将汉口景明洋行大楼的一切事务委托英国会计师汤笙洋行代管。武汉沦陷前夕，汤笙洋行离开汉口，汉口景明洋行大楼管理事宜由海明斯的女婿利拔委托法国领事馆华人职员暂管，直至该楼为日军铁道部所占用。日军在后院内加建一库房，用以储藏军用物资。1944 年，美机炸毁景明洋行大楼隔壁的同仁里，大楼受到震动影响，平台及地下室均发生渗漏，损坏较重，直到 1957 年才得到全面检查与彻底翻修。

抗战胜利后，汉口景明洋行大楼由利拔委托俄国人小巴公管理。大楼一层左边租给新中煤油公司，右边租给一钱庄，楼上大部分租给犹太人齐米（齐米在原法租界开设汉口拍卖行）。齐米租用大楼，名义上是开设一家俱乐部，但实际上是开赌博坊，同时买卖美元，美元由齐米联络美军供给，美国空军的一处临时招待所设在其中。1948 年 8 月 7 日晚，在这里发生了轰动一时的美军侮辱中国妇女的景明大楼事件。

1949 年武汉解放前夕，小巴公即将离开汉口，遂将大楼管理事宜移交法国人博利国（博利国时任汉口德明饭店经理）。约在 1952 年，税务局发现博利国偷税漏税达 2 万元以上，加之其因对大楼疏于维修，与住户矛盾日渐加深，遂于 1953 年三四月间，登报声明放弃一切代理产业业务（除汉口景明洋行大楼外，还有江汉关大楼、英文楚报馆、和利冰厂及赞育汽水厂等）。随即，武汉市人民政府按无主产于 1953 年 5 月 1 日接收管理大楼。当时住在大楼内的各贸易公司，因无法缴纳偷税漏税的税款，只得歇业。在各贸易公司撤离后，武汉市政府将大楼交与武汉市民主党派作为办公楼使用，更名为“民主大楼”，直至 2014 年。2019 年 10 月，汉口景明大楼旧址被并入第六批全国重点文物保护单位汉口近代建筑群（彩图 31、32、33）。

太古洋行汉口分行

太古洋行为香港英资四大央行之一（其余为怡和洋行、和记洋行和会德丰洋行）。前身为 1816 年英国人约翰 · 斯维尔在利物浦创立的约翰 · 斯维尔股份有限公司，从事纺织品进出口贸易。1866 年 11 月 28 日，约翰 · 斯维尔之子约翰 · 萨缪尔 · 斯维尔来到上海，12 月 3 日即与约克郡羊毛制品商理查德 · 沙克尔顿 · 巴特菲尔德合伙开办了一家对华贸易洋行——太古洋行。洋行名由精通汉学的英国驻上海外交人员密迪乐所取，寓意“最久远的外国公司”，后公司英文名多次变更，但中文名保持不变。太古洋行主营中国沿海和长江流域航运业，逐步发展成为最大的在华外商航运公司。

1875 年，太古洋行在汉口设立太古轮船公司并在英租界江边建立专用码头和仓库，将今沿江大道分成三大区域进行管理，与怡和洋行等垄断长江航运。

1918 年，太古洋行在今沿江大道 140 号兴建公司大楼，由魏清记营造厂承建。大楼系四层砖木结构的新古典主义建筑，主楼正立面雪白麻石上顶与副楼清水红砖墙形成鲜明对比，颇有欧洲中世纪古朴之风。红瓦四坡屋顶。主立面纵向三段式构图。上下四层均为外廊构筑。一层设结构简洁的长方形门斗，门斗由两根多立克圆柱支撑，上设露台。一、三层为券拱门窗，拱窗上有腰线；二、四层为直角方窗。二、三层贯通 8 根壁柱，四层中间为 6 根双壁柱。屋檐由长形雕饰托起向外伸出。

1932 年一 · 二八事变之后，长江航运不畅，上海、汉口两地货物及土特产积压，太古洋行长江航运业务不振，至 1937 年抗日战争全面爆发后全线停航。1941 年年底美英对日宣战后，太古洋行资产遭日军接收，太古洋行汉口分行英籍留守人员被日军遣返。抗战胜利之后，太古洋行卷土重来，因当时国民政府已取消外轮内河航行权，故更名“太古趸埠仓库有限公司”，利用中国买办筹组“利昌泰轮船公司”，并于 1948 年 3 月在汉口成立分公司，但因当时正值解放战争时期，故业务仅限于为国民党运送军需。1949 年中华人民共和国成立之后，利昌泰轮船公司业务进一步萎缩，只得将船只和人员交予长江航运局，于 1953 年 5 月撤出中国大陆。太古洋行汉口分行旧址现为长江武汉航道工程局办公楼。

20 世纪 20 年代的太古洋行汉口分行大楼（刘建林供图）

西门子洋行汉口分行

西门子洋行，1847 年由维尔纳 · 冯 · 西门子创建于德国，是当今世界上最大的电气工程和电子公司之一。1910 年，西门子洋行在汉口设立分行，是最早在汉口经营电气工程材料的外资商行。

分行大楼位于中山大道和天津路相交处，始建于 1920 年，由汉协盛营造厂施工，后于 1944 年 12 月遭美军炸毁。德国战败后，西门子洋行撤出中国。1946 年，由国民政府出资，永年营造厂原地原样复建。

大楼为五层钢筋混凝土结构，装饰主义风格。简洁素净，以简约、凝练的线条勾勒出建筑立面，借鉴了古典三段式构图。采用中庭式采光天窗，大楼底层地坪全部为磨花石，带有浓郁的德国理性色彩，底层外墙上刻有“德国西门子洋行”标识。

1998 年，“汉口西门子洋行旧址”被公布为武汉市文物保护单位。大楼主入口大厅现为武汉市电信局营业部（彩图 34）。

20 世纪 20 年代的汉口西门子洋行（刘建林供图）

立兴洋行汉口分行

立兴洋行，约于 19 世纪 70 年代由法国人立兴创办于上海。1895 年，立兴洋行派凯西尔到汉口创办分行，后来凯西尔与继任者塔嘎相继离职，立兴总行增资扩股，加入者有阿塔伯西（总行会计师）、皮拉尔哥（天津分行经理）和梯·郭田（汉口分行经理）。郭田于 1899 年来到汉口，年仅 25 岁。经原立兴总行买办刘长荫（刘歆生继兄）介绍，刘歆生被聘为买办。立兴洋行经营芝麻、猪鬃、牛羊皮和桐油等土产出口与钢材、玻璃、面粉进口等业务，还代理过两家法国保险公司在汉口的业务和长江轮船业务。1907 年，立兴洋行购买了华俄道胜银行拍卖的庆安里 200 余栋房屋和 3 000 余平方米空地，在 1909—1920 年建筑了三个厂房（仓库）。

立兴洋行在汉口建过两栋办公大楼。第一栋位于法租界河街（今沿江大道），由石格司建筑事务所设计、民生营造厂施工，建于 1901 年。后来洋行又购买了教会三德堂的一块土地，于 1921 年委托三义洋行设计，广帮和隆营造厂中标承建，建造了新的立兴洋行大楼。大楼于 1923 年建成，位于立兴油厂背后，正立面面向洞庭街。立兴洋行搬到新大楼后，河街上的原址就以每月 1 500 两的价格租给了中法实业银行，两年后该行停业，大楼又以每月 1 300 元的价格租给了德国人发利经营饭店。①

沿江大道的立兴洋行汉口分行大楼与武汉早期银行大楼的风格一致，是欧洲在东南亚殖民地常用的外廊式建筑。建筑为砖木结构，地下一层，地上三层，上覆盖红瓦大屋顶，并有两个凸出的烟囱。正立面横向五段式、纵向三段式构图，红砖壁柱纵向划分，二层与三层为

---

① 陆星垣：《法商汉口立兴洋行经营内幕》，载武汉市江岸区政协文史学习委员会编：《江岸文史资料》第一辑，第 106 页。

连续的券柱式拱廊。中部向前凸出，一层有由多立克柱式支撑的门廊，二层与三层均为大阳台。

现在位于洞庭街84号和86号的立兴洋行新大楼建成于1923年，主体四层，混合结构，体量非常大。大楼分为4栋16间，每间8室，一层都用作办公。起初，84号第一栋由三义洋行承租，第二栋租给了做桐油生意的美商满海洋行；86号第一栋由美商艾德琳洋行承租，第二栋则作为立兴洋行的办公室。楼上的各层每室均租给外商作为住宅。[①]后来，由于部分外商停业和离开，租赁市场也不景气，渐渐地也开始允许华人租住。

建筑以主入口为轴对称，最边上两间为突出的弧形房间。两个主入口处均有由爱奥尼式砖柱支撑的拱形门斗，其上三层及四层均有一个半圆形的小阳台，五层则是一个突出的房间。正立面一层为砖券窗（两端为方窗），二层以上为方窗。一层墙体由砖砌出横向线条，与二层之间有腰线分隔。檐口部分与立面相应，有平有凸，装饰较为简单。建筑内部设利于采光通风的天井，三面设走廊。主楼梯为半圆形螺旋式木梯，天井后另有连通各层的简单楼梯。主楼梯旁的采光窄窗随楼梯之势依次抬高，富有层次感。建筑背立面的窗户为多个两大一小，中间小、两边大的组合，极富韵律感。建筑内楼道较宽，楼梯处设门，木地板铺地，在当时是较为高级的公寓（彩图35、36）。

新泰洋行

1866年，俄国茶商托克马克夫和莫洛特可夫在汉口集资100万卢布，在南京路东段建立新泰洋行，全名为托克马克夫·莫洛特可夫

① 陆星垣:《法商汉口立兴洋行经营内幕》，第106页。

有限公司，后迁往英租界边缘地区，即今沿江大道兰陵路口。新泰洋行主要从事砖茶生意，设有采购茶叶和制造砖茶两个部门。砖茶厂先设于鄂南，后于 1873 年迁至汉口。1895 年，时任俄商新泰砖茶厂负责人的利德费诺夫购买本大楼地皮，建造了一座砖木结构临时房屋，作为办公及住宅。

1917 年俄国十月革命爆发，布尔什维克政府对茶叶进行外贸管制，以汉口为中心的对俄茶叶贸易额出现断崖式下滑直至最终中断。1920 年前后，新泰砖茶厂变更注册为英国企业，中文名不变，英文名改为“The Asiatic Trading Corporation”（亚洲贸易公司），实际仍为俄罗斯人控制，继续在汉口经营砖茶贸易，运销欧洲大陆。

1921 年，利德费诺夫委托景明洋行设计，拆除原临时房屋，改建大楼，由永茂昌营造厂承建，于 1924 年建成。

新泰洋行大楼为五层钢筋混凝土建筑，属古典主义风格，但相对更加简化，不拘泥于古典建筑模式。其平面呈不规则形状，转角处做弧形处理，强调转角。楼体的底层设主入口，里面是楼梯间，二、三层为两层高的爱奥尼柱式。临街两侧立面采用方壁柱，柱头处有徽饰、鼓座。侧立面外墙以厚实的方格形成墙体和窗户，尤显古典主义与现代主义结合的趣味。大楼中庭大理石楼梯盘旋直到顶层，从顶层观看视觉效果极佳。

以古典主义风格见长的英商景明洋行在设计此楼时，较以往的作品有很大改善，虽仍采取三段式构图，中部柱式、上建椭圆形穹隆塔楼等古典主义手法，但省却了繁杂的雕刻和装饰。大楼底层所在的第一段和四、五层所在的第三段的外墙上都采用凸浮块面装饰，而第二段则有 4 根两层楼高的简化爱奥尼立柱。除此之外，楼体再无繁复的雕花，只使用了长窗和墙面来呈现虚实对比和明暗相映，白墙和空窗组成的竖格由下而上排列，由此达到唯美的艺术效果。删繁就简后，整幢楼显得简洁清爽而不失庄重，流露着现代建筑的审美取向。

大楼建成后，新泰砖茶厂留一、二层自用，其余均出租给侨商作为写字间及居住之用。

1937年抗日战争全面爆发后，中国对外贸易的主要航线长江和沿海航线均遭破坏，新泰砖茶厂难以为继，遂于1940年12月将新泰洋行大楼出售给华人程子菊等人。程子菊等人委托德国人艾生柏和许士二人出面组织堆栈公司，因德日为同盟，故新泰大楼未被日军占用。抗战胜利后，新泰大楼全部租予平汉铁路局。

武汉解放后，大楼由郑州铁道局接收，继续租用。不久，铁道局将一、二层租给空军司令部，三层以上转让给船舶修械所作为工人集体宿舍。1953年，程子菊因犯案被法院判决没收财产，该大楼的其余股权所有人也申请公私合营，武汉市房管局遂全部接管该大楼。1960年，船舶修械所迁出，由直属房管所对大楼进行全面修缮，并全部租给空军司令部作为职工宿舍。

1982年，该大楼转让给国家粮食和物资储备局设计院使用。2007年9月，湖北储备物资管理局迁入大楼二、三层办公。2019年10月，汉口新泰大楼旧址被并入第六批全国重点文物保护单位汉口近代建筑群（彩图37、38）。

日清洋行汉口分社

1895年《马关条约》签订后，日本获得在中国内河开辟汽船航线的特权，遂由大阪商船会社和日本邮船会社开辟长江航线，湖南汽船会社开辟以汉口为中心的湖南航线，大东汽船会社开辟江南航线，其中日本邮船会社在1898年即已在汉口开设轮船公司并在俄租界沿江一带建立码头。为充实中国航线，加强竞争力，日本明治政府于 1907 年 4 月，以大阪商船会社为基础，合并其余三家，成立日清汽船株式会社，有轮船 14 艘，总排水量 2.9 万吨，成为专营中国内陆航线的日本近代在华最大航运公司，总部设在东京，分社设在上海和汉口（均为当年即成立）。至 1921 年，其年货运量已占长江航线货运总量的 38.1%，居六大航运公司之首（其余为怡和洋行、太古洋行、轮船招商局、三北轮船公司和宁绍轮船公司）。

日清洋行汉口分社初设俄租界列尔滨街（今兰陵路沿江大道口），后于 1926 年迁至今沿江大道江汉路口，紧邻日信洋行，与江汉关大楼相对，筹建新大楼。大楼由景明洋行设计、汉协盛营造厂承建，建于 1927—1928 年，为五层（另有地下一层）钢筋混凝土结构文艺复兴式建筑。楼体呈 L 形，沿江大道一侧设主入口，左右各立一爱奥尼柱，三段式立面，底层为大块麻石垒砌，以上外墙为仿麻石粉刷，三、四层左右立爱奥尼双柱。拐角处为二层拜占庭风格角塔，与相邻的江汉关钟楼遥相呼应。左右两侧平屋顶设露天花园。内部装饰豪华别致，全铺柳木细纹地板，玻璃钢窗。

1937 年抗战全面爆发之后，日清汽船株式会社大部分船只被日军征用，于 1939 年改组为“东亚海运株式会社”，抗战结束之后，剩余船只及码头货栈等大多被轮船招商局接收，会社退出中国。汉口日清洋行大楼已于 1998 年被公布为武汉市文物保护单位，现为好百年饭店（彩图 39）。

安利英洋行汉口分行

安利英洋行原名“瑞记洋行”，1854 年由同父异母的一对犹太兄弟安诺德（英国籍）和卡贝尔格（德国籍）在上海集资组建。1898 年，瑞记洋行以德商的名义在汉口德租界禄街（今四唯路）购入地皮，开设分行。1914 年第一次世界大战爆发，英德交战，两兄弟只好拆伙并由安诺德另组安利洋行，为凸显其属英籍，故中文名在“安利”后加一“英”字，在汉口通称“安利英洋行”，该洋行大量收购战备物资，增设分行，营业额相当可观。1935 年，第二代安诺德兄弟将安利英洋行在华产业及产权全部转让给沙逊集团，自己另组“英商瑞记洋行”，租用安利英洋行出口部原有办公楼、厂房、仓库，专营出口业务。

1929 年，安利英洋行汉口分行拆除原四唯路胜利街口办公楼，开始建造此六层（包括平顶层）钢筋混凝土结构办公大楼。该大楼由景明洋行设计，分两次施工。先由钟恒记营造厂承建，于 1931 年建成一层，但因造价过低，损害承包商利益，且当时洋行资金紧张，加之营造商之间钩心斗角，工程停顿，只得改由李丽记营造厂承建，于 1933 年完成。所用钢材、五金、玻璃、水泥及卫生、水暖设备皆由国外运来。

大楼占地 1 075.11 平方米，建筑面积 5 822.57 平方米，为现代派建筑，局部采用古典主义设计风格（如底层装饰和壁柱雕饰及凸浮墙面）。墙体用优质红砖，中间浇灌水泥，外墙面贴浅枣红色泰山面砖，墙面水平划分，间隔白色线条。内部中廊布局，卫生、水电、暖气设备齐全，并置电梯直上五层。底层为营业厅及样子间，桃花石地坪，由两个大厅组成，净高 5 米，二到五层净高 3.5 米左右。二层设洋行办公处，房间较大，经理室铺柚木地板，其他房间铺 2~4 寸[①] 长条洋松地板。三层以上为公寓，布置为套间以便出租，所用材料与二层相

① 1 寸 ≈3.33 厘米。——编者注

同，外门窗为钢制，内门窗为柳木框架。平屋顶建有十几间房，其余用作花园。

大楼建成后，洋行留用一至三层，其余各层租予外侨使用。武汉沦陷后，1941 年年底，日军海军武官府占据大楼作为军部，次年 2 月又由日本三井洋行接管，直至日本战败投降，对房屋造成较大损害，电梯被其拆走，卫生、暖气设备亦多散失、破坏。抗战胜利后，大楼开始出租给中国人居住。1947 年 2 月，英商瑞记洋行在买办王霭臣家中（胜利街 244 号）复业。1948 年，洋人及王霭臣全家前往澳门，汉口业务由王霭臣二弟王巨章接管。中华人民共和国成立初期，中南军政委员会（1949 年 12 月—1953 年 1 月）租用此大楼办公，其撤销后这里改为胜利饭店专门接待高级宾客之用，更名“胜利大厦”。1953 年 7 月，英商瑞记洋行汉口分行申请停业并获准，1955 年，大楼因无人管理，遂由武汉市房地局通告代管。

第二节

从“学宫”到“殿堂”：武汉近现代文化教育建筑

武汉近代文化教育建筑发展概况

张之洞在洋务运动中，对旧式书院进行了改革，建立了大量新式学堂。武汉的旧式书院目前仅存一栋建筑，为张之洞 1869 年创办的经心书院。书院旧址位于武昌三道街 2 号（横街头口），现仅存一栋朱红立柱的学宫式建筑，建筑年代不详，当在清末或民国初年。当时，张之洞见原有江汉书院（武汉设立最早的书院，约成立于 1369 年，1644 年迁粮道街东头）规模太小，乃商请时任湖广总督兼署湖北巡抚的李鸿章，在武昌三道街文昌阁别建精舍。翌年，迁至文昌门附近的火星堂文昌宫（今湖北实验小学后面），始名“文昌书院”，后由李鸿章正式定名为“经心书院”。

经心书院面向全省招生，学风良好，教学自由，培养出不少高才生。1897 年，张之洞鉴于清军甲午战败，极力提倡中西学并重，并提出“中学为体，西学为用”的办学原则。于是他改革书院制度，重视学生的科学学习，将原设的经解、史论、诗赋、杂著等科改作学生课外研读，另设外政、天文、格致、制造四科（两年后正式改为天文、舆地、兵法、算学四科），分为四斋，延聘专人担任分教。每科规定学额 20 人，分年轮习，把以前个人自由研究的办法改为班级教学，并规定无论学习哪门课程，都要兼习算学。此外，他还在书院后山上设立天文台，购置仪器供观测天象之用，并在图书室内增购新的科学书籍供师生借阅。改制后的书院可以说是渐入学堂的形式了。

光绪二十八年（1902 年），经心书院与江汉书院合并，改为“湖北勤成学堂”，揭开了近代湖北教育的序幕。次年，张之洞废除书院，改办学堂，两湖书院被改造成两湖文高等学堂，原江汉、经心、两湖三大书院学生皆并入其中。自此以后，从小学、中学、师范以至高等专门学堂，在省城武昌逐渐设立，并普及于各府县。经心书院因较早进行科学教育，所以大批学生被分派到各级学堂任堂长、学监和教员，教学成绩颇为各省所欣羡，不少省份派人来参观仿效。这些被挑选出来的经心学院学生，在清末至北洋军阀统治告终的 20 多年里，一直实际掌控着湖北教育的用人之权，对近代湖北教育的兴起做出了突出贡献。他们中的不少人，如李廉方、万声扬等在当年就参加了吴禄贞领衔的花园山聚会，孔庚、李书城、杨雨廷等还对辛亥革命有所助力，并活跃于民国政坛，后来李廉方、耿觐文、张继旭、贺诚甫、杨雨廷等人还竭诚拥护共产党，并在新中国任职，继续发挥余热。

光绪三十年（1904 年），两湖文高等学堂停办，在原址成立两湖完全师范学堂，又称两湖总师范学堂或两湖千师范学堂。光绪三十三年，张之洞又在经心书院原址上创立湖北存古学堂，是全国首家旨在“保存国粹”的高等学府。从 1916 年起，这里又变为武昌商业专门学校，至 1924 年又升格为国立武昌商科大学。

新中国成立后，经心书院旧址上又建起了武汉市第四十六中学，1963 年还开办过武汉市警察学校（1981 年 9 月改名武汉市警官学校）。

现在的经心书院仅剩下一栋朱红立柱的斋舍，位于武昌区房地产公司粮道街房管所大院进门左侧，似已用作民房，残损的建筑目前暴露在工地的旁边，显得格外落寞。

与落寞的传统学宫式学校相反，近现代的新式教育机构在武汉三镇如雨后春笋般设立。其中，一部分学校由西方来的传教士兴办，另一部分则由政府或者私人举办。

教会学校最早出现在武昌昙华林地区。1871 年，美国圣公会在昙华林创办了第一所由教会创办的男生学校——文华书院，掀起了西方各国在武汉兴办学校的风潮。1874 年，美国圣公会又创办了圣·希理达女子学校（初名布伦女校），仅比文华书院晚三年，是武汉近代最早的女子学校，校址最初也设在昙华林。1897 年，英国伦敦会在昙华林创办懿训书院，后于 1922 年迁址汉口，改为懿训女子学校。懿训书院和懿训女子学校的许多毕业生从事了教育工作，汉口的教会小学教师有许多就是懿训的毕业生。

进入 20 世纪，随着 1905 年科举制的废除，教会学校成为更多学子的选择。除了基础教育，教会学校还扩展了大学部，女子学校也越办越多。除上文提到的两所，还有训女中学、伦敦会女学校、圣若瑟女中、协和女子学校、汉光女中、三育女中等。这一时期，也出现了针对残疾人的私立武昌瞽目女校、私立武昌瑞英聋哑学校等特殊教育类学校，针对医药卫生、商业等专业的普仁高级护士职业学校、汉口青年会商校等职业教育类学校。

民国成立后，南京临时政府颁布了《普通教育暂行办法》，要求各学堂改为学校。1912—1913 年颁布了“壬子癸丑学制”，1922 年又颁布了“壬戌学制”，仿照美国教育系统，规定初等教育为 6 年（初小 4 年、高小 2 年），中等教育也为 6 年（初中 3 年、高中 3 年），高等教育则为4~6年。这已经十分接近现在的教育学制。

抗日战争时期，大批学校西迁，武汉大学迁到四川乐山，华中大学迁到云南喜洲，湖北省内的公立及私立中学则合并成立湖北省联合中学，迁到了恩施、建始、郧阳、巴东、宣恩、利川、来凤、咸丰等地。抗战结束后，大批学校又回到武汉复校。新中国成立后，经过教育系统改革，教会学校改为公办，一批具有悠久历史的大、中、小学重启新生，一批新的学校也迅速发展。以华中工学院为代表的工科院校的建立与发展，奏响了当时的时代强音。

武汉近现代教会学校建筑

据统计，自1871年文华书院成立至1949年新中国成立，天主教和基督教在武汉设立的教会学校共40所，其中高等院校2所，中等学校29所，专门学校3所，职业学校6所。高等院校均在武昌，皆为美国圣公会所建，分别为1909年成立的文华大学和1920年建立的文华图书馆专科学校。中等学校及其他学校分布在武昌、汉口和汉阳三镇，以武昌居多。

文华大学建筑群

文华大学礼拜堂旧址

从翟雅各健身所旧址出发，进入现在的湖北中医药大学昙华林校区，不远处就是圣诞广场和“圣诞堂”（原文华大学礼拜堂）。礼拜堂建于同治九年（1870年）12月25日，故又名“圣诞堂”。此后，美国圣公会围绕圣诞堂逐渐兴建起一座湖北最早、最大的基督教教会学校——文华书院，后来逐渐演变为文华大学和华中大学，最终形成我们今人熟知的华中师范大学。这座礼拜堂是百年文华的最初见证，也是武汉校园中兴建最早和使用时间最长的教堂，很幸运地保存至今。

文华大学礼拜堂旧址老照片（刘建林供图）

礼拜堂开堂后近一年，同治十年（1871 年）10 月 2 日，文华书院的前身——文氏学堂才宣告成立，校名是为纪念文惠廉主教的父亲老文惠廉。当时只有 1 名教师杨用之，学生也仅招到了 5 名，是一所小型的男童寄宿学校。直到两年后，学校建成了第二栋房子，学生数也达到了原计划的 30 人，学校才结合高尚典雅的“文章华国”的含义，正式定中文名为“文华书院”。

这是一座单层砖木结构的希腊式教堂。当时的中国尚未发生大规模的反基督教运动，因此当时的西方建筑师还不会刻意将教会建筑设计为中西合璧形式，而是遵循本国的建筑风潮。这座教堂的设计者是武汉美国圣公会首任主教——美国人殷得生。在 19 世纪，追求民主的美国人对古希腊共和体制非常认同，因此极为青睐希腊式建筑，以至该时期希腊古典建筑风格在美国非常盛行。循此潮流，殷得生设计的礼拜堂也采用了希腊神庙式的建筑风格。主体建筑系长方形厅堂，三面呈马蹄状外廊，围廊立柱为古希腊风格，但立柱柱身删减了柱头花饰，显得素洁修长，更加庄重典雅。檐部分为三层，层叠直上托起坡状平顶，也颇具希腊神庙式建筑特色。这种模仿古希腊神庙形式且不设钟楼的设计，是一种大胆的创新，体现了美国人特立独行的个性。此外，因礼拜堂入口有三角形门斗，外廊与屋面均为铁皮坡顶，使教堂外观呈现重叠的三个三角形，小、大、中三层几何图形，使建筑物显得严肃庄重、富有哲理。这一特殊形式的建筑在湖北仅此一例。

文华大学文学院旧址

文华大学文学院旧址位于礼拜堂西侧不远，是文华书院最初的正馆，建于光绪二十九年（1903 年）前后，坐北朝南，为中西合璧的二层砖木结构建筑。受时局与当时的风潮影响，文学院旧址虽为西式外观，装有巴洛克风格的彩色玻璃窗，但其整个结构为中式的内回廊式二层楼房，有着砖木组合式栏杆，栏杆砖墩上竖双柱支撑屋檐，檐部额枋做上下枋，两枋之间有木雕花格装饰。中为下沉式天井，南面是传统的底层门厅和顶层房间，地铺条石，用粗大原木做立柱，整根杉木为横梁。虽然北面入口有 4 根多立克柱支撑的门斗增添了西式色彩，但基本格局和风格仍遵循中式四合院建筑（彩图 40）。

圣约瑟学堂

1890年，美国圣公会在昙华林街区的花园山南麓兴建了一座基督教圣约瑟堂，同时围绕该堂还附设了义塾（即小学）。在1905年的学制改革后，该义塾的名字改为圣约瑟学堂。

美国圣公会教士鲁兹，中文名“吴德施”，曾于光绪二十二年至三十年（1896—1904年）居住于此，这里是其来汉口后的第一个居住地。光绪三十年11月，在其升任鄂豫皖赣教区主教后，才搬至汉口鄱阳街。他同情中国革命，默许圣公会信徒刘静庵等人的反清宣传活动。光绪三十二年（1906年）2月，刘静庵等人将其反清革命团体“日知会”的活动地点迁至圣约瑟学堂内的救世堂，以宗教做掩护，继续进行“推翻帝制、建立新中国”的宣传活动。在次年刘静庵等人被捕后，鲁兹还利用基督教势力，多方交涉，免除了刘静庵等人的死刑。

1919—1927年，教会在此开办圣约瑟学堂。1920年3月，韦棣华女士还在此创办了文华图书专科学校。1938年该校因抗日战争迁至四川璧山。1940年学校开始招收高中毕业生，开办两年制的档案管理科。1946年学校迁回武昌时，还以崇福山街的圣约瑟学堂作为新校址，直至1953年并入武汉大学，迁往珞珈山。

大革命期间，1927年6月26日，贺龙指挥的独立第十五师北伐开封胜利返汉，被安排驻扎在圣约瑟学堂。7月初，贺龙在参加完国民革命军第二十军军长就职典礼后，第二十军军部便设于此。7月上旬，中共中央军委负责人周恩来曾来此与贺龙会面，揭露蒋、汪反革命嘴脸，分析政治形势，阐明共产党武装保卫革命的主张，争取到贺龙的支持。随即，贺龙以招兵为幌子，将陈赓、范长江等大批共产党员安排在了自己的第二十军，从而避免了反革命的屠杀。7月15日，汪精卫叛变革命后，贺龙率第二十军从武昌出发参加南昌起义。[①]

随后，校舍毁于大火，仅存清代校门，门楼上仍保留“圣约瑟学堂”石雕门楣，现存的 5 栋校舍为 1929 年重建。校门旁边立有 1938 年武昌日知会纪念碑（彩图 41）。

武汉近现代非教会学校建筑

武汉大学建筑群

武汉大学历史悠久，可上溯至 1893 年张之洞创办的自强学堂，1902 年更名方言学堂并迁址武昌东门口，1913 年北洋政府以此为基础筹建了国立武昌高等师范学校，此后又于 1923 年、1924 年先后更名国立武昌师范大学、国立武昌大学。1927 年 2 月 20 日，由国立武昌大学和国立武昌商科大学等 6 校合并而来的国立武昌中山大学举行开学典礼，但于当年 12 月 24 日即被盘踞武汉的新桂系军阀解散。1928 年 7 月，在蔡元培先生的倡导下，南京国民政府大学院决定彻底改组国立武昌中山大学，筹建国立武汉大学，当年 10 月 31 日，武汉大学正式开学上课。

武汉大学建造于 20 世纪二三十年代，从选址规划到设计建造，前后历时 8 年。为打造这一中国最美校园，蔡元培、李四光、王世杰、叶雅各、开尔斯、沈祝三等一批能人义士都倾尽了心血。从 1930 年到抗日战争爆发，珞珈山陆续完成了 47 项建设，共计 68 栋建筑，其中的 13 处 24 栋建筑在 2001 年被评为第五批全国重点文物保护单位，分别是男生寄宿舍、学生饭厅及俱乐部、图书馆、法学院、文学院、

---

① 严昌洪：《武汉历史文化风貌概览》，武汉出版社，2017 年，第 102 页。

理学院、十八栋（包括周恩来故居、郭沫若故居）、国立武汉大学牌楼、半山庐、工学院、体育馆、华中水工实验所。此外，同一批入选文物保护单位的还有四五十年代建造的“六一”纪念亭和李达故居。到目前为止，珞珈山的文物保护单位共计 15 处 26 栋。

武汉大学民国时期老照片（刘文祥供图）

男生寄宿舍

武汉大学男生寄宿舍是一组雄伟壮阔的宫殿式建筑，俗称老斋舍。因其下方沿路种植樱花，每到樱花盛开时节，远望如同樱花丛簇拥着的一座城堡，故而又称樱花城堡。男生寄宿舍是武汉大学校园一期工程的头面工程，由开尔斯设计、汉协盛营造厂承建，1930 年 3 月开工，1931 年 9 月竣工。

开尔斯在设计时，为了使学生能充分享受阳光，把宿舍布置到了狮子山的南坡，舍弃了狮子山北坡的观湖视野。但在他的精巧设计下，原本海拔 65 米的狮子山被削低了 10 米，并打造了一块平整土地，他又将4个宿舍的屋顶高度与山顶台基取平，这样就保证了日后修建的图书馆前拥有足够活动的开阔广场，而学生们站在这个大平台上，不但可以向南远眺珞珈山，向北眺望也能将不远处的东湖收入眼底，从而极大地弥补了为享受阳光而牺牲的观湖视野。

男生寄宿舍分4个单元，布局别具一格，每个单元房间数量自一层至四层依次递增，有“布达拉宫”的即视感：一层房间最少，呈一字形排开，二层房间呈口字状围合，三层为日字形，四层房间最多，呈回字形双重围合。连通各楼层的楼梯顺着山势建在单元之间及宿舍两端，各108级（现为95级，底层部分因路面加宽而被抬升的路基淹没）。开尔斯将这一“天平地不平”的设计手法运用到了多处武汉大学早期建筑中，从而巧妙克服了山势起伏、各楼层基址不在同一高度的问题，使建筑融入自然，并充分借助山势张大立面效果。此外，开尔斯还设计了三个罗马券拱形大门，从而令4栋相对独立的宿舍建筑紧密地联系为一个整体，并在三个大门之上加盖一层中式歇山顶亭楼，既美观又更增高势。随着狮子山顶图书馆的修造完成，人们可以站在山下，通过与其在同一轴线的中间拱门完整地欣赏图书馆的美景，折中造景手法完美借鉴了中国传统建筑的借景与框景手法，令人赞叹。宿舍内部采用钢筋混凝土屋架，既增加了空间分割的灵活性，方便以后空间的改建，也减少了承重砖墙的用量，节约营造成本。

男生寄宿舍的4个单元各分为4斋，共16斋，依次按照《千字文》中“天地玄黄，宇宙洪荒，日月盈昃，辰宿列张”的顺序命名。每个单元由两个大天井将宿舍分为前、中、后三排，每个天井都环绕走廊，形成了具有强烈围合感的院落空间和廊道空间，可以利用内庭院的中庭热压效应进行自然通风采光。在内部的设备设施方面，男生寄宿舍在建成时每斋都有抽水马桶和洗澡间，有管道直接输送热水到

各斋，生活条件在当时中国的校园中首屈一指。（彩图 42）

老图书馆

武汉大学老图书馆神似戴了一顶皇冠的中国传统宫殿式建筑，有如“新世界的卫城”，威武庄严地矗立在武汉大学校园核心区狮子山巅的中心位置，背对东湖，南向珞珈山，通过其广泛的视野可达性，成为统摄整个校园的精神核心。

图书馆于 1933 年 8 月开始平定地基，这也标志着武汉大学校园二期工程的启动，由上海六合贸易工程公司承建，1935 年 9 月落成。设计师仍然是美国建筑师开尔斯，他当时接手武汉大学校园的建筑规划设计工作时，不辞辛劳地考察了校园范围内的珞珈山、狮子山、团山、火石山、笔架山、小龟山、乌鱼岭、扁担山、侧船山、廖家山等十几座大小不等的山头，并且结合武汉大学建委会“以宏伟、坚牢、适用为原则，不求华美”的总体建设目标，最终选择了海拔适宜、最有利于通过建筑布局凸显“宏伟”气魄的狮子山作为校园核心区。其原因，一则在于狮子山的高度所带来的视野统摄作用，二则在于其高度恰好能使男生寄宿舍铺满山南坡，以便达到与位于狮子山顶的建筑群落融为一体的视觉效果，更增其宏伟气魄。

老图书馆覆盖了 6 座高低、大小、形态各异的中式屋顶，其中最高的屋顶更是采用了别具一格的八角歇山式。这种形式的屋顶自 1884 年黄鹤楼毁于火灾之后就不太常见了，这可能是自觉彰显中国建筑民族风格的设计师从黄鹤楼老照片上获取的灵感，并且屋顶正脊正中还树立了一个七环宝鼎（兼具排气功能），这在中国古建筑中也颇为罕见，可能借鉴自厦门南普陀寺大悲殿的屋顶造型，可见开尔斯对中式屋顶的研究还是颇为深入的。此外，屋顶还设有采暖烟囱，装饰为通灵宝塔状；屋顶南面的两个角还立有云纹照壁，北屋角立有小塔，其间护栏以左右的勾栏和中央的双龙吻脊形成了“围脊”之效；前部两座副楼的歇山顶屋脊与大阅览室相连，被称为“歇山连脊”，屋顶皆覆盖孔雀蓝琉璃瓦；屋脊、环廊、檐部等处也都设置了蟠龙、云纹、斗拱和仙人走兽等传统色彩十分浓郁的精美装饰，其中最令人惊喜的是，中国传统建筑装饰文化中檐角的“仙人骑鸡”，被改造成了“背书卷的仙人骑马”这样令人莞尔的装饰构件；正门上方更是镶嵌了老子（中国图书馆的始祖）的镂空铁画像，两侧尚有云纹青灯铁画像，寓意“青灯伴书卷”；铁画像上方的云纹牌匾内，用篆字镌刻古朴厚重的“图书馆”三字。从外观上看，图书馆是一座美轮美奂的标准中式宫殿。

不过与武汉大学其他早期“中西合璧”建筑相同的是，虽然图书馆的外观是很经典的中国传统宫殿式建筑，但其内部结构及构件采用了西方的先进设计理念与建筑技术。比如在结构技术上，图书馆采用了当时最先进的钢筋混凝土和组合式钢桁架结构来承重，其中钢桁架的跨度高达 18 米，极大地拓展了图书馆的内部使用空间；建筑的下半部分设置 4 对西式双联廊柱子，托起了前面两座中式歇山顶的副楼，其细节又采用了罗马柱、石拱门等西式构件；图书馆内部也采用了西式的回廊、吊脚楼、石拱门、落地玻璃等，这些内部西式构件与外部中式屋顶上的蓝色玻璃瓦及兽形、回纹脊饰形成了强烈的对比，充分体现了中西合璧的建筑风格。

此外，善于利用空间的开尔斯，在削平狮子山顶的同时，还将图书馆的位置后移，在图书馆后部设置基柱承托，依靠环廊与地面相接，不仅增加了图书馆前的广场面积，而且凸显了图书馆背面的宏伟气势。

略有些可惜的是，虽然武汉大学校方很尊重开尔斯的设计方案，但在实际操作过程中往往受限于经费的不足，而令开尔斯对设计方案做出调整。在开尔斯的最初设计中，图书馆是“一主二从”的三座建筑，中央主楼为攒尖式屋顶，两侧副楼则采用歇山顶，但最终被合并为由一座主楼和前后两翼四座副楼组成的工字形单体建筑。不过这倒是成就了后来主楼的“八角重檐”和副楼与大阅览室连接处的歇山连脊，也算达到了一个意外的良好效果。

在图书馆开工前，施工单位上海六合贸易工程公司的李祖贤指出开尔斯结构设计存在支撑柱截面不够的缺陷，将会导致斜裂缝，并提出了修改设计的要求。但出身名门的开尔斯并没有理会这名中国建筑师的意见，结果在搭建时果然出现了大面积开裂现象，最终不得不按照李祖贤提出的方案进行修改弥补，李祖贤在武汉的名望由此大震，成为汉口宁波帮营造业的重要人物。但六合贸易工程公司在图书馆施工中也出了纰漏。由于墙体砌砖的方法不对，承重力达不到设计要求，结果被缪恩钊发现并坚决要求纠正，六合贸易工程公司为此多用了 2 万元成本在大阅览室四角增加 4 对钢筋混凝土柱子才达到承重要求。

由于采用了先进的建筑工艺，图书馆一楼大厅宽敞高大，层高达 9.6 米，与欧洲 19 世纪早期大厅式图书馆的格局颇为相似，可同时满足 240 人的借阅自习需求。1938 年 3 月 29 日—4 月 1 日连续 4 个夜晚，武汉大学图书馆成为国民党临时代表大会的主会场。在高大恢宏的阅览大厅里，国共两党讨论通过了设立国民参政会、确立国民党总裁制等对中国历史产生深远影响的决议，并通过了《抗战建国纲领》，对中国抗战做出了总体上的战略部署。另外，大会还见证了国共两党在国难面前，摒弃十年内战的恩怨，共同抗日，预示了抗战胜利的光明前景。武汉大学图书馆见证了这一意义非凡的历史事件，自身也增添了更多与民族命运息息相关的历史色彩（彩图 43）。

彩图 1　盘龙城遗址公园

彩图 2　楚望台军械库遗址（刘建林摄）

彩图 3　康成酒厂建筑

彩图 4　广东银行

彩图 5　中央农民运动讲习所旧址

彩图 6　国民党第六战区受降堂旧址

彩图 7　武汉长江大桥远景（刘建林摄）

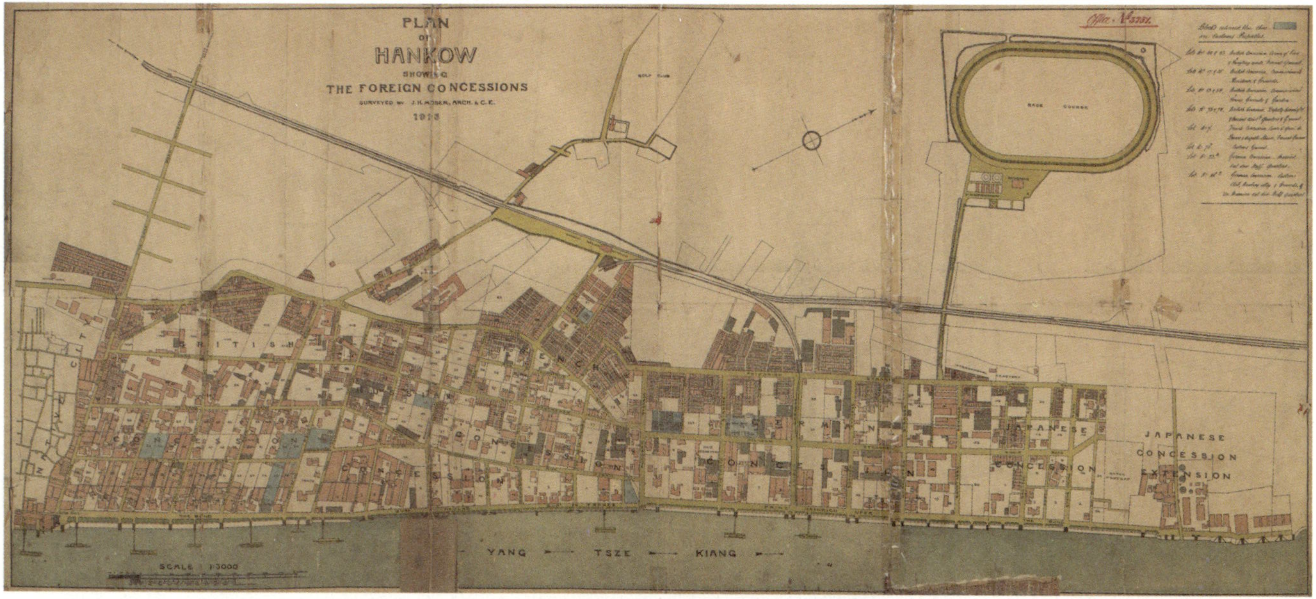

彩图 8　1913 年租界规划图（刘建林供图）

彩图 9　中苏友好宫复原图

彩图 10　仰视武汉长江大桥桥头堡

彩图 11　首义广场（原阅马场）航拍图

彩图 12　东湖美景“碧潭观鱼”

彩图 13　汉口德国领事馆

彩图 14　圣教书局

彩图 15　金城银行（刘建林摄）

彩图 16　金城银行柱头（刘建林摄）

彩图 17　卢镛标设计的中国国货银行大楼

彩图 18　盐业银行汉口分行建筑上的装饰

彩图 19　汉口麦加利银行大楼

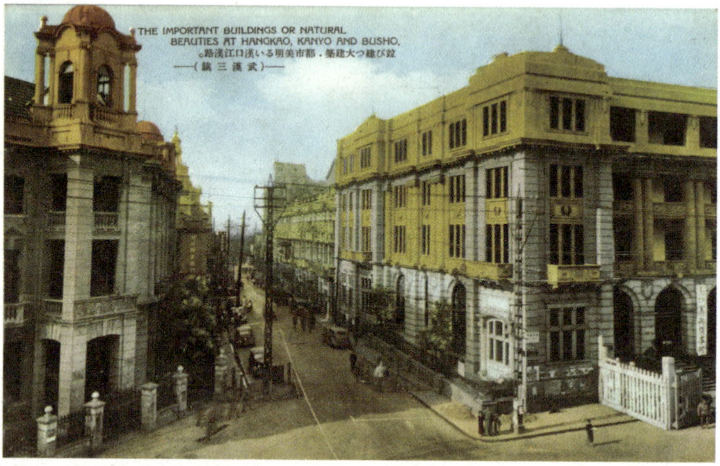

彩图 20　老明信片：汉口江汉路街景，右为中国银行（大清银行）大楼，左为浙江兴业银行大楼（刘建林供图）

彩图 21　法国东方汇理银行汉口分行（刘建林摄）

彩图 22　汉口汇丰银行大楼

彩图 23　横滨正金银行汉口分行大楼

彩图 24　横滨正金银行大楼楼梯间

彩图 25　老明信片：早期日本横滨正金银行汉口分行大楼

彩图 26　四明银行

彩图 27　宝顺洋行（刘建林摄）

彩图 28　汉口美最时洋行大楼（刘建林摄）

彩图 29　保安洋行

彩图 30　日信洋行（左）和日清洋行（右）

彩图 31　景明洋行大楼

彩图 32　景明洋行大楼地砖

彩图 33　景明洋行大楼檐部装饰

彩图 34 西门子洋行汉口分行

彩图 35　立兴洋行汉口分行

彩图 36　立兴洋行汉口分行背立面

彩图 37　新泰洋行

彩图 38　新泰洋行内部

彩图 39　日清洋行

彩图 40　文华大学文学院旧址

彩图 41　圣约瑟学堂旧址

彩图 42　武汉大学狮子山建筑群今貌

彩图 43　武汉大学老图书馆

彩图 44　李凡洛夫公馆

彩图 45　詹天佑故居

彩图 46　萧耀南公馆

彩图 47　吴家花园

彩图 48　石瑛旧居主楼

彩图 49　朴园

彩图 50　汉口里分

彩图 51　泰兴里

彩图 52　同兴里巷道

彩图 53　巴公房子砖雕（刘建林摄）

彩图 54　巴公房子俯瞰（李杰摄）

彩图 55　基督教救世堂

彩图 56　天主教鄂东代牧区主教公署旧址

彩图 57　花园山天主堂

彩图 58　花园山天主堂内景

彩图 59　嘉诺撒仁爱修女会礼拜堂

彩图 60　天文台残垣

彩图 61　基督教崇真堂

彩图 62　博学中学礼拜堂（钱汉明摄）

彩图 63　汉口东正教堂

彩图 64　汉口古德寺（局部）

彩图 65 汉口古德寺

彩图 66　汉口水塔

彩图 67　新泰砖茶厂水塔

彩图 68　汉口电灯公司

彩图 69　平和打包厂

彩图 70　平和打包厂内部

彩图 71　武昌第一纱厂

彩图 72　大智门火车站

彩图 73　江汉关大楼（刘建林摄）

彩图 74　湖北咨议局（刘建林摄）

彩图 75　湖北咨议局全貌

彩图 76　汉口总商会大楼

彩图 77　汉口总商会入口处地砖

彩图 78　英文楚报馆旧址

彩图 79　湖北省立图书馆旧址

彩图 80　湖北省立图书馆旧址墙面雕饰

彩图 81　武汉电影院

彩图 82　武汉剧院（刘建林摄）

彩图 83　西商跑马俱乐部现状

彩图 84　西商跑马俱乐部室内现状

彩图 85　翟雅各健身所（刘建林摄）

彩图 86　翟雅各健身所刻有“阜成”字样的清水红砖

彩图 87　翟雅各健身所混凝土栏杆上的中式纹样

华中工学院早期建筑群

华中工学院早期建筑群，位于珞喻路1037号华中科技大学内，包括华中科技大学东一至三楼、老图书馆、西七舍及南一楼，建成于20世纪50年代，是华中科技大学最早兴建的一批学校建筑。

新中国成立后，国家发展重工业的需求相当强烈。1952年11月底，中南军政委员会（1953年1月更名为中南行政委员会）召开高等教育计划会议，研究高等学校院系调整工作，决定在武汉新建三所工科学院——华中工学院、中南动力学院和中南水利学院。

1953年2月，在查勘了多处地方后，三院联合建校规划委员会的查谦主任和三院联合规划建校办公室主任张培刚教授等最终确定三校建在喻家山、关山地区，并得到中南行政委员会的批准。当月15日即完成校址测量工作，5月中旬，负责建校施工任务的中南建筑工程局第二工程公司，专门成立“华中工区”，组织了一支近万人的施工队伍，进入工地进行现场布置。月底，设计人员完成校园初步规划设计。

在此之前，为保证建校工程的顺利进行，中南教育部调集了一批很有名望的建筑工程专家参加规划设计工作，如武汉大学的王寿康教授，湖南大学的柳士英教授，华南工学院的夏昌世教授、陈伯齐教授，南昌大学的黄学诗教授等。

其中夏昌世与柳士英两位教授共同承担了三院校区的整体布局与规划。夏、柳两位教授都是中国建筑界泰斗，前者是岭南建筑的奠基人，讲究理性、实用以及建筑与自然的结合；后者则是融汇中西、崇尚现代主义的简洁流畅以及自我个性的建筑大师，也是中国近现代建筑教育的创始人。1952年，他们应邀来到武汉，为三院建设进行总体规划与设计。依据紧邻喻家山与东湖的地形特征，“北自喻家山顶，南到关山、鲁巷一线，西沿彭王村、土库到鲁巷，东抵喻家湖边”建立大学校区，“整修面积大约 5 000 亩”。

从现在找到的 1953 年规划图纸中可以看到，原方案中，校区东部规划为华中工学院，西部为中南动力学院，武冶公路以南为中南水利学院，校区整体形成了一个品字形格局，布局则采取“棋盘式铺展方式进行设计，按功能需要划分为教学区、学生生活区和教工住宅区”。与校园建筑一起，规划方案中规定“每片功能区都有自己的林带，功能区的接合部又有韵致各异的绿地”，因此，才有了今天这片被森林和绿色包围的校园格局。

1953 年 6 月，中央高等教育部决定，中南动力学院不单独建立，原定调入动力学院的专业全部归入华中工学院，将华中工学院办成一所多学科的工业大学。中南水利学院后来也改在东湖选址建校，这样喻家山原三院校址尽归华中工学院所有。

1953 年 9 月 11 日，华中工学院正式开工。作为国家“一五”计划期间中南地区最重要的建设工程，武汉三院 1953 年的基建投资总额为 1 326 万元，建筑面积为 8.14 万平方米。当时，武汉长江大桥与武汉钢铁公司等重点建设项目都还在准备之中，华中工学院校舍的建设，在当年是建设规模最大的建校工程。有别于当时流行的民族风大屋顶，华中工学院早期建筑群采用的是较为节省材料的平屋顶、方盒子结构，这在当时很难得，有赶超时代的特色。

老图书馆

老图书馆是华中工学院早期建筑群的主要代表性建筑，建成于 1955 年，由王秉忱和何浣芬设计。王、何两位湖北著名的建筑设计师还合力设计了华中师范大学桂子山校区的早期建筑。何浣芬是广东番禺人，新中国成立后响应国家号召，于 1952 年 7 月来到武汉，许多武汉老建筑，如湖北广播大厦、武汉剧院、东湖疗养院、老武昌火车站、“二七”纪念馆等都出自她的手笔。在 20 世纪 80 年代，她还曾担任武汉市副市长，全力治理黄孝河，并为加强城市规划管理，毅然拆除了一批违章建筑，被市民誉为“铁市长”。

老图书馆为三层钢筋混凝土结构建筑，平面呈工字形，是中国近代图书馆中多用的一种布局方法，比如湖北省图书馆旧址、广州仲元图书馆都采用了这种布局，尤其符合图书馆的功能需求。正立面则采用红色木门、水刷石墙面，窗户之间采用民族风的卷云、莲花等纹饰，顶部檐口部分饰以斗拱和雀替等中式装饰。两相对照，老图书馆明显属于现代主义功能布局与中式古典主义立面相结合的建筑风格，具有新中国成立初期的典型时代特色。

此外，老图书馆的前后部还巧妙地设计了两个天井，让人成为建筑的中心，有利于知识的传递和观点的交流，非常符合以思想交流为主要功能的大学建筑的要求。这种以人为本的传统天井设计不但被其近旁的华中科技大学新图书馆继承，而且能在耶鲁大学、哈佛大学和麻省理工学院等众多外国名校看到。

南一楼

南一楼正对学校大门，是校园轴线与城市街道轴线上的重要地标。西、东两侧的配楼分别建成于 1961 年和 1963 年，而主楼则迟至 1979 年才告竣工。南一楼主要由夏昌世、柳士英两位不同风格的建筑学泰斗共同协商设计，西式结构与中式传统装饰符号的折中处理形成了这座苏式大楼的合理结构和精致外观。

与华中工学院其他早期建筑相同，南一楼也采用了现代主义的简洁处理方式，如平屋顶和方盒子，水刷石地面，木质门窗，内廊式走道。长长的主楼配合东西两栋配楼，形成一个U字形，与前方高耸的毛主席像遥相呼应，这几乎成为新中国成立后所创办大学的统一格式。

南一楼是标准的三段式结构：南北向是高达8层的中心大楼以巨大的体量向南突出，统治整个大楼的空间格局；其东西两侧则是最高5层的配楼，各自统领两边的南北向建筑。南一楼的建筑格局与莫斯科大学主楼的格局在空间上有着惊人的相似之处，表现出的都是工科院校严谨、宽容、朴实、大气的精神。

不同于外观的庄重大气，仔细观察其细部，就会发现南一楼其实吸收了诸多传统建筑的民族风格。诸如屋檐底下的细致镂花、镂空木雕的隔扇门、走廊上的传统石栏杆……南一楼中部大厅上面的围栏，据说是当时的一位8级师傅带着两位6级师傅做成的。他们先雕出镂花，再将镂花一块块拼成，完全手工制作，过程也十分艰辛。南一楼前面的4个小花坛，采用须弥座形式，上为仰莲，下为伏莲，大花栏的栏杆则是参照长江大桥的栏杆做成的。

从整体上看，南一楼的设计让人感觉庄重、朴素、实用、大方，同时其细部也保留了大量的民族传统。正因其极富时代特色的建筑风格，南一楼当之无愧地成为华中工学院的标志性建筑。站在南一楼上，一眼即能看到喻家山，循视线望去，学校的公共教学设施和服务设施被井然有序地安置在了每一个点上。显然，南一楼就是校园中轴线上的统领建筑。

华中师范大学历史文化学院、文学院和西区六栋宿舍楼

华中师范大学历史文化学院、文学院和西区六栋宿舍楼位于洪山

区珞喻路 152 号华中师范大学校园内，建于 1955—1956 年，由中南设计院王秉忱指导，女设计师何浣芬具体设计，具有明显的仿梁思成风格，是典型的近代建筑。

新中国成立后，原私立华中大学迅速筹备改造调整。1950 年朝鲜战争爆发后，私立华中大学资产被冻结。1951 年 6 月 7 日，华中大学最后一名西方教员离校。8 月 16 日，中原大学教育学院与华中大学合并，由私立改为公立。在次年的院系调整中，以原公立华中大学为主体，调入了私立中华大学的中文与化学两系、广西大学生物系、湖北教育学院（其教育、俄文两系刚由华中大学调入），并调出了华中大学的商业经济系（入武汉大学）、外文系的英文组（入中山大学）、理学院地理组（入河南大学）。当年 11 月 5 日，新组建的华中高等师范学校正式召开开学典礼，次年定名华中师范学院，其性质为一所学科齐整的综合性师范大学。

面对着一连串大手术式的合并和调整，昙华林校址已经无法满足学校发展的需要。于是学校在新成立当月，即向中南军政委员会申请另征建校用地。最初选定的是喻家山，但后因其远离武汉市区，交通、水电等问题难以解决。于是 1953 年 11 月，武汉市政府决定调拨以武昌猪头山、桂枝山为腹地，东至卓刀泉，南跨龙家湾、陈家湾至南湖一片沼泽，北抵珞喻大道的成片土地给学校建设新校区，面积达 200 多万平方米。同时，政府相关部门也明确了昙华林旧址、千家街附属中学的地产和校产仍归华中师范学院所有。同时，1953 年 12 月，中南文教委还向华中师范学院划拨建校专款 220 亿元（旧币）。

至 1955 年秋，1 号、2 号教学楼完工。1 号教学楼即历史文化学院楼（原与政法学院合用），采用中国古典园林风格，绿瓦灰墙，大红廊柱，蓝琉璃瓦的大屋顶带有浓郁的中国风民族气质。

2 号教学楼即文学院楼，是华中师范大学的地标性建筑，建筑风格中西合璧，布局严谨、扎实宽敞，设计兼具实用性和审美性。屋顶支架为三角形结构，屋檐四角角度为 30° ~45° ，最大夹角处嵌有三角硬木。大红廊柱，中央拱门，眉上木匾有玉色三字——“文学院”。在森森林木的衬托下，文学院楼若隐若现，远观近看，都能令人心情沉静。此外，门楣、窗间、窗台等细部的中国古典花纹相当考究，尽显简洁大方之美，是这两栋教学楼的共同之处。

西区六栋宿舍楼建成于 1956 年，是新中国成立后武汉最早修建的大学生宿舍，最初也拟做成斗拱飞檐的蓝琉璃瓦大屋顶，所需的琉璃瓦也已从江西采购回汉。可是，随后而来的对梁思成建筑思想的大批判，让当时的国内建筑界认为类似 1 号教学楼的民族风格大屋顶是一种对资源的极大浪费，这令华中师范学院不得不改变了宿舍楼的屋顶设计，做成了如今又小又直的青瓦屋顶。但总体而言，宿舍楼的建筑样式和施工工艺仍具艺术特色和科研价值，且与周围的整体氛围达到了和谐的状态，成为近现代高校建筑艺术转型的见证。在 20 世纪 80 年代，上海电影制片厂曾在华中师范学院西区六栋宿舍楼拍摄了电影《女大学生宿舍》的部分镜头，这部电影一度风靡全国，人们在电影中，看到了西区六栋宿舍楼那木质的床、窗子、地板，以及青色的石砖、雕花的扶手环、小巧玲珑的阳台，这些美好的场景令全国观众无限向往。

从 1955 年 9 月 8 日开始，华中师范学院的中文系、历史系师生陆续搬往新校区，中间有所反复，直至 1966 年，昙华林校区的教学单位才全部搬到了新校区。在此期间，华中师范学院广大师生在新校址展开了大规模绿化活动，终于将昔日树木稀少、黄沙飞舞的猪头山变成了如今四季如春、花团锦簇的桂子山。

第三节

家宅、里分与公寓：武汉近代居住建筑

大人物与小人物——社会转型中的武汉住宅

汉口开埠后，西式建筑开始在长江沿岸的五国租界内出现。1861年，英国驻汉口领事馆在当时还一片荒芜的租界区内建成，包括办公楼、住宅楼在内的三幢殖民地式房屋，给武汉人心目中的“居住”带来了不一样的范例。

武汉传统的民居，是“层层递进、步步高升、四水归堂、隔三转五”的三合院式江夏民居，现存的如昙华林的方家老宅（双柏前街20号）、张家老宅（戈甲营76号）和李家老宅（昙华林81号）。当然，当时的武汉三镇还存在大量的简易住宅，江边还有依水而建的吊脚楼。武汉人居住方面的近代转型，便是从大人物的宅邸、洋范儿的公寓和新兴市民阶层居住的“里分”开始的。

武汉的“里分”和上海的“里弄”、青岛的“里院”一样，是融合了东西方建筑与人居文化又独具地方特色的民居形式。武汉里分的“石库门”建筑，学自“得风气之先”的上海，相传最早由宁波人建造，称作“石箍门”，意思大概是说，门框都由石条组成，就像用石头打了一道箍。这类建筑既有中国传统的合院式建筑的特点，又是西式结构，使用西式材料，与西方的低层联排别墅也有些相似。单体的石库门住宅，平面类似于紧缩了的江南四合院；复合式的石库门则是街区式设计，临街设置商铺，成为都市人居的综合体。现在能够确定建筑年份的里分中，较早的是1901年建成的三德里、1902年建成的长清里和1909年建立的如寿里。

20世纪早期也是公馆建筑大量兴建的时候。1902年，在汉口经营顺丰砖茶厂的俄国茶商李凡洛夫在汉口鄂哈街（今洞庭街88号）建立了他的斯拉夫别墅式居所。整个建筑共有三层，砖木结构，清水红砖外墙、红瓦坡屋顶，一层有俄国人崇尚的拜占庭式砖石拱券，并在屋顶设拜占庭式东正教堂常用的八角形红瓦尖塔一座。在汉口的俄租界，这样的建筑风格鲜明，十分引人注目（彩图44）。

李凡洛夫公馆老照片（刘建林供图）

在隔江相望的武昌，带有欧式元素的新式住宅也开始兴起。1900年前后，位于今昙华林32号的独门独院的西洋风格洋楼建成。入口处为石库门，外墙两边各有系马铁环，中式院落的前部为中西合璧二层洋楼，后为V字形布局建筑，前庭与后院均设有空中观景走廊。

主入口凸出的门斗是科林斯立柱支撑的阳台，阳台栏杆等也极具欧式风格，正立面上方有高耸的山花，较为华丽。

这一建筑后来被辛亥元勋刘公购买，而就在这幢老房子里，刘公领导赵师梅、赵学诗、陈磊三位湖北工业中学堂的青年学生，成功设计、制作了辛亥革命军旗——“铁血十八星旗”。旗帜当时约定要制作 20 面，赵师梅等人绘制完后，将图样送至武胜门外一家赵姓裁缝铺秘密赶制。武昌起义前三天，仍有两面未能制成，因而当时送至小朝街总指挥部的仅有 18 面义旗。1911 年 10 月 9 日下午，宝善里机关发生爆炸，招来了俄国巡捕，17 面义旗连同大量机密文件被军警搜走。当时在现场的共进会骨干、孙武的结义兄弟李赐生同志，顺手拿了一面旗帜给孙武包扎，之后背起孙武紧急转移。待到隔日革命军一举占领武昌城，飘扬在湖北咨议局门前的，就是这面沾染了孙武同志鲜血的“铁血十八星旗”。

辛亥革命及阳夏大火后，武汉三镇兴建了大量住宅类建筑。汉口华界还创建了“模范区”，其中的房屋建设足以与租界媲美。1926 年，国民革命军从广州誓师北伐，经过与军阀吴佩孚 41 天的交战，取得了艰难的胜利。武汉在 1927 年短暂地成为首都，也再一次成为革命的中心。在这一时期，中共中央机关、由共产党领导的中华全国总工会也都迁来了武汉。中共中央领导人周恩来、瞿秋白、李维汉及中共中央秘书邓小平等人居住在前英租界湖南街的德林公寓，[①] 中华全国总工会进入大军阀程汉卿的公馆内办公，[②] 其秘书长刘少奇则居住在

① 武汉大学学报编辑部编辑：《武汉革命遗迹》，武汉大学学报编辑部，1987 年，第 119 页。

② 武汉市国家历史文化名城保护委员会办公室编：《武汉：国家历史文化名城通览》，武汉出版社，2014 年，第 51 页。

街对面的一幢里分式建筑之中。[1] 吴佩孚曾经居住的“吴家花园”与中华全国总工会使用的程公馆，都是西式结构、中式理念的现代洋房。尤其是程公馆，由比利时建筑师设计，将一个中式的合院塞进了一幢西式的楼房，可见当时在武汉的西方建筑师也已经注意到了中国的人居模式和理念。

比利时建筑师在当时的汉口十分风光，1912 年在汉口成立的法国-比利时合资的义品放款银行以经营房地产抵押贷款为主业，还经营租房、工程等业务。泰安里、义品里等里分都由其投资，公德里、德兴里、泰宁里、泰裕里、泰康里等图纸由其设计，上文提到的德林公寓、俄商著名的“巴公房子”等也由其经营租赁。中国商人桑铁珊还曾以 13 亩土地为抵押，向义品放款银行贷款 20 万元，建成了保和里、保安里等里分。

就这样，大人物与小人物的命运因为住宅的设计、建造、租赁和居住紧紧地结合在了一起。大革命失败后，义品放款银行的生意也逐渐清淡。武汉沦陷后，义品放款银行被日本人强占，就连其投资建造的义品里，也成了日本人的慰安所。直到新中国成立之前，武汉的住房建设都没有完全恢复兴盛。50 年代，“工人新村”的建设，拉开了改善武汉人居环境的序幕。武钢“红房子”作为苏联援建的重要内容，推动了新式住宅的建设与发展，也成了武汉人新的乡愁。

武汉近代公馆建筑

英国领事馆官邸

英国领事馆官邸，原名“英国工部长官官舍”，位于江岸区天津

① 武汉地方志编纂委员会主编：《武汉市志 · 文物志》，武汉大学出版社，1990 年，第 129—130 页。

路（原称“宝顺街”）10号，为二层砖木结构、西式庭院住宅，红瓦大坡顶，黄色拉毛外墙（19世纪后期欧洲流行的一种外墙涂层装饰方式），拱券外廊。立面外观简洁，没有雕饰和立柱，简朴克制，颇有维多利亚时代特征。二层设露台。

老明信片：1910年的英国领事馆（刘建林供图）

1861年1月汉口开埠，3月，英国即在汉口设立租界，4月，驻汉口领事金执尔到任，开始建筑领事馆，是为汉口第一家领事馆。原有楼房三栋，房间23间，连同花园，建筑面积达1.632万平方米，集办公与住宿于一体。1865年，英国人在英租界江边修堤，并沿堤修路，是为“河街”，即今中山大道。1919年，英国驻汉口领事馆管辖范围包括湖北、湖南、河南、江西、山西、甘肃、宁夏、青海等广大中西部地区。

武汉沦陷后，英国驻汉口领事馆继续工作。1941年12月，太平洋战争全面爆发，英、美、荷、比等7国驻汉口领事馆被迫关闭，英、美驻汉口总领事被日军押送出境。1944 年年底，美军大规模空袭汉口，原英国驻汉口领事馆被美军炸毁一栋、炸坏一栋。抗战胜利后，1945 年 12 月，英国领事馆人员返回汉口，1946 年由上海冯发记营造厂按照原样重建一栋、重修一栋。1949 年中华人民共和国宣告成立，各国领事馆相继关闭，但英国驻汉口领事馆坚持留在武汉，直至 1951 年4月30日才关闭，房产收归国有，现为武汉市闻一多基金会办公楼。

唐生智公馆

唐生智公馆位于汉口胜利街 183 号，属原俄租界范围。原屋主为俄国阜昌砖茶厂资本家莫尔恰诺夫，他于 1903 年向汉口俄租界工部局购入夷玛街和玛琳街口（今黎黄陂路和胜利街口）土地，建此典型俄式庭院住宅。

建筑坐西北朝东南，三层砖混结构（不含地下室）。正面临街，门前设有宽阔庭院。平面呈方形，立面横纵均为三段式构图，上部有厚重的檐口，两侧突出，上有圆形罗马式凸顶塔楼，是其独有建筑标志。长形木窗，中部四开间，底部为入口，二、三层居中的二开间为半圆拱形内阳台，乳白色水泥粉刷墙面。内部装饰豪华，水电卫生设备齐全。全楼分左、中、右三部分，正中为主活动区，一层大客厅轩敞空阔，两侧为楼梯通道。

1917 年俄国十月革命之后，茶叶被苏维埃政权定为奢侈品，在汉俄国茶商经营陷入困境，自 1919 年起先后关闭或转让。阜昌砖茶厂倒闭后，莫尔恰诺夫将此公馆转予汉口和南京和记洋行买办韩永清，离开汉口，北赴天津。1926 年年初，湖南人民发起“驱赵”（驱逐省长赵恒惕）运动，唐生智取代其省长职位，但同年 4 月即遭吴佩孚击败。当时正值广州革命政府决定北伐，唐生智遂被任命为第八军军长兼中路军前敌总指挥，相继占领长沙、武汉。韩永清为巴结唐生智，遂将原莫尔恰诺夫公馆让予唐生智。大约自 1926 年冬至 1927 年冬，唐生智在此居住，故该公馆被称为“唐生智公馆”。1927 年 10 月，南京国民政府开除唐生智党籍并免去其所有职务，盘踞武汉的唐生智很快受到各方军阀围攻，只得于 11 月 11 日宣布下野，当晚即离开唐生智公馆，搭乘日本军舰远赴日本。2002 年 4 月—2003 年 3 月，这座建筑当时的使用单位武汉凯威啤酒屋有限责任公司与武汉市房管部门达成协议，由该公司出资，本着“尊重历史，修旧如旧”的原则对建筑进行了翻修，恢复门前庭院，使欧式圆屋顶及上有宗教特征的“卍”字装饰等完整重现。2008 年，唐生智公馆旧址被公布为湖北省文物保护单位。

唐生智公馆旧址

詹天佑故居

詹天佑故居位于江岸区洞庭街65号（原俄租界俄哈路9号），建于1913年，由“中国铁路之父”詹天佑亲自设计并监督建造，也是他唯一的建筑作品。故居坐西北朝东南，是一栋中西合璧式独立庭院住宅，两层砖混结构楼房，两层均有外廊，弧形廊檐，方形廊柱，四坡红瓦屋面，设有老虎窗，具有20世纪初典型的西方建筑特征。故居平面呈长方形，由门房、主楼和副楼组成，门房与主楼间为庭院，主楼与副楼间为花园，前院原有葡萄架，后园原有假山凉亭，现皆不存。副楼右侧有一小天井，大大改善了主楼和副楼的采光。公馆最大的特色是木地板下几乎有半层高的地下空间和右侧半开间宽的封闭内廊，不仅可防潮、储藏，而且可通风、防渍、防洪和隔热。

詹天佑，祖籍安徽婺源（今属江西），生于广东南海，1872年入选首批留美幼童，毕业于耶鲁大学土木工程系铁路工程专业。1888年，担任中国铁路公司工程师，在滦河铁路桥（总长630米，是当时中国最长的钢桥）工程中一举成名（原负责建桥的三位外国工程师都无法胜任），震惊世界铁路工程同行。1894年，入选英国土木工程师学会，成为唯一一位中国籍会员。1905年，担任京张铁路总工程师，克服南口与八达岭之间180米高差等险阻，于1909年提前两年完成京张铁路的修建。1912年12月，任汉粤川铁路督办总公所会办，兼管川汉、粤汉铁路建设，遂举家迁往汉口，并于次年搬入新建房屋，其后6年在此工作、生活直至去世。

1919年4月24日，詹天佑病逝于汉口仁济医院（今协和医院）。次年，詹夫人将詹公馆售予一位比利时人后携子离开汉口。抗战期间，故居曾作为急救中心。武汉沦陷后，故居被日军侵占，曾作为伪中日文化协会所在地。1949年武汉解放后又成为湖北省五金矿产进出口公司办公楼，后又用作员工宿舍。1993年，政府收回故居，设立詹天佑故居纪念馆。2001年，詹天佑故居被公布为全国重点文物保护单位（彩图45）。

史沫特莱旧居（鲁兹故居）

史沫特莱旧居（鲁兹故居），位于在汉口鄱阳街32号，在原圣保罗教堂（主教堂）后方，建于1913年，坐东南朝西北，是一栋西式二层砖混结构楼房，面积为646平方米，内部有数十个房间，除主人鲁兹一家外，常有客人留居。

建筑造型简单，为横平竖直的长方体，和中世纪欧洲教会建筑风格相似。四坡屋顶，盖红色机制瓦，设有老虎窗和烟囱。方石墙基，深灰色清水砖外墙，上下两层间有两道深红色的砖线。正立面一层设连续的拱券外廊，二层为拱券门窗，外框凸出，造型优美，凝重简朴。

1926年至1927年年末国民政府迁汉期间，鄱阳街的鲁兹住宅成为记者活动中心，国民政府顾问鲍罗廷和美国著名记者安娜·路易斯·斯特朗常在此活动。“四一二”反革命政变后，周恩来由上海来汉口，曾住其家中。“七一五”反革命政变后，鲁兹又帮助周恩来前往南昌。[①] 在抗战初期，鲁兹还经常参加八路军武汉办事处的活动，住所更是成为新闻记者、外交人员、学生和社会活动人士活动的场所。中共领导人周恩来、朱德、彭德怀都曾到这里做客，国际友人安娜·路易斯·斯特朗、艾格尼丝·史沫特莱、诺尔曼·白求恩等到汉口后都曾在此居住。1938年4月，鲁兹获准退休回国，11日，周恩来

---

① 孙君恒：《基督教与中国文化的互动——以武汉为例》，载傅有德主编：《犹太研究》第6辑，山东大学出版社，2008年，第255页。

为其在汉口八路军办事处屋顶花园举行告别宴会，并合影留念。[1]

史沫特莱旧居（鲁兹故居）已在1992年被列为第三批湖北省文物保护单位。

铭新街19号

铭新街19号地处原汉口模范区中心区域，为二至三层砖混结构的新古典主义近代公馆建筑，由门房、主楼及副楼组成。原门房已被拆除，现门房为后期改建。主楼前部为二层平屋顶，后部为三层红瓦四坡屋顶，粉刷外墙。主立面对称构图，由带横线的贯通壁柱划分，入口居中，台阶级数较多。门厅宽敞，房门有小型立柱和券拱。一、二层均设外廊，有宝瓶石栏。外墙勒脚为条石砌筑，有架空层。前面和山墙均有三角形山花。副楼原为二层，后期加建一层，与主楼有连廊相通。

该建筑约建于20世纪20年代初期，原称“万尧芳公馆”，“万尧芳”此人未见记载，公馆20世纪50年代的产权人为万俊芳（也无记载），想来为万氏家族所建公馆。1946年10月6日，新成立的汉口市银行商业同业公会迁至此处，租用万氏公馆作为办公和聚餐场地。

1949年武汉解放之后，公馆先后为冶金工业部中南办事处、中国钢铁炉料中南公司办公、文创商店使用。门房现为旅馆、小商铺，主楼为文创工作室、餐厅，副楼用作办公地。

萧耀南公馆

萧耀南公馆位于中山大道与胜利街交会处，属于原汉口法租界范围内，是当时高级住宅区与平民居住区的分水岭，因馆侧有昌年

---

① 武汉地方志编纂委员会主编:《武汉市志·文物志》，第131—132页。

里，故老汉口人称其为“昌年里萧公馆”。萧耀南，湖北黄冈（今属武汉市新洲区）人，早年毕业于北洋武备学堂，1921年取代王占元任湖北督军，1923年参与镇压京汉铁路工人大罢工，任两湖巡阅使，1924—1926年任湖北省省长。

1924年，声誉隆盛的萧耀南选址今中山大道一元路昌年里口，拟建公馆自住。汉口地皮大王刘歆生向其捐赠建房经费5万元，并代向法租界工部局挂旗修建。1925年由罗万顺营造厂施工建成一两层砖混结构独院式别墅，红瓦坡屋面（1990年后建筑加盖两层），具有典型的法国晚期古典主义风格。建筑为外廊式，左右两侧为八角形楼体。三段式构图，顶层檐口厚重，花式突出。内部装饰华丽，整座建筑小巧而又庄重。公馆一层原为萧耀南会客厅（现为办公场地，格局已改变），二层为其与家人起居室（现为办公场地，格局未改变），屋后院落内为卫兵、杂役等附属用房。公馆建好后，萧耀南在汉口和武昌两地轮流居住，此为其三夫人住宅，也是他平时和汉口工商人士的斡旋场所。

1949年武汉解放后，公馆收归国有（彩图46）。

程汉卿公馆（中华全国总工会旧址）与叶风池公馆

中华全国总工会旧址位于汉口友谊街16号（原为2号）院内右侧，建于1924年，坐南朝北，三层砖混结构，外观朴实典雅，具有欧洲新古典主义风格，清水青砖外墙，一层空间相对较小，外楼梯由侧面向上进入二层正门。

建筑原本是原湖北督军王占元的军法处长程汉卿的私宅，由其丈人叶凤池建造，紧邻其自住的别墅。这一建筑的设计者是比利时设计师威力克，威力克1920—1923年任职于天津义品公司，1923—1927年任职于汉口义品公司，1927—1946年任职于香港义品公司。威力克曾经在其1926年发表的论文中展示过这一建筑的平面图，并表达了自己对20世纪初中国喜建纯西式建筑的不满。他认为，中国建筑旧有的设计理念，应该在改进建筑材料、建筑工艺的同时有所保留。这一观点明确地体现在他设计建造的程汉卿公馆上。虽然程公馆从外观上看是不折不扣的西式建筑，但是其内部的空间布局、房间设置，以及可提供的生活方式，都具有鲜明的中国风格，也适应武汉炎热多雨的城市特色。威力克这种“半外国型”的设计方式，体现了当时在中国执业的外国建筑师对中国传统文化的接纳。

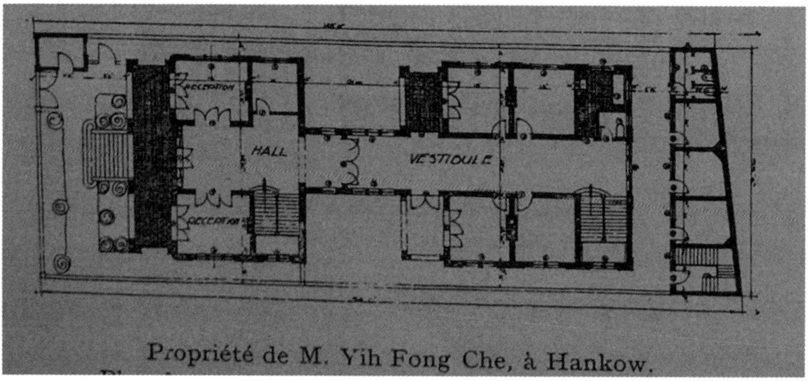

程汉卿公馆手稿（图中注释误作叶凤池公馆，叶公馆实际为旁边一栋，高曼士供图）

威力克所说的“中国建筑旧有的设计理念”，也就是上文提到的在吴家花园中体现出的宫室格局。这一建筑最初作为家宅设计，充分考虑到了中国传统家庭的居住习惯和使用方式。从建筑平面可以看出，建筑被一个稍窄的连廊分为了前后两个部分，前半部分也相当于“塾”，是与外界联通、会客、办公以及可以进行一些活动的场所。连廊相当于房子的中庭，由此动静分隔。后半部分主要是居住空间和女眷的活动空间。房子后方设有附属用房，作为厨房和仆人休息的空间。

程汉卿公馆历史照片（高曼士供图）

这个建筑可以被看作融合了砖混结构楼房和肃穆西式风格的中式院落，且它有三到四层，比传统院落节约土地，更好地利用空间，生活起来也更加方便。

与程汉卿公馆犄角相对的一栋三层（原为两层，后加盖一层）西式小楼，即为叶凤池公馆。叶凤池是中国四大名中药店之一——叶开泰（另三家为广州陈李济、北京同仁堂、杭州胡庆余堂）的老板。

叶开泰创办于明崇祯十年，叶凤池是其第九代掌门人。在叶凤池掌权期间，叶开泰药室曾于1911年辛亥首义期间毁于阳夏大火，旋即由其向亲家高瑞记借银3 000两，于次年在大夹街陶家巷重建，继续经营至1938年武汉沦陷。

叶开泰家族讲究“亦官亦商、内外呼应”，子弟努力读书考取功名，官职最高者是两广总督叶名琛，平时也热衷结交权贵。叶凤池最拿手的拉拢方式就是联姻，他将女儿嫁给湖北督军王占元的军法处长程汉卿，将两个孙女分别嫁给杜锡钧（黎元洪心腹，辛亥首义期间任湖北军政府军令部部长，抗战期间曾任伪华北治安军总司令）之子和何佩瑢（1919年任湖北省省长）之子，并依靠何佩瑢的政治关系，获取了大量经济利益，使叶开泰的营收达到了历史上的最高峰。当时汉口流行一句俗语：“叶开泰的药，吃死人都是好的。”[①]

为进一步巩固自己的关系网，叶凤池还于1918年以地价购入汉口大智路至车站路之间的大水池，填土盖房。自1920年开始，叶凤池代为寇英杰（吴佩孚部将）、程汉卿、何佩瑢各建一栋公馆，代为何佩瑢修建尚德里和福德里，与李华塘合建仁静里。因所建房屋多在一条街上，建房者均为亲朋，关系和睦，故将这条街取名为“友益

① 周德钧：《武汉老字号》，武汉出版社，2013年，第27页。

街”。其中，叶凤池为自己修建的公馆位于友益街 16 号（原为 2 号）左侧，建造于 1924 年，新古典主义风格，花岗岩基石，门廊宽阔，拱券玻璃大门，一、二层均设外廊，柱头雕花。

房屋新成未久，1926 年 9 月，北伐军攻克汉口，程汉卿等一众军阀政客向北逃亡，叶凤池留守。程汉卿的公馆旋即被武汉国民政府没收，并于当月 17 日将右楼（程汉卿公馆）拨交中华全国总工会，设立武汉办事处。同年 10 月 10 日，北伐军攻克武昌，武汉三镇被攻占，湖北全省工团联合会更名为“湖北全省总工会”，叶凤池公馆被征收用作办公地。1927 年 2 月 11 日，中华全国总工会正式进驻原程汉卿公馆办公。1926 年秋至 1927 年夏，中共领导人苏兆征、李立三、刘少奇、邓中夏、项英、林育南、向警予等同志均曾在此地二层办公，叶、程翁婿的公馆成为当时领导中国工人运动的中心。大革命失败后，中华全国总工会迁往上海，湖北省总工会转入地下，此处又成为国民党武汉警备司令部。①

20 世纪 50 年代，此处拟建纪念馆，1958 年将两楼按照大革命时期的面貌进行了修缮复原，并由董必武题字“第一次国内革命战争时期中华全国总工会暨湖北全省总工会旧址”。② 同年，中共八届六中全会在武汉召开，在会议间隙，刘少奇同志前往此处确认其所在的秘书处办公室。纪念馆本已于 1963 年对内开放，但 1966 年因刘少奇受到错误批判而被迫关闭。“文革”结束后，两楼成为武汉市文化局和武汉市文联办公地，后文联迁至建设大道，两楼均为武汉市文化局办公地。1981 年年底，中华全国总工会暨湖北省总工会旧址被公布为第二批湖北省文物保护单位。2006 年，汉口中华全国总工会旧址被

---

① 武汉地方志编纂委员会主编：《武汉市志 · 文物志》，第 117 页。

② 郑自来、郝钢以：《武汉革命胜迹》，武汉出版社，2001 年，第 59 页。

公布为第六批全国重点文物保护单位。2018 年，武汉市文化局迁至沿江大道办公，院落空置，目前正在恢复筹建汉口中华全国总工会旧址纪念馆。

吴家花园

吴佩孚，山东蓬莱人，秀才出身，深谙中国传统文化，这从汉口吴家花园一层呈现的规整传统礼制布局即可见一斑。

吴佩孚投身行伍后逐渐发迹，成为直系重要将领。1917 年年底，吴佩孚率部南下镇压“护法运动”，驻扎武汉，开始与武汉结缘。1924 年 9 月 8 日，吴佩孚成为登上美国《时代周刊》杂志封面的第一位中国人，被称为 20 年代最有希望统一中国的军阀。登报不及一周，第二次直奉战争爆发，直系惨败。1925 年 10 月 21 日，吴佩孚抵达汉口就职“十四省讨贼联军总司令”，得以重整旗鼓。1926 年 9 月 6 日，北伐军攻克汉阳，吴佩孚撤离汉口，再未归来。此次在汉口期间，吴佩孚及其家人居住在汉口模范区伟雄街（今南京路）的吴家花园。

吴家花园位于伟雄街中段的退思里旁边，周围环绕众多里分，无工厂，环境清净，适合居住，仅后侧有一段连通京汉铁路和英租界造米厂的“铁路专用线”，过车次数少、噪声小，不影响周围居民生活。该地段靠近华商总会，方便吴佩孚联络武汉的社会贤达。吴家花园距吴佩孚设在查家墩的司令部直线距离仅 600 余米，方便他往回，途中经过京汉铁路，也为其日后落难逃亡提供了便利。为保障吴佩孚及其家人的安全，吴家花园旁还设有一座两层护兵楼，两端设有堡垒，围墙厚实，对内形成院落，利于防护。

吴家花园是一座中西合璧式公馆。建筑前部二层，平屋顶两端各有一个六角飞檐的中式凉亭；后部则为三层，上为红瓦四坡顶。主立面中部开阔，两端凸出多边形房间，一、二层采用外廊式布局。建筑的平面颇合传统宫室礼制（可参宋代聂崇义《新定三礼图》和清代焦循《群经宫室图》）。现在的门口左右两个突出的房间相当于传统宫室的门前左右两塾。按照古礼，客人自南门入，行至中庭处绕走两侧，至后室登阶而入。老居民表示，中庭处过去有一个假山。这也符合传统五行中“中央土”的住宅布局。房屋后部的前方有两个承重柱墙，相当于古代宫室的两楹。这一部分的房间分为前后两半，前半部分的中央相当于古代宫室中的“堂”，左右两个房间则相当于“序”，用以待客；后半部分的房屋布局，是战国以来标准的民宅结构，这一结构在新出土的《睡虎地秦简日书·封诊式》竹简中也能够找到，属于“一宇二内”（一间堂屋、两间卧室）的传统居住布局。中间的主要房间（宇）既可用于主人休息，又可用作客厅，两侧屋子则为卧室。吴家花园这种高度契合古代宫室布局的房屋在武汉居住建筑中是独一无二的。

1926 年 9 月 6 日，北伐军攻克汉阳，吴佩孚撤离汉口，北退至孝感。吴家花园被意大利传教士买下，由其转予湖南天主教教会。1949 年武汉解放后，吴家花园由中南军区接收，作为中南军区后勤部的办公场地。1957 年以后，几位老红军携家属先后入住，这里成为军属大院。1998 年，产权交归湖南天主教会，原老红军家属后代相继搬离，花园转租给湖北新浪网和蓬莱阁茶社，至 2017 年产权转予武汉博语文化传媒有限公司（彩图 47）。

涂堃山、傅绍庭公馆

涂堃山、傅绍庭公馆位于江岸区黎黄陂路 27 号。涂堃山、傅绍庭为英商亚细亚火油公司的买办和副买办。1924 年，魏清记营造厂承建汉口亚细亚火油公司大楼，承包价纹银40万两。大楼的施工和建筑材料的使用都由外籍工程师及其华人助手陈方友根据承包合同条款严格把关，工程与建材凡与合同条款不符合者，皆被推倒重建或更换，令魏清记营造厂大亏，几至倒闭。不得已，营造厂遂央求公司买办涂、傅二人。后经二人极力周旋，向洋行大班哈克说明情况，营造厂终获补偿纹银20万两，免除倒闭之虞。魏清记营造厂遂在此（原汉口江汉关税务司安格联旧居地段）为二人各建楼房一栋，作为答谢。两栋小楼形制相同，所用材料均系亚细亚火油公司大楼拆下的材料和剩余材料。

这是一对三层砖混姊妹楼，古典主义建筑风格，平面为四方形，临街面设有铁艺栏杆围合成的小庭院。红瓦坡屋顶，水刷石外墙。主立面轴对称三段，中间门斗凸出，4根立柱撑起二层宝瓶石栏的阳台。二层两侧窗户有小方柱支撑的三角形窗楣。三层中部窗户为圆弧拱窗，窗裙有装饰图案。檐口中间设三角形山花。

两公馆于1926年建成，主入口位于东北面的黎黄陂路，裕民部洋行旧址与其隔街相望，西北面与首善堂相邻。1934年4月，汉口基督教女青年会成立，初设鄱阳街，后迁此涂堃山公馆办公。沦陷期间，日伪汉口市政府最初曾设于此处，后迁至南京路汉口商业银行大楼内，两公馆用作接待日伪高级军官的俱乐部，时称“五花宾馆”。抗战胜利后，国民党接收大员袁雍霸占两公馆，并在此建立国民党汉口特别市党部，袁雍自任主任委员。1949年4月6日，袁雍为筹措南逃经费，向涂堃山、傅绍庭二人强取黄金800两，并出具收据将两公馆交由涂、傅二人管理。武汉解放初期，中共武汉市委驻此，后迁解放公园路。不久，武汉中共江岸区委和区政府迁此办公，2005年迁入六合路新大楼。涂堃山、傅绍庭公馆现为武汉市商务局办公楼。

涂堃山、傅绍庭公馆（刘建林供图）

武昌徐荣廷公馆

武昌徐荣廷公馆位于汉阳门正街（今武昌区民主路6号），建成于1926年，建筑面积约1 380平方米，在1928年位于汉口的同兴里住宅落成之前，“纺织大王”徐荣廷一家曾居住于此。公馆坐南朝北，为中西合璧式砖木结构二层楼房，北部为主入口，中部为起居楼，南部为花园及后门。新中国成立后，该公馆旧址曾交予武汉市纺织局党校使用，东南部有所改动，其余部分基本保持原貌，其建筑墙角“徐宅”墙碑至今仍然保存完好。2011年，武昌徐荣廷公馆被列为武汉市文物保护单位。

石瑛旧居

石瑛旧居位于武昌县华林三义村。石瑛，湖北省阳新人，清末举人、留洋博士、同盟会元老、辛亥首义功臣，既是孙中山的亲密战友和忠实信徒，又是中国共产党“荣辱与共、肝胆相照”的可靠挚友。

在国民政府任职期间，石瑛不畏权贵、疾恶如仇、清正廉洁、高效节约，因其工作和生活作风与当时官场风气迥异，与严立三、张难先被官场之人称为湖北“三怪”，人民群众则赞誉他们为湖北“三杰”。

该处建筑为 1928 年石瑛出任湖北省建设厅厅长后所建，是一处由前后两栋楼房组成的小院落。前栋主楼是中西合璧的红砖清水墙二层砖木结构楼房，后栋副楼则沿明代古城墙依山而建，看上去是二层，实为一层砖木结构楼房。房屋建造风格折射出房主的生活文化轨迹，石瑛曾在欧洲留学、生活多年，他将欧洲建筑艺术引进了自己的宅院。主楼是 19 世纪欧洲常见的别墅形式，采用的是“一主二副三房”的建筑格局。主屋与东西两副屋之间则用隔断墙连接，构成合院和天井，小楼因此也具有了中国传统建筑的风格和韵味。室内的大壁柜和 4 米高的净空显得西化洋气，而简洁的门饰、清水墙的立面、宽大的百叶窗等建筑细部的简单处理，又凸显房主追求的朴实。

2002 年年底，石瑛旧居在武昌区危房改造中险遭拆除，幸得新闻媒体及时披露，省人大代表和省政协委员多次呼吁，湖北省、武汉市领导过问，才转危为安，并得以按照历史原貌就地修复。2008 年 3 月，湖北省政府公布石瑛旧居为湖北省文物保护单位（彩图 48）。

华中大学朴园（钱基博故居）和榆园

华中大学朴园和榆园位于武昌区华中村 1—40 号、湖北美术学院校园内，两栋小楼毗邻而立，皆落成于 1936 年，系折中主义风格的美国花园别墅，二层砖木结构，中式屋顶，正立面有半圆形的大拱门和细长的高窗，室内装有壁炉，门庭宽敞。两园原为华中大学教授公寓，华中师范大学搬迁至桂子山后，划归湖北美术学院。2002 年湖北美术学院对两园大修后，两园分别成为该校的环境艺术雕塑研究所和艺术沙龙，并根据各自近旁树立的枝繁叶茂的百年朴树和榆树而正式命名为“朴园”和“榆园”。其中，朴园是《围城》作者钱锺书的父亲、国学大师钱基博的晚年居所（彩图 49）。

朴园和榆园所在的华中村，原是北伐战争后拆武昌城墙而形成的一块官地。1935 年，日益壮大的华中大学将近旁的这块土地买了下来，兴建华中大学的教授公寓。当年这块地上相邻生长着两棵大树，一棵为朴树，一棵为榆树，它们枝繁叶茂、郁郁葱葱，在周围的杂草森林中格外醒目，于是决策者和建设者们决定依树筑房，让大树在夏天能挡住部分阳光。

最早入住朴园的是一位在校任教的美国人。抗日战争期间，这里一度成为日军的宪兵司令部，朴园房内也改成了推拉式门廊。1946 年秋，钱基博受韦卓民校长之邀，前来华中大学文学院任教，此后一直居住在朴园教书治学，直至 1957 年年底去世，公寓也因此得名“钱基博旧居”。

钱基博，江苏无锡人，是古文学家和教育家，一生致力于教书治学，曾参与创建光华大学。钱先生对其晚年任教的华中大学充满感情，新中国成立后不久，他就将自己的 5 万册藏书捐给了华中大学。1952 年，他又将自己收藏的 200 多件珍贵文物捐给了改名后的华中高等师范学校。1956 年夏，其子钱锺书曾请假携女从北京来看望他，并陪老人在朴园小住。杨绛先生在《我们仨》中对此有精彩的回忆。

> 钱瑗考取大学以后的暑假，一九五六年夏，随锺书到武昌省亲。我公公婆婆居住学校宿舍。锺书曾几度在暑期中请“探亲假”省视父母。这回带了阿瑗回去。
>
> 大热天，武汉又是高温地区，两人回来，又黑又瘦。黑是

太阳晒的，瘦则各有原因。锺书吃惯了我做的菜，味淡；我婆婆做的菜，他嫌咸，只好半饥半饱。爹爹睡觉不分日夜。他半夜读书偶有所得，就把健汝唤醒，传授心得。一个欠吃，一个欠睡，都瘦了。

这时爹爹已不要求锺书“养志”（养志的弟弟携家侨居缅甸）。他最宠爱的是“女孙健汝”，锺书已是四十五十之间的中年人，父子相聚，只絮絮谈家常了。爹爹可怜娘寂寞，而两人很少共同语言。他常自称“拗荆”。我问锺书什么意思。锺书说，表示他对妻子拗执。我想他大概有抱歉之意。自称“拗荆”，也是老人对老妻的爱怜吧？

锺书阿瑗回京，带给我一个爹爹给我的铜质镂金字的猪符，因为我和爹爹同生肖。我像林黛玉一般小心眼，问是单给我一人，还是别人都有。他们说，单给我一人的。我就特别宝贝。这是在一九五六年暑假中。

武汉近代里分建筑

三德里

三德里是武汉现存最早的有确切建成年份的里分建筑。根据《武汉地名志》记载，三德里由“南浔四象”之首刘镛的次子刘锦藻等三人建造，并在此开设“三德堂”，因此命名为“三德里”。三德里建于1901年，共有二层砖木结构房屋76栋，是武汉最大的里分之一，与公德里、宏伟里相邻相通，旁边就是繁华的车站路。三德里的主入口设于中山大道，在海寿街、友益街各有出入口。建成之时这里仍然属于华界，后因法租界扩界，成为租界的一部分。

三德里的道路呈鱼骨式布局，主巷、次巷、支巷明显。主巷作为主要通道和公共空间，宽 6~7 米，两侧为建筑的山墙面，空间较为完整开阔；次巷宽约 4 米，除担当进出通道的作用外，也是居民主要的生活空间，花木相依、鸡犬相闻，邻里关系紧密；支巷两侧则多为建筑后天井，巷道宽度不足 4 米，便于通风采光。

三德里的房屋是整齐划一的石库门建筑，并无华丽的雕饰，但楼层较高，又有坡顶夹层，住起来冬暖夏凉。次巷与支巷上的一些过街门带有中式特色。1927—1928 年，中共妇女运动领导人向警予就曾在其中一道圆形过街门背后的楼房里居住，也是在此被法租界巡捕逮捕的。1937 年武汉空战期间，中国著名外交家冀朝铸也曾随父亲短暂地住在此地，一直到武汉沦陷之前搬离（彩图 50）。

泰兴里

泰兴里位于胜利街（原法租界德托美领事街）与洞庭街（吕钦使街）之间，原为俄国茶商地产，1907 年售予汉口燮昌火柴厂老板、上海商人叶澄衷。1908 年，叶澄衷委托义品洋行设计绘图及包工建造。泰兴里仅有一条长 90 米、宽 3.5 米的主巷与胜利街相接，两侧共有 17 栋二层砖木结构的西式住宅，住宅大门均直面主巷，为形式单一的单栋联排式里分。住宅单体皆为西式集中布局，红瓦双坡屋顶，外立面原为清水红砖墙面，现为水泥砂浆饰面；正立面二层为连续拱券柱廊，局部有外廊，带有明显的殖民地建筑特点，门头等西部装饰则又透出中国元素。单元户型为一间半式的平面布局，屋前有院子取代前天井，用矮墙包围，此结构在武汉里分中独一无二，与石库门天井式里分住宅模式有所区别；屋后有后天井，室内一层木地板下设架空层。

泰兴里建成后，叶澄衷将其交由义品洋行经租部经营管理，法租界由此迅速成为江浙商人聚居地，越来越多的江浙商人来此投资建房、购置房产。1913 年，詹天佑在此创设“中华工程师学会”，并出版《华英工程字汇》。1930 年，燮昌火柴厂经营出现困难，叶澄衷将泰兴里售予大中华火柴厂。目前，泰兴里仍作为居民住宅使用（彩图 51）。

伟英里

伟英里位于中山大道中段东南侧，黄兴路与车站路之间，内呈十字形，长 150 米，宽 4 米，共有二层砖木结构房屋 12 栋，斜坡红瓦面，清水红砖墙，檐口、窗口等细部配以图案点缀，花饰精巧，线形曲美，系刘歆生所建。刘歆生，汉阳柏泉人，天主教教徒，1899 年经教会介绍担任法商汉口立兴洋行买办，1902 年又兼任东方汇理银行汉口分行买办，意识到汉口租界和市区不断扩大的趋势，醉心投资地产，筹集重金，低价购买舵落口至丹水池 60 平方千米湖淌地。1905—1907 年，张公堤筑成，大片湖淌干涸，形成土地；官府拆除汉口堡垣，建成后城马路（今中山大道）；加之京汉铁路通车，刘歆生名下土地价格倍增，遂为“汉口地皮大王”。

为抬高地价、享受地价红利，刘歆生还热衷于填土修路和营建房屋，最著名者如歆生路（今江汉路北段）和歆生一、二、三路（今江汉一、二、三路），极力主张并参与建造汉口模范区，其所建里分除伟英里外，尚有生成里、百子里、文华里、义祥里、宏安里（汉安村）及保成里等。刘歆生喜用自己和家人之名来命名路名和里分名号，伟英里即以其子刘伟雄、刘国英之名各取一字而命名，此外还有伟雄路（今南京路北段，以其子刘伟雄之名命名）和西满路（今解放大道协和医院一段，以其继子刘西满之名命名）。

伟英里建于民国初年，建成后由其填房夫人王氏经营租赁。1913年前后，永泰和烟草公司汉口分公司曾在此开设，后迁扬子街。1916年8月20日，民国初年著名报纸《民报》迁至伟英里29号复刊，直至1917年1月停刊。1928年，刘歆生为还债，将伟英里抵押给北京天主堂，但仍留其中两栋自住。武汉沦陷后，刘歆生避居法租界伟英里27号（原31号）家中，拒不为日本侵略者效力，直至1941年病逝。1949年武汉解放前夕，王氏携二子移居澳门，原刘歆生所留地皮全部由人民政府接管。

中孚里

中孚里毗邻南京路，是一个丁字形小里分。1917年，中孚银行汉口分行在南京路建办公大楼，同时在大楼后面修建5栋两层砖木结构的银行职员住宅。

里分为主巷型联排住宅，主巷宽敞。红瓦坡屋顶，清水红砖外墙面。户型分两种：1—3号有天井，石库门门楣以圆形、长方形等图案组合装饰，一层堂屋较大；4号、5号无天井、堂屋，门窗上部为山花楣饰。房屋墙体厚实，内空很高，设有厕所，水电设施完备。民国时期配有车库，即今中孚里7号带老虎窗的平房。

公德里

公德里位于汉口车站路（原玛领事街）与友益街（原玛尔纳街）口东南侧，东通三德里，南通宏伟路，建于1924年，由景明洋行设计、康生记营造厂承建。

里分共有西式里分住宅28栋，其中沿车站路设4层过街楼16栋，下店上宅。主入口设半圆拱券门，质朴几何山花，纤巧罗马式壁柱。

主巷宽 4.5 米，长 60 米，两侧各有 6 栋两层砖木结构联排石库门房屋，双开间。

公德里之名源于法国驻汉口领事馆领事陆公德。1902 年，法租界扩界，时任副领事的陆公德遂购得公德里土地。随后，陆公德将此处土地借予“法文专修学堂”修建校舍，后学堂迁霞飞将军街（今岳飞街），已升任领事的陆公德又将此处土地交予法租界工部局代管。

1924 年法租界工部局拆除此地学堂后，向比利时义品洋行贷款 20 万两，建设里分住宅，并以陆公德之名命名为“公德里”。贷款以公德里为抵押，限期 15 年后由法租界工部局收回管理，至 1940 年 11 月 20 日由法租界临时行政委员会收回直接管理。中共早期领导之一林育英（又名“张浩”）曾在 1927 年大革命失败后租住公德里一栋 4 层楼房，开设“义兴公”木器店，变卖家具为党组织筹措经费，并将此处作为地下党联络点，直至 1928 年 4 月离开汉口。[①] 1943 年 2 月 23 日，法国维希政府宣布废除法国在华特权，归还上海、天津、汉口等地法租界。但在此声明发布前三天，公德里已由法租界临时行政委员会交予天主教望德堂。武汉解放后，公德里因毗邻大智门火车站，一度被分配给武汉铁路局作为职工宿舍。

同兴里

同兴里东至洞庭街，西通胜利街，两端设有过街楼，是一个主巷型里分，主入口位于胜利街，共有 25 栋二层红瓦坡屋顶的建筑。这一地块原是大买办刘子敬的私人花园，1928 年前后，由徐、胡、刘等 16 家共同投资兴建房屋。命名为“同兴”，也取“共同兴旺”之意。

---

① 王钢：《公德里》，载董玉梅主编：《百姓里分》，第 289 页。

建筑的墙角处，还能发现“朱慎德堂地界”这样的界碑，也是当时业主繁多的一个佐证。

同兴里由义品洋行设计，融合了欧式联排别墅与中式带天井的传统民居的特色，根据不同业主的需求，每栋的平面、立面都不尽相同。在外立面细节的处理方面，设计师采用了西式折中的手法，融合了欧式与中式的建筑元素，使建筑的艺术性与识别度都十分突出。建筑层高较高，临街的立面有些设置了具有厚重木百叶的方窗，有些地方则有 Art Deco 风格的装饰。每栋的入口处也各有千秋，柱式与山花各具特色（彩图 52）。

金城里

金城里位于中山大道与保华街相交的三角形地块内，1930 年由中国近代著名设计师庄俊设计、汉协盛营造厂承建，于 1931 年与金城银行大楼（保华街 2 号）一同建成，作为金城银行高级职员住区，属于当时的高级住宅区，是汉口仅存的两处公寓式里分之一（另一处为大陆坊）。

金城里为三层砖混结构单元式公寓里分，共 9 个单元，与南端的金城银行相邻。平面呈周边式布局，形成内向院落空间，临街建筑与居住建筑有效分离。立面设计采用“内外有别”的手法。临街为骑楼建筑，建筑高度与金城银行大楼东西两翼相同，统一粉浅灰色假麻石外墙面，联系檐口线条表明其为金城银行两侧的延伸，二、三层为通廊式阳台，连续阳台板栏形成横向线条，石质柱廊，清水红砖墙退于其后，临街界面富有层次感；背街立面则将楼梯间内收，处理为弧面造型，与两边圆窗相协调。

内部交通以环形道路组织，里分北端原有一段矮墙封闭，仅于保华街设一处出入口。在建筑户型方面将竖向的交通完全独立出来，以竖向交通划分住宅单元，各单元楼层中每两户共用一部楼梯，形成标准的“一梯两户”公寓。平面布局强调空间的功能性、私密性，是近代住宅集合化发展的代表。

2005—2008年，金城里与金城银行共同改扩建为武汉美术馆。

大陆坊

大陆坊位于中山大道南京路口。1934年，大陆银行汉口分行在此兴建银行大楼和银行职员住宅，定名“大陆坊”，由庄俊设计、李丽记营造厂承建。

大陆坊共有房屋15栋，临街为三层（局部加建一层）砖木结构联排公寓。其中临街的银行大楼为三层，扬子街口转角处为四层。红瓦坡屋顶，典型的三段式立面，一层为水刷石墙面，二层及以上为红砖清水墙，窗间壁柱为粉白色，红白相间，红色的砖墙又与背街住宅部分的材质相呼应。背街住宅部分为单体建筑，外形为八方形。两个单元一组，中部凹进形成入口空间。相同的立面单元随主巷的倾斜而呈锯齿状分布，清水红砖墙，腰线和檐口明显，极富序列感。采用主巷型的交通方式，将公寓与临街的商住建筑分离，并分别在南京路与扬子路口设有出入口，使主巷与城市道路相连，既方便了交通，又避免了喧闹。

江汉村（江汉村、六也村）

江汉村由原江汉村（临近鄱阳街）和六也村（临近洞庭街）组成，位于汉口江汉路、上海路之间，巷道横贯鄱阳街和洞庭街，约建于1934—1937年。长163米，宽5米，共有建筑26栋。空间序列简单，属主巷型里分结构，主巷两侧里分住宅相向布置，住宅大门直面主巷，后门通向后巷。大部分为三层（部分两层）砖木结构，设计新颖，建造完备。其建筑风格杂糅（既有西式圆拱门住宅，也有中西合璧式庭院住宅；屋顶有平、坡两种，坡屋顶又分东西、南北向），平面布局自由多变（有三间式、两间半式、两间式和一间半式，入口平面形式有门斗式、天井式、院落式和各种变体），但整体的建筑高度基本一致，细部装饰、建筑材料又较为统一，最终形成了一片风格统一、识别性强、特征显著的高等里分建筑群，成为民国中后期汉口新型里分（别墅式）的代表，也是值得当今城市规划借鉴的。

1936 年，江汉村开始由王毕双、郑硕夫（义品洋行买办）、胡芹生（汉口最大的钱庄老板，厚德钱庄、衍源钱庄、福源长钱庄和宝兴记钱庄董事长）等 9 位业主集资修建，每人各建一栋，均由卢镛标建筑事务所的工程师樊文玉设计，其中 7 栋由汉口明巽建筑工程公司承建，2 栋由李丽记营造厂承建。其后又有倪裕记等人续建数栋房屋（据《1947 年汉口市各大里分房屋业主调查表》，当时倪裕记等 8 位业主拥有江汉村 12 栋房产），也由卢镛标建筑事务所设计，分别由明昌裕建筑公司、李丽记营造厂、康生记营造厂等营造厂承建。

六也村于 1934 年由柴海楼（曾任汉口房产业主会会长及汉口公益会和保安会会长）邀集多位投资人建成 7 栋三层西式住宅，由汉昌济营造厂承建，取《中庸》“天地之道，博也，厚也，高也，明也，悠也，久也”之意，将里分命名为“六也村”。随后刘根太、柴海楼又各建 1 栋，分别由景明洋行和卢镛标建筑事务所设计，均由李丽记营造厂承建。此后仍有续建。据《1947 年汉口市各大里分房屋业主调查表》，当时吴鑫记等 11 位业主拥有六也村 13 栋房产。

江汉村和六也村房间净空高，卧室面积较大，木制百叶窗，木地板，设有外廊和小阳台，走廊楼道宽敞，水磨石楼梯，室内水电卫生设备齐全，居住条件非常优越，入住者非富即贵。武汉解放前，入住江汉村和六也村的都是商人、军官、政客和外籍高级职员。20 世纪 50 年代，两村的居民成分逐渐发生变化，先有部分中南局干部入住，1954 年中南局撤销后，又有部分武汉市委干部接替入住。将《大刚报》改办为《长江日报》的社长兼总编和党组书记陆天虹入住江汉村 8 号二楼，直至 20 世纪 80 年代中期退休才搬离江汉村。1967 年，两村合并，统称“江汉村”。

武汉近代公寓建筑

巴公房子

1869 年，俄国贵族巴诺夫来到汉口，担任新泰洋行大班。1874 年，他又与莫尔恰诺夫、彼恰特诺夫和拉萨丁等人一起，开办了阜昌洋行，任联合经理。1896 年，俄国在汉口建立租界，巴诺夫任俄租界市政会议（董事会）常务董事，还一度担任俄国驻汉口总领事（1902 年前）。

巴诺夫在武汉不只投资了茶叶生意。俄租界尚未开辟之前，他就购买了当时还是荒地的西商跑马场地带。后来，他和弟弟齐诺·巴诺夫（二人分别被称为“大巴公”和“小巴公”）共同投资，委托景明洋行设计，在俄租界最好的放射形道路中心临街地段，建造了连在一起的两幢地下一层、地上三层的公寓大楼。大楼由永茂昌、广大昌营造厂建造，于 1910 年建成，俗称“巴公房子”。

两幢大楼由原俄租界中国街（今鄱阳街东端）、鄂哈街（今洞庭街中段）和列尔宾街（今兰陵路）三条道路围合。其中，“大巴公”

先建，平面呈 U 字形，底面面向兰陵路；“小巴公”后建，呈三角形，尖角指向黎黄陂路。建筑整体属于古典复兴风格，是汉口最早的多层公寓大楼。大楼建成后先是作为俄商住宅，后由义品洋行代为出租，供在汉外国侨民居住。1912 年，巴诺夫兄弟将这两幢房子卖给了广东银行，净赚白银 3 万两。

巴公房子与汉口俄租界其他房子一样，都带有一定的斯拉夫式风格。在建筑面对黎黄陂路的尖角处，有一个斯拉夫式的半圆形穹顶，被汉口人称作“俄国缠头尖”，极具特色。建筑沿洞庭街立有两组以入口轴线为对称的样式，极富韵律感：入口为柱式支撑的方形门，其二层为拱窗，三层为方窗，二、三层各附阳台，两边亦有立柱装饰；入口两侧一层各有一扇较宽的拱窗，其二层与三层都有两扇共用一个阳台的方窗，但窗框样式又有变化；再向左右伸展，则均为两扇拱窗（最靠黎黄陂路一侧为四扇），三层窗框样式各不相同，二、三

老照片中的巴公房子（左）（万学工供图）

层各附单独的阳台。最靠黎黄陂路一侧，则有与鄱阳街一侧相同的窄长方窗加阳台的组合。鄱阳街一侧立面则较富变化：整个立面有 9 个通高的砖柱，将立面划分为宽窄不一的几个部分，正中设主入口一个，“大巴公”部分设入口一个，均为拱券门；“小巴公”一侧窗式变化较多，“大巴公”一侧则较为统一，并设有 4 个对称的阳台。兰陵路一侧两个街角的三层上方，都有刻着“1910”字样的花饰砖雕。（彩图 53、54）

三菱洋行职员宿舍及松迺家酒店

三菱洋行职员宿舍及松迺家酒店位于江岸区胜利街 272 号，胜利街与山海关路交会处南侧，1909 年由日本三菱公司投资、建筑师福井房一设计、大仓土木组施工建造，是当时日租界最高档的公寓式住宅。

建筑为二层砖木结构的“辰野式”联排公寓，坐东南朝西北，红瓦坡顶，清水红砖外墙，属于文艺复兴式建筑风格。平面为矩形，主立面一、二层设有连续券拱门窗，一层窗拱券近似半圆，二层窗框略有弧度，由砖砌壁柱分割，墙裙加矩形凹条装饰。北端转角处凸起一座四方形三层塔楼，塔楼侧入口处为圆柱门斗，门斗上部设阳台，局部建有瞭望塔，顶部为四面雕花女儿墙。旁边二层楼单元有爱奥尼克柱门斗，底层有架空层。

1920 年在塔楼端开设日本松迺家酒店，楼下是餐厅，楼上为旅馆。1938 年此处被称为“台银支店长舍宅”。武汉沦陷后，这里临时用于安置日本海军伤员，后又分配给携眷军人居住，故又称“日本军官宿舍”或“日租界军官宿舍”。1949 年武汉解放后，此处曾为四野后勤部高级军官宿舍，后隶属中国人民解放军 62101 部队司令部等，现为武汉总后基地指挥部家属宿舍，部分出租用于开设餐厅。

怡和洋行各处高级职员住宅

怡和洋行又称“渣甸洋行”，是印度中国航业公司的在华代理商、远东最大的英资洋行，前身为1782年的柯克斯·比尔行，其经营人及牌号时常变更。1832年，英国人威廉·渣甸、马地臣与法籍商人马尼亚克在广州对其进行改组，始名“怡和洋行”，是当时最大的鸦片走私商行之一。1839年林则徐在广州禁烟期间所搜缴的近2万箱鸦片中，怡和洋行就独占7 000箱，后来怡和洋行也参与策动鸦片战争。[①]鸦片战争后，总部迁香港，1843年在上海设行，开始经营航运及进出口业务，成为当时中国最大的西方洋行之一。

1862年，怡和洋行即在汉口设立分行。其分行大楼现虽已不存（20世纪末拆毁，原地建起长航大厦），但在俄租界留下了大片的高级公寓，胜利街的怡和洋行住宅便是其中一处。洋行住宅位于胜利街与黎黄陂路十字交会口西北面，建成于1919年，为造型别致的三层洋楼，洋楼两面为水泥拉毛外墙，街口转角处则以清水红砖砌筑，作为高级职员的住宅。

这是两座三层（局部地下半层）砖木结构的西式近代建筑。171号建筑为红瓦坡屋顶，有老虎窗，水泥拉毛墙面。主立面两侧对称，入口在中部，二、三层设外阳台，侧立面清水红砖外墙。173号主立面为非对称式，左侧平展，中部为八方形，右侧退后，设有26级半圆形室外楼梯围着楼体做半圆环绕，楼梯扶手为锯齿状不透空砖砌，逐层而上，可直接从室外进入二层。建筑坡屋顶错落有致，现存红色

① 陆致瑛：《商业利益与社会责任：企业社会责任的历史、现实及未来》，新华出版社，2010年，第87页。

"阜成"牌瓦片。现状外墙主要以水泥材质腰线作为分界线，腰线以下为"阜成"清水红砖，以上为拉毛墙面。室内木质楼体、彩绘玻璃窗、拱形门等细部装饰精美，独具特色。

1927 年 4 月中共中央机关从上海迁到武汉，总书记陈独秀在此居住和主持中央工作三个月。武汉沦陷期间，这里曾一度作为日本报道部的放送班，每天三次播音。1949 年武汉解放后，市广播电台播音室设置于此，后产权归属铁路局，作为民宅使用。这栋建筑在 2015 年武汉中共中央机关旧址纪念馆修缮项目中进行过修缮，现为中共中央机关旧址纪念馆辅楼。

距此不远的黎黄陂路与兰陵路之间，还有 27 栋由汉口怡和洋行建造的高级住宅，因珞珈山街从中穿过，故称"珞珈山街住宅"。

在俄租界尚未开辟前，珞珈山街称"跑马厅街"，是英租界外侨休闲时打球跑马之地。1896 年开辟俄租界并于 1900 年开始较大规模建设之后，球场和跑马场迁出。1909 年，出身跑马厅练马师的汉口怡和洋行大班英国人杜百里认准此地地价看涨，遂从俄国茶商巴诺夫手中购买今鄱阳街、兰陵路、黎黄陂路之间的大片地皮，于 1915 年开始主持修建三教街公寓、胜利街公寓、惠罗公司办公楼及珞珈碑路（珞珈山街时称）公寓群，由德国建筑师石格司设计、汉协盛营造厂承建，于 1918 年起陆续建成。

珞珈碑路公寓群（珞珈山街住宅）属典型的欧式联排体住宅建筑，联排体住宅最早诞生于古罗马，曾在 17 世纪伦敦大火后担负起伦敦重建的重任，并在 18 世纪以来，随着殖民地的城市化进程而风靡美洲。19 世纪，随着欧美经济的高速成长，联排体住宅逐渐成为中产阶级的主流居住形式，并在中国各城市租界中不断涌现。

这一红棕色建筑群的最大特点是布局松散，每栋房屋之间均保持一定的距离，颇有别墅风格，均为三层混合结构，红瓦坡顶，清水红砖外墙，平面及三面墙身为不规则形，窗户大小不一、上下错落，略带西班牙建筑艺术风格。室内外均有楼梯，从拱券门洞或方框门洞进入楼内，室内净空很高，铺木质地板。一层设有汽车房和杂房、佣人房等，侧面有露天台阶通向二层；二层为门厅、客厅、餐厅；三层为卧室、书房等。室内卫生设备齐全，并设有壁炉。住宅楼之间合围中空处设一小型街心花园，供住户休憩。此处道路原名洛克比路（Lockerbie Road），又称“洛加碑路”或“珞珈碑路”。1946 年，取国立武汉大学所在的珞珈山谐音，改名“珞珈山路”，1949 年武汉解放后又改名“珞珈山街”。街心花园曾几度兴废，最终于 1983 年修建后命名为“珞园”，并于次年 4 月正式对外开放。

1927 年“七一五”反革命政变后，中共湖北省委由汉口尚德里秘密转移到珞珈山街 12 号，书记罗亦农、秘书长马峻山住二层，后来接任书记的陈乔年住一层。他们在此策划了同年 8 月 2 日发生的“武阳夏总工盟罢工”，有力回击了国民党反动派的屠杀镇压政策，这也是对“八一”南昌起义的积极声援。①同年9月，党中央机关迁上海，武汉成立中共中央长江局，罗亦农任书记，此处亦成为长江局机关驻地。中共高级领导人毛泽东、罗章龙、王一飞、郑超麟、李维汉、林育南、任旭等曾在这里办公、开会、住宿。1927 年 11 月 11 日，鉴于城市白色恐怖加剧，中央决定撤销中央长江局，湖北省委机关也从珞珈山街 12 号撤出，转移至湖北农村。②目前中共中央长江局旧址保存完好，已于 1984 年公布为武汉市文物保护单位，整个珞珈山街

① 郑自来、郝钢以：《武汉革命胜迹》，第 112—114 页。

② 武汉市档案馆编：《老房子的述说：武汉近现代建筑精华集萃》，武汉出版社，2016 年，第 344 页。

住宅也已于2011年成为武汉市文物保护单位。

鄱阳街和黎黄陂路转角处的惠罗公司办公楼为标准的写字楼样式，曲面转角楼，顶楼穹顶，楼梯宽阔，由一层通向二、三层办公室，室内以大理石贴墙面和地面。

与巴公房子隔鄱阳街相望的一组老楼也同为怡和洋行投资修建的三层高级公寓楼，始建于1915年，也由石格司设计、汉协盛营造厂承建，房客多为英商惠罗百货公司的高级职员。它是一处三层混合结构联排建筑，具有较典型的欧式风格，一层商用，其间被分隔成30个门面，二、三层为公寓。

公寓在街口的拐角处呈弧形，檐部塑有“1918”字样，表明其建成年份。顶部建有圆顶塔，形成制高头部，增加了变化，给主体为现代主义风格的建筑增添了古典气息。公寓每两套为一单元，每单元后面设一与单元同宽的“凹”字天井，大大有利于通风和采光，而凹形的凸出部分则是设备齐全的卫生间。

1927年，其中一处门面，即三教街41号（今鄱阳街139号），曾召开在历史上具有重大意义的“八七会议”。该公寓净空均较高，一层净空超过4.5米，当时是一处印度商人的百货店铺，一、二层间由宽式楼梯（29级）直通，每级楼梯前沿均装配铜质防滑条，楼梯两旁装有粗壮圆润的木质扶手。二层左侧走廊旁有一套间，由两扇窗对开的木门相通，里面便是当年八七会议的会场，当时是苏联驻武汉国民政府的农民问题顾问、共产国际驻汉口代表洛卓莫夫和洛卓莫娃夫妇的居室。由于这片公寓产权归英商怡和洋行所有，加之公寓面临大街，后有天井露台与珞珈碑路住宅区相连，地形复杂，便于撤离，故将会场设在此处。

会议由李维汉任主席、瞿秋白主持，邓小平、张太雷、邓中夏、任弼时、罗亦农、陈乔年、蔡和森、毛泽东等参会，提出了以革命武装对付反革命武装，发动武装起义的正确决定，拨正了革命航向。新中国成立之初，铺面已改为启新照相馆，直至 1978 年才确定该处为八七会议会址，对其进行了维修和历史原貌复原。1980 年 3 月，李维汉同志再次视察会址，确认会场在二楼后房；5 月，邓小平同志亲题“八七会议会址”馆牌，寄赠八七会议纪念馆。1982 年，八七会议纪念馆被公布为全国重点文物保护单位。

与八七会议会址紧紧相邻的公寓一层是“邦可西餐厅”，当年武汉最正宗的一家俄式餐厅。1924 年，北洋政府经过与苏联的几轮谈判后，终于正式收回汉口、天津英租界，大量俄国人撤离汉口，但仍有少数留下。1930 年，俄国人邦可和面包师扬格诺夫为满足俄侨的饮食需要，在三教街租下三栋房子（鄱阳街 145—149 号），开设了一家俄国餐厅，因邦可为大股东，故名“邦可西餐厅”，主要经营俄式西点（油炸牛肉面包、大列巴），广受俄侨和其他国家侨民欢迎，也吸引了大批武汉市民前来品尝俄式大餐。受其带动，三教街两侧一批主打西餐风味的餐厅纷纷设立，西餐文化由此扩散至整个武汉。

除上述旧跑马厅（今珞珈山街）的房产之外，汉口怡和洋行还越过租界界线，在西商跑马场西北（今汉口后湖）修建了一个高档别墅区——怡和村。这片土地原属汉口地皮大王刘歆生，由汉口怡和洋行大班杜百里于 1910 年购得。中国通杜百里为使汉口市政当局同意其在租界外新购土地上修建房屋，提出出让土地修建一条由怡和村通往西商跑马场的马路。这条马路建成后以怡和洋行大股东之一的名字命名为“杜韦利路”，后改名“渣甸路”，1949 年武汉解放后定名为“解放公园路”。

怡和村由景明洋行设计，英商发德辅建筑公司和汉口广帮李培记营造厂、浙江帮任协记营造厂先后承包修建，至 1920 年全部建成。这是一片典型的花园别墅区，建筑总体布局灵活自由，十多栋别墅在平面功能设计、立面造型、使用材料等方面各有特点。建筑多为二至三层砖木结构，部分建有地下室和一层车库。住宅内部装修豪华，起居室、卧室、书房、厨房、厕所、佣人房等房间齐全，各房间大小适宜，大大提升了住宅平面的利用率，别墅的朝向也做出了精心安排。清水红砖墙面和灰白水泥抹墙兼而有之，或正面开户，或侧楼入室，在葱茏幽静的大环境中，西班牙建筑风格和意大利建筑特色相映成趣，是“洋行之王”为武汉留下的一幅靓丽风景画。

德林公寓

德林公寓位于江岸区天津路 12 号（原汉口英租界宝顺街、湖南路口），1925 年由华侨王光（英商安利英洋行买办王霭臣的父亲）投资兴建，由景明洋行设计、汉协盛营造厂承建，是一栋四层（三层正楼、一层气屋）单元连体建筑。

德林公寓为钢筋混凝土结构，平面呈长方形，长 75 米，宽 25 米，楼顶另加一层气屋，共有 5 个单元、16 套房间。红瓦坡顶，清水红砖外墙，一层为商铺，上层为公寓。每套房屋均设卧室、起居室、卫生间、厨房及佣人房，套房之间有梭门。楼梯、檐口等建筑细部制作精美，是当时英租界最豪华气派的西式公寓之一。

1927 年“七一五”反革命政变后，德林公寓因地处原英租界，当时刚被收回，被划为“特三区”，国民党势力尚未抵达这里，且该地距武汉中共中央机关所在地很近，方便开展工作，故周恩来、瞿秋白、杨之华、李维汉等多名中共中央领导人和邓小平同志都曾避居公寓南端第一栋二层。南昌起义、秋收起义以及八七会议的各项筹备工作都在这里秘密进行，因此这里又被称为“中共中央领导人汉口住地旧址”。[1] 1927 年 9 月，中共中央迁往上海，瞿秋白等人相继离开。

2013 年，中共中央领导人汉口住地旧址建筑被列入第七批全国重点文物保护单位。

① 王汗吾、吴明堂:《汉口五国租界》，武汉出版社，2017 年，第 168 页。

第四节

传播与融合：武汉近代宗教建筑

圣堂与圣徒：有神自远方来，和而不同

1858 年，随着《天津条约》的签订，外国人得到了在中国内地传教的权利。1861 年，英国伦敦会传教士杨格非和威尔逊从上海来到武汉；1862 年，意大利人明位笃将天主教鄂东代牧区主教公署迁到武昌，这一时期开始，西方各宗教、各教派在武汉地区的传教活动由隐蔽转为公开，在武汉的外国人也开始了固定的宗教活动。信仰的传播与宗教场所的建立和运行，给武汉的民众带来了新的精神寄托，也为武汉留下了丰富的建筑遗产。

与早期传教时的隐蔽和含蓄相反，由于不平等条约的签订，这一时期建造的教堂建筑，为了能够产生长久而稳定的传播效果，开始采用西方教堂的经典式样，设计师也多为传教士。在上海营造教堂的一位传教士曾经这样描述当时的情境："1850 年 4 月 1 日，为筹建新堂，已劳顿数月，因本地工匠不谙西式建筑，须亲自规划。我等来华，非为营造事业也，因情势不得不然，遂凭记忆之力，草绘图样，鸠工仿造。"①

① 何重建：《东南之都会》，载上海建筑施工志编委会编写办公室编著：《东方"巴黎"——近代上海建筑史话》，上海文化出版社，1991 年，第 27 页。

传教士“凭记忆之力”回忆教堂形制，自然也受到了来华之前本国建筑风潮的影响。19 世纪 30 年代，英国开始了“哥特复兴”式风格（浪漫主义）的浪潮。1834 年，英国议会大厦被大火焚毁，国会提出了新建大厦必须采用哥特风格或伊丽莎白时期风格的要求。最终，查尔斯·巴里与其助手普金提交的新哥特风格设计方案被采纳。19 世纪中期，英国成为哥特复兴运动的中心，法国、德国与美国也出现了各具特色的哥特复兴建筑。普金认为，中世纪的哥特式教堂是在真挚、朴实的宗教信念中孕育而生的，现代社会模仿哥特式建筑还不够，拥有中世纪民众的道德精神才能够产生真正的基督教建筑。随后，约翰·罗斯金出版的《建筑的七盏明灯》中，更明确地指出：“我之所以要大理石教堂，所追求的不是它们本身，而是能将它们建造出来的精神。任何视觉上的可观，对教堂来说都是不需要的；教堂的能量并非源自于此，教堂的纯洁某个程度上甚至与它有所抵触。乡村寺院的淳朴、美丽更胜于都市神殿的雄伟……因为我们要的不是教堂，而是牺牲献祭；不是生出钦佩之情，而是实际向主崇拜。”①

可能是受到了这一潮流的影响，也可能仅仅是因为武汉地处内地，建筑材料与技巧都尚不发达，武汉早期的教堂建筑，尤其是看起来有些古拙质朴的哥特式教堂建筑，正体现了上述英国哥特复兴运动的宗旨。上文提到，最早来到武汉的基督教传教士是英国伦敦会的杨格非和威尔逊。杨格非 1855 年来到上海传教之前，哥特复兴已经在英国发展得轰轰烈烈。他在武昌修建的最重要的教堂——崇真堂，正是一座哥特式教堂。1924 年为纪念威尔逊而兴建的博学中学教堂（魏氏纪念堂），更是武汉哥特复兴式建筑的经典之作，也是唯一一座英国

---

① ［英］约翰·罗斯金：《建筑的七盏明灯》，谷意译，山东画报出版社，2012 年，第 17—18 页。

哥特式乡村风格的“一堂一塔”式教堂。同一时期的上海，也有不少哥特复兴式教堂作品。1866—1869年，上海圣三一教堂由当时上海唯一一位英国皇家建筑师学会会员威廉·凯德纳在英国著名哥特复兴式建筑师乔治·吉尔伯特·司各特初稿的基础上修改设计。据苏格兰建筑师网站记载，凯德纳还曾于1867年设计汉口的一座教堂。① 根据建筑年代推测，这座汉口的教堂有可能是位于汉正街大通巷的福音堂。可惜建筑早已不存，原址上建起了中西合璧风格的基督教救世堂。1886年，英国伦敦会的新天安堂在上海落成，由英国皇家建筑师学会会员道达尔设计，哥特复兴式风格，有一个高达33米的尖塔，双十字结构，可容纳五六百人。汉口的博学中学教堂与新天安堂风格类似，形制则简约很多。这种遥相呼应，也足见哥特复兴风潮在建筑与文化方面的魅力。

当然，由于教派众多，理念各异，武汉的教堂也有不少其他风格。美国基督教圣公会在武昌修建的圣诞堂，就是一座带有四面回廊的希腊神庙风格的建筑，十分罕见。与英美人主导的基督教（新教）不同，武汉天主教势力最强的是意大利方济各会（汉口总主教区）、美国方济各会（武昌教区）和高隆庞传教会（汉阳教区）。意大利传教士建立的圣若瑟堂、圣家堂、嘉诺撒仁爱修女会礼拜堂、柏泉天主堂等，都带有浓郁的文艺复兴式建筑风格。

20世纪二三十年代之后，武汉的教堂建筑风格突变。例如1931年建成的救世堂，南立面正中用白石雕刻了一个巨大的凯尔特十字窗，可顶部却设置了具有浓郁中国南方地域色彩的单檐庑殿琉璃瓦屋顶。这是因为在当时出现了“非基督教运动”和“基督教本土化运

① http://www.scottisharchitects.org.uk/architect_full.php?id=201759.

动”，在对基督教的排斥中，建筑师不得不主动学习中国的建筑形式，与自己熟悉的风格折中，形成中西合璧的奇观。

这种中西合璧不只出现在教堂建筑上。1921年，昌宏法师开始大规模扩建古德寺，其大雄宝殿吸收了西方哥特式的建筑风格以及西方古典建筑元素，在汉化之后，又与佛教的教义和代表性符号融合，蔚为大观。这种体现在武汉各种宗教建筑上的和而不同的精神，正是武汉近代转型中东西文化交流的绝佳体现。（彩图55）

基督教救世堂——1937年的中华基督教循道公会

武汉近代教堂建筑

天主教堂

天主教鄂东代牧区主教公署旧址及花园山天主堂（圣家堂）

天主教鄂东代牧区主教公署旧址位于武昌花园山 4 号，建于光绪八年（1882 年），由享有“建筑大师”美誉的意大利传教士江成德设计并监督施工，在 1923 年之前一直是鄂东天主教代牧区的权力中心，1983 年改为中南神哲学院（彩图 56）。

花园山天主堂是天主教鄂东代牧区主教公署旧址的一部分。光绪十五年（1889 年），江成德在主教公署右侧原小教堂（圣家小堂）的基础上设计建造新的主教座堂，光绪十七年（1891 年）主体工程完工，次年 12 月 17 日正式开放。因教堂的主保是圣玛利亚、圣约瑟和圣子耶稣一家，故其内部堂名被定为“圣家堂”，为有别于此前的圣家小堂，一般称作“圣家大堂”。

公署旧址及天主堂所在的花园山一带，原是明初坐镇武昌的楚昭王朱桢的第五子朱孟炜的王府花园，清代时产权归刘氏家族所有，俗称“刘家花园”。光绪六年，明位笃主教想重建天主堂，但得不到当时官府的同意，于是令教徒出面，宣称“为民祈福，需建大王堂”，将花园山从刘氏手中买了过来，此后请江成德设计、监造主教公署，两年后建成。在建设过程中，“大王堂”的“大”和“王”分别被加上了一横、一点，就变成了“天主堂”。

主教公署是一幢规模比较宏大的砖木结构建筑，坐北朝南，依花园山地势而建，地上二层（局部三层），地下一层。建筑布局呈凹字形，十分对称，正立面三段式，中部五进稍稍凸出，顶部有巨大的三角形饰墙，正中嵌有自鸣钟，与相隔不远的圣家大堂（花园山天主堂）遥相呼应。这个自鸣钟也极大地方便了当地居民，广受好评。公署一楼有内廊，中间五进呈外方内拱顶形，以高高的台阶与地面相连，左右两边呈拱顶形，净空超过 4 米。二层的窗口，除中间的一扇呈拱顶形外，其余均为方形，净空低于一层。

明位笃主教入住公署一年后去世，由公署设计者江成德继任鄂东代牧区主教。江成德上任后，先后与意大利驻华大使、湖北总督和汉口道台等协商，在鄂东代牧区大修教堂和兴办学校，先后修建了武昌花园山圣家大堂，扩建了汉口天主教医院，并在院内创办成德医学堂，设立孤儿院，修建柏泉方济各会会院和教区小修院，在武昌创办养老院，开办英法语专科学校。江成德在任的 25 年，是武汉天主教最为辉煌的时期。在他去世时，全区教友由原 9 900 人增加到 18 016 人，中外传教士达 36 人。光绪三十二年，江成德年老休养，另一位同样在武汉留下盛名的意大利籍方济各会会士田瑞玉代行主教职责，并于宣统元年（1909 年）7 月 24 日正式继任主教。

值得一提的是，田瑞玉主教也是一名优秀的建筑师，此前即受江成德主教委托，在柏泉修建了方济各会会院和教区小修院，不久又参与了汉口圣若瑟堂附属医院的扩建工程（今武汉市第二医院）。他在主教任职期间，继续修建教堂和开办学校、医院，并在辛亥革命期间为革命军提供伤病救治。

1916 年，田瑞玉主教委托美国方济各会会士艾原道于武昌郎家巷创立天主教文学中学。1923 年 12 月，罗马教皇发布教谕，将鄂东代牧区内部划分为汉阳、武昌和蒲圻三个监牧区，田瑞玉主教遂将鄂东代牧区的主教公署迁至汉口，将教区改名为汉口代牧区，并于当月逝世。此后，原来的武昌花园山主教公署大楼被降格为武昌监牧区监牧公署，由艾原道主持。艾原道于1924年协办圣约瑟医院（今湖北中医药大学附属医院），1928年开办育婴堂（现武汉市妇幼保健院）。1930年7月，原公署大楼旧址升为武昌代牧区主教公署，艾原道任主教。1940年，艾原道主教逝世，由美籍传教士郭时济继任。1946年，公署大楼旧址升格为武昌教区主教公署，郭时济为首任主教。1951年，因“花园山育婴堂事件”，郭时济主教被捕关押，两年后被驱逐出中国国境，此后花园山天主教区由中国籍神职人员任代主教。

花园山天主堂是罗马巴西利卡式教堂，砖木结构，坐北朝南，气势恢宏，做工精良。建筑的正立面呈对称状，4根贴墙立柱，柱头支撑宽阔的檐部，顶上是巨大的山花，中间位置竖写“天主堂”三个大字，两旁各开设一个不大的三角形窗口，极为别致。主入口双层拱券，两侧墙壁上还开有长拱壁龛，龛内原为内嵌式盆栽橄榄树造型的深度浮雕，造型极为生动，极具观赏性，可惜在2009年修缮之后被天主教人像代替。入口之上开一玫瑰花窗，给人以方圆搭配、相互生辉的美感，中心设一西式日晷来观测日影计时，与旁边的公署大楼三角形山花及自鸣钟遥相呼应，而这种在教堂正立面显要位置上安装仿古计时器的做法，在国内外都是十分罕见的。教堂的外墙十分厚重，且入口离地面很高，都极具罗马建筑风格。

礼拜大厅宽敞空阔，可容纳500名教徒祈祷。堂内北端为圣体主祭坛，内空高达20米，大堂四壁上空均饰有巨幅油画圣像，共8幅，天花板上镶有各种图案，雕工精致，富丽堂皇，全部为金箔镶嵌（彩图57、58）。

嘉诺撒仁爱修女会礼拜堂

嘉诺撒仁爱修女会礼拜堂，位于武昌昙华林花园山4号、湖北中医药大学教职员宿舍的背后，原是天主教国际性修会嘉诺撒仁爱修女会的礼拜堂，教内称“嘉诺撒仁爱修女会武昌会堂”，也是武汉唯一尚存的修女礼拜堂（彩图 59）。

礼拜堂建成于光绪十四年（1888 年）复活节，由鄂东代牧区江成德主教设计并监督施工，是典型的欧洲古典建筑，坐西朝东，为长厅式单层砖木结构，面积不大，仅 130 平方米。建筑平面布局及立面均采用中心对称式手法，外立面拱券门、窗、线条、檐口等结构的处理，都散发着浓郁的西方宗教气息，墙面装饰朴素典雅。堂内以复活的耶稣为主保（供奉像），礼拜堂两侧为圣约瑟与圣母玛利亚像。

嘉诺撒仁爱修女会系国际性修会，于 1806 年创立于意大利。同治七年（1868 年），湖北代牧区主教明位笃从意大利邀请修女来武昌参加医疗服务。首批来了 6 人，以后逐年增多，最多时有 40 多人。她们在武汉主持并服务于医院（汉口天主堂医院）、学校（安多小学、圣若瑟女中、玛利亚外侨子女学校）、育婴堂、孤儿院、养老院等，并在花园山发展中国训蒙修女会。光绪十四年，嘉诺撒仁爱修女会在武昌候补街花园山购置土地，创建修女会分院，开办育婴堂、教理班、工艺所等公益事业，遂建有修女居住区和修女会礼拜堂。

1926 年，嘉诺撒仁爱修女会迁往汉口，小教堂由圣约瑟善功修女会主持。1948 年年底，圣约瑟善功修女会的美国修女回国，宗教活动终止，小教堂由中国训蒙修女会的修女散居。1951 年政府接管花园山教区，此礼拜堂不再作为教堂使用。

教堂背后还有一处小型天文台的遗址，由天主教武昌监牧区监牧、美国传教士艾原道在 1930 年修建，武汉沦陷时被毁，仅余残垣（彩图 60）。

基督教堂

崇真堂

在武昌昙华林历史街区中的花园山北麓，有一条呈东西走向、平行于昙华林的街道叫“戈甲营”。戈甲营东段北折与昙华林西段相接，西至得胜桥，全长 290 米，宽 3~4 米，是一条清代古巷，因是守城部队驻地兼兵器库，故得此名。基督教崇真堂位于武昌戈甲营 44 号，建于同治三年（1864 年），是英国基督教伦敦会来武汉之初建立的一座小教堂，仅可容纳 200 多人做礼拜，是武汉现存最早的基督教堂。1924 年改建后，可一次容纳 500 人做礼拜（彩图 61）。

这是一座典型的哥特式教堂，单层砖木结构，坐北朝南，平面呈拉丁十字形，西面带有花园，西北角为牧师居住的双层小洋楼。门窗为明显的哥特式尖拱并向内收，上镶嵌彩色玻璃。中式两坡屋顶，木构架人字梁为后来改建。

小教堂由英国基督教伦敦会传教士杨格非创建。杨格非是英国基督教公理宗伦敦会的牧师，于咸丰五年（1855 年）来华传教，当年秋即前往南京拜见太平天国的干王洪仁玕，获得了在太平天国境内自由传教的权利。咸丰十一年（1861 年）来武汉传教，成为将基督教（新教）传入湖北乃至华中地区第一人。此后 50 年，他一直致力于华中地区的基督教传播事业，其间仅回国三次，被誉为“华中宣教之父”。武昌首义爆发后，杨格非离开汉口，次年 1 月返回英国，不久病逝。

1861 年 6 月 21 日，杨格非抵达汉口，住在了沈家庙金庭公店，并以此为点开始布道。杨格非崇尚自下而上的传教方式，经常走到街上向民众布道，又因其刚到汉口，没有固定布道地点，只能选择一些公开场地，聚集群众前来听讲，故被称为“街头传教士”。他曾写下这样的文字：“我现在有一种前所未有的感觉：长江与汉江的各地，已经归在基督的名下；至于那些散居在两条壮丽江河岸边数以百万宝贵的灵魂，我愿为之生，为之死。”

在杨格非不遗余力的宣教之下，基督教很快在汉口站稳了脚跟。同治二年（1863 年），杨格非就在汉口夹街建造了华中第一所教堂——首恩堂，随后又陆续在大蔡家巷（今黄陂街）设立“恩光堂”，在土垱（今统一街）兴建“救恩堂”，并在花楼街购地建造“伦敦会花楼总堂”（在今江汉路四明银行旧址处）。时过境迁，上述杨格非早期在汉口修建的教堂多已不存，唯一幸存下来的就是位于武昌戈甲营的基督教崇真堂。

基督教崇真堂是武昌的第一座基督教堂，也是杨格非向武昌传教活动的第一个据点。同治二年，杨格非曾前往武昌，和当地官府交涉购买城北地皮以修建教堂，但遭到官府和民间的联合阻挠。但杨格非深知在湖北省城武昌成功传教对于整个长江中游地区基督教传播的重大战略意义，于是，他委托包廷璋等忠实信徒，向武昌官府频频提出建堂申请，继而又请汉口宝顺路（今天津路）的英国驻汉口总领事帮忙与当地官府交涉，终于在次年 7 月获准在武昌戈甲营购地建堂。

崇真堂次年即开堂，首任堂牧即申请建堂有功的包廷璋。此后虽不断有外籍传教士常驻，但该堂堂牧始终由华籍牧师担任，这是武汉宗教史上具有特殊意义的一页。

1951 年，堂牧曾宪猷老牧师在崇真堂成立“三自”革新学习会武昌支会，该堂成为武昌的“三自”学习中心之一。1958 年实行联合礼拜后，崇真堂的宗教活动终止，这里被改为新华造纸厂的仓库。2000 年，教堂内外粉饰一新，恢复了宗教活动。

博学中学礼拜堂（魏氏纪念堂）

博学中学于 1907 年由英国伦敦会在汉口兴办，魏氏纪念堂（威尔逊纪念教堂）建成于 1924 年，用以纪念与杨格非同时期来汉口传教的牧师威尔逊（1867 年病故）。建筑由其家人捐资建造、陈松林营造厂施工，砖木结构，红瓦坡屋顶，主体一层、塔楼两侧，“一堂一塔”，是一座典型的英国乡村哥特复兴式建筑。

教堂主体结构的平面为拉丁十字式，祭坛位于十字的顶部。塔楼位于十字底部，设入口一个，正立面只有两扇哥特式尖券窗和一扇小窗，主入口位于教堂的侧面，设有小型门斗。侧立面的墙面由壁柱划分，壁柱阶段性向上收束，营造了哥特式的向上感。柱间有与正立面一致的尖券窗，整体较为和谐。塔楼一层与二层之间设有腰线，券窗则为两个一组，更为紧凑（彩图 62）。

魏氏纪念堂的建筑风格与上海“新天安堂”类似，都是英国乡村教堂的“一堂一塔”式结构，都有阶梯向上的壁柱、哥特式的券窗与尖塔，一个处在汉江之滨，一个位于苏州河畔，各自讲述着城市厚重的历史。

东正教堂

汉口东正教堂原名“阿列克桑德聂夫堂”，是武汉唯一一座东正教堂，主要服务于在汉口从事茶叶贸易的俄国商人等俄国信徒。教堂由汉口俄商彼特·波特金初建于 1876 年，为一活动教堂（行堂）。1885 年，俄国驻汉口副领事伊万洛夫得到英租界工部局首肯，将其改建为正式教堂。教堂建好后，俄国驻北京东正教总会派修士大司祭尼可莱伊·阿多拉兹契前来举行教堂开堂仪式，并由总堂将其命名为

"阿列克桑德聂夫堂"。[1]

教堂为斯拉夫式风格，又称"晚期拜占庭式"，集中式布局、八边形平面，墙面也为8面透视的火焰形拱券，拱窗与墙面形制统一，富有韵律。主入口突出前有台阶，一门二窗，上有一个巨大的十字架。其余墙面上都有精致的线脚装饰，各面之间有壁柱分隔。穹顶之上另有8个较小的火焰形拱窗，方向与下层墙面一致，其上是八角攒尖的铁皮尖顶，再上方是斯拉夫风格的"洋葱头"宝顶，上有带风向仪的巨大十字架（彩图63）。

教堂的内部空间非常开阔，这也是拜占庭式建筑的主要特征之一。室内的壁柱向上延伸至穹顶中部的圆环，穹顶的正中心垂下一盏吊灯，庄重肃穆。

武汉近代佛寺建筑

汉口古德寺

汉口古德寺始建于1877年，原名"古德茅棚"，由隆希和尚创建、昌宏法师扩建。寺内最著名的圆通宝殿始建于1921年，到1934年才正式完工。

圆通宝殿平面呈正方形，殿基边长27米，殿内净高16米，框架式结构。大殿内部采用中国传统建筑形制，方九间，明间宽5.6米，其他各间皆为3.3米。大殿四面围合哥特风格的回形柱廊，规整而肃穆。回廊四方皆有出入口，大殿坐东朝西，各有一个出入口通向回廊。

西侧的主入口处设有一个突出门廊，分两个层次朝后向上递收，

---

① 胡莲孙：《汉口东正教堂兴建始末》，《武汉文史资料》，2003年第10期。

呼应正立面中心高耸的三角形山花。一层是一个改良的爱奥尼方柱支撑的古希腊式三角形门楣，上有贝叶形装饰；二层稍宽稍高，两侧为方形壁柱，中间是贝叶形砖砌山花，两侧偏后的位置左右各有一个小门，门上各有三角形装饰与中间相连。最后一层的山花正中是一个哥特式玫瑰花窗，图案则带有佛教意味——镂空的 2 个同心圆中接 8 个小圆，再以 8 个葫芦形状联结窗框。花窗左右两边各有一个方形壁柱，柱头上有狮子、大象等带有印度佛教意味的浮雕。柱子两侧各有一个哥特式尖券窗，每个窗内又分隔为一个玫瑰花窗和一对长尖券窗。窗子的上方又各自装饰一个带有古希腊色彩的神鹰。

除主入口和另外三个券廊入口外，立面的其他部分是以开间为单位的母题重复。开间之间由直达檐部的高大壁柱分隔，每个开间都由改良的爱奥尼方柱及其支撑的尖拱分为一大二小三开间，其上又有呈品字形的三个玫瑰花窗。券廊的另外三个出入口微微突出，由方柱分为中间最大、向两边依次递减的五开间，最中间为圆券，其余为和其他开间一致的尖券。上方的玫瑰花窗则是上三下四共有 7 个。上排的玫瑰花窗，中央是一个大圆套四个小圆的花饰，并以此为花心，用同样的图案向八方展开，套在花窗的大圆之中。下排的小窗则嵌套八边形图案，每边外又有小圆，八边形内是向心的镂空。

殿顶有 9 座佛塔，象征着以须弥山为中心的九山八海式的佛国世界。佛塔四周有 96 个莲花方墩，每 4 个之上立一尊菩萨，为佛教汉化后形成的“二十四诸天”。佛塔的造型也是中西结合，塔基上是中式的亭台造型，上覆钟形塔身，每个塔身上四方各有三个小型佛龛，供奉“三身佛”，代表大乘佛教的三种理性与智慧（彩图 64、65）。

第五章

武汉“共享遗产”

从“师夷长技”到跨越发展

第一节

从“汉阳铁厂”到“红房子”：武汉近现代工业遗产

武汉近现代工业的发展

晚清时期，武汉的手工业作坊颇具特色，也已经有了一定的规模。辛亥革命之前，1910 年武汉的一批手工业名牌产品还曾经在南洋赛会上获得金、银奖。汉口在开埠之后，外商开始开设工厂。武汉最早的近代工业企业——俄商顺丰砖茶厂于 1873 年从湖北羊楼洞迁往汉口，并使用蒸汽机制茶。自此以后，汉口的近代工业蔚然勃兴，除砖茶厂外，蛋厂、制烟厂、棉花打包厂等工业企业也纷纷出现。

前文提到，晚清时期，张之洞试图在武汉建立一个“自相挹注”的工业体系。他创办了汉阳铁厂等企业，建成了汉阳的工业长廊，也在武昌、汉口等地布置了一批轻工业，奠定了武汉作为中国纺织工业基地的基础。交通运输业方面，卢汉铁路建成通车，粤汉铁路开始兴建，为武汉成为铁路交通枢纽奠定了基础，也为武汉工业的发展提供了契机。

这一时期，武汉的民族工业也得到了初步的发展。1897 年，燮昌火柴厂在汉口成立，开办当年就获利银 18 万两。1906 年，既济水电公司成立，1908 年开始送电，1909 年开始为汉口提供自来水。当时武汉的民族工业涵盖面极广，地位仅次于上海，在取得商业上的利润之外，也为武汉人的生活带来了翻天覆地的变化。面粉、油、米等食物，布、肥皂、纸烟、皮革等生活用品，钢丝、砖、玻璃、颜料、机器等工业用品，都可以在武汉生产。

辛亥革命后，民族工业有了更广阔的发展前景。一战爆发后，由于列强无暇东顾，国内实业救国思潮兴起，武汉的民族工业得到了较大的发展。到了 20 世纪 20 年代末，由于帝国主义卷土重来，大革命失败，武汉的工业再次衰落，虽然 30 年代有了一些起色，但武汉沦陷前夕，大量工厂内迁，武汉工业元气大伤。

抗战胜利后，国民政府以接收为名大肆劫掠，武汉的民族工业再一次受到严重打击。新中国成立后，面临的首要任务，就是恢复和发展生产。通过调整公私关系、劳资关系和产销关系，以及民主改革与生产改革，到 1952 年，武汉的工业得到了初步恢复。

1953 年，“一五”计划开始，武汉成为八大重点城市之一，建设了一批重点项目。其中武钢、武重、青山热电厂等属于苏联援建的 156 项重点工程。1957 年，“一五”计划提前完成，武汉成为中国内地重要的工业城市。“二五”计划时期，由于一些不切实际的高指标的设立，武汉的工业发展走了一些弯路，经过整顿和调整，“文革”之前，武汉的许多经济指标已经恢复到了新中国成立以后的最好水平。

晚清民国时期的武汉工业遗产

汉口水塔

1906 年，浙商宋炜臣（汉口燮昌火柴公司老板）邀集浙、鄂、赣王予坊、朱佩珍等10余名中国富商，向张之洞呈请创办“商办汉镇既济水电股份有限公司”。7月24日，张之洞批准，拨官款加入并亲书“既济”[①]二字相赠以示支持。1906年8月，水厂和电厂同时动工。1908年秋，大王庙电厂（今硚口区利济南路沿河大道一侧，现存半栋二层小楼）落成并开始供电。1909年8月，宗关水厂（今硚口区水厂一路东侧，现存一栋二层办公小楼和一栋老泵房）落成，9月4日开始供水，标志着武汉实现了水电两通。

汉口水塔位于后城马路（今江汉区中山大道前进五路口），是宗关水厂的一个大型配套设施，由英国工程师摩尔设计监造，广荣兴营造厂承建，1908年秋动工，1909年7月建成，为八角形7层建筑，骨架由1根中心柱、8个角柱（墙角立柱）和8个面柱（墙面中间的立柱）构成，高41.32米，是武汉地区最早的高层建筑。水塔塔基深达15米，主体6层，顶部设一警钟楼，塔基与一层墙外壁为花岗岩砌筑，二层以上外墙为当时少有的清水红砖墙，非常醒目。水塔除供应市民用水外，还长期承担武汉市消防给水和消防瞭望的双重任务。一至五层为房室，主体阶梯可直通五层，另在西南设楼梯间阶梯，可直达顶层；六层安装由双层钢板铆接而成的水柜，有8条铸铁管吸水和送水，可供歆生路（今江汉路）以南、硚口以北的4.3平方千米24.48万市民用水。顶层钟楼设重达1吨的铜钟，有望丁4人日夜轮流巡视，见有火灾先敲乱钟示警，再以钟声所响次数来表示失火地区。水塔投入使用后，汉口市内主要街巷陆续安装了自来水门并以现代水袋消防工具取代旧式水龙。

1923年水厂从国外进口现代化供水设备，另建三座大容量蓄水

---

① “既济”为《周易》64卦中的第63卦，意即“水火相济，相辅相成”。

池，保证全市自来水供应。1931年，水塔因水柜容量过小而停用，改由水厂清水送水机直接输送，直至新中国成立后才在水塔五层添设水泵，重启六层水柜。1981年，水塔停止使用，但仍是汉口人心目中的神圣坐标。1985年12月，六层水柜因锈蚀严重遭拆除。1986年7月—1987年1月，汉口水塔被改建为“武汉市水塔商场”。2006年，汉口水塔作为汉口近代建筑群的一部分，被列为全国重点文物保护单位。2015年5月，启动“汉口水塔博物馆”修缮工程，其一层博物馆已建成并对公众开放（彩图66）。

新泰砖茶厂水塔

中俄茶叶贸易始于17世纪前期，至19世纪趋于顶峰。第二次鸦片战争后，俄国打通了自汉口至天津的水陆联运通道，大批俄国商人开始进入中国经营制茶业。1866年，俄商托克马可夫与莫洛托夫在产茶区蒲圻羊楼洞创办新泰砖茶厂，1874年迁往汉口（地点在今合作路与兰陵路之间）。起初仍用木压机制造砖茶，后改用蒸汽机压制，扩大了制销规模。1891年，新泰砖茶厂举办建厂25周年宴会及展览会，俄国尼古拉皇太子（后继位，称尼古拉二世）亲临主持庆典并参观新泰砖茶厂。至19世纪90年代晚期，俄商砖茶厂几乎垄断了武汉乃至全中国的茶叶贸易，当时中国将近一半的茶叶出口俄国。1906—1916年，中国60%以上的茶叶运往俄国。

1917年俄国十月革命爆发，中俄茶叶贸易中断。1920年前后，新泰砖茶厂变更注册为英国企业，中文名不变，英文名称为“The Asiatic Trading Corporation”，继续在汉口经营砖茶贸易，运销俄国及欧洲大陆。因西欧国家多消费红茶，故传统的洞砖茶生产量大减。新泰砖茶厂规模达到顶峰，用工人数突破2 100人，超过以往资料中记载的最大砖茶厂阜昌砖茶厂每天用工 2 000 人的纪录。

1920 年英商拆除原俄商新泰大楼，重建 5 层钢筋混凝土结构大楼，由景明洋行设计、永茂昌营造厂承建，于 1924 年建成，成为新泰砖茶厂新的办公大楼，仍名“新泰大楼”（今沿江大道 108 号）。

1937 年抗日战争全面爆发后，中国对外贸易的主要路线长江和沿海航线均被破坏，苏联茶叶专家回国，新泰砖茶厂停业。1942 年 5 月，日军侵占新泰砖茶厂，交给日本茶叶株式会社管理，实际上该茶厂所装备的机器等被劫掠一空。

除新泰大楼旧址外，新泰砖茶厂的厂房遗址（仅余厂房山墙和厂房通道墙壁）、新泰洋行仓库旧址、水塔也保留至今。新泰砖茶厂的厂房在 20 世纪 50—80 年代作为仓库使用，20 世纪 90 年代以后用作菜场，2014 年被改造为“界立方”创意空间。新泰洋行仓库旧址（洞庭街 69 号）现为 7 天连锁酒店。

新泰洋行水塔（兰陵路 7-5 号）位于原俄新泰砖茶厂遗址处，共三层，宽三间，纵深二间，建筑面积约 170 平方米。建筑立面用红砂石材做立柱支撑，墙面为青砖砌筑。正立面一层有左右两个入口，与中间的窗均有圆券。二层皆为方窗，三层为微拱窗，各窗下方及三层檐口下方均有简洁的红砂石装饰。背立面外留有一段铁质外楼梯。每层楼面附近均采用纵、横铁拉杆加固，以提高立柱承载力，符合新泰砖茶厂“除饮用水外，生产用水用电都是自办”的原则。其楼顶水箱可能在沦陷时期遭日军拆除，抗日战争胜利后曾作为汉口申新第四纺织公司职员宿舍使用，故该楼在 2014 年由江岸区房管局“风貌办”按“汉口申新第四纺织公司职员宿舍”呈报，经市政府批准公示，成为第九批武汉市优秀历史建筑，是新泰砖茶厂唯一完整留存至今的厂房建筑（彩图 67）。

汉口电灯公司

汉口电灯公司创办于1905年5月，由皮货商梅塞尔·普尔·罗德尔公司投资，得英、法、俄三租界当局允准，于同年12月26日开始送电。建筑由景明洋行设计、汉协盛营造厂施工，建于汉口原英租界内（今汉口鄱阳街合作路口）。

该旧址为三层楼房，钢筋混凝土框架结构，占地面积1 040平方米，建筑面积2 983平方米，具有西洋折中主义风格。外观稳重、典雅，红瓦屋面，外墙仿麻石水刷石。建筑立面的一层略为简洁。二层以上西式古典建筑构图较为完整，包含罗马柱、壁柱、窗、檐等。粗壮的改良立柱将长条空廊间隔；出檐宽阔，檐下雕饰精美；屋顶转角设一穹形钟塔，四角各有一罗马柱支撑，半圆形穹顶，上部四面圆窗皆嵌钟面。建筑室内层高较高，一层为2.986米，二层为4.334米，三层为4.060米。

汉口电灯公司设立之初，仅供汉口英、俄、法三国租界用电。至1935年先后安装过9台发电机，发电功率达5 750千瓦，是当时全国最大的直流发电厂。1938年10月武汉沦陷后，既济水电公司与英商汉口电灯公司签订合同，将公司业务交英商电灯公司代管。1941年太平洋战争爆发后，日本吞并英商电灯公司，公司一切业务由日本华中水电株式会社强行管理。1945年抗战胜利后，既济水电公司收购汉口电灯公司。

1949年武汉解放后，该旧址被武汉市人民政府收管，改名为合作路电厂，继续运作，直至1955年停止发电。1956年，该旧址被改作武汉冶电业局修试工厂，修理试验专用电气设备。1992—2003年，该旧址为华源电力建筑工程有限公司使用。2003年，楼顶出现渗水，局部出现白蚁，武汉供电公司投入资金进行修缮，同时也将该旧址西侧的原发电车间、仓库及此前不同时期搭建的建筑拆除，仅保留现临街大楼。

2011 年，汉口电灯公司被选入武汉市第一批工业遗产保护规划。2014 年 7 月 1 日，该旧址修缮后作为湖北电力博物馆正式开馆。2019 年 10 月，“汉口英商电灯公司旧址”被列入第六批全国重点文物保护单位汉口近代建筑群（彩图 68）。

英商平和打包厂

体量恢宏的英商平和打包厂从洞庭街口一直延伸至鄱阳街，占据了整条街道。平和洋行是经营大宗皮毛、棉花等原材料进出口贸易的英国洋行，由英国商人李达尔兄弟二人创办于 1870 年，英文名为“Liddell Brothers & Co.Ltd”，总部初设上海，后又开设天津、汉口、哈尔滨分公司。1919 年，公司在香港注册为有限公司，并将总部改设于香港。

汉口分公司于 1903 年设立，首任大班为好华尔，末任大班为何士敦（1954 年结业），买办为朱子方、刘馥郁等，主营棉花包装业，兼营毛皮、皮鞋、羊毛等出口业务。为保障洋行自身仓储打包的需要，汉口分公司于 1905 年在汉口华昌街（今青岛路）设立了这家集仓储、打包于一身的平和打包厂，由上海协盛营造厂施工，建成一幢 4 层高的武汉早期厂房型钢结构建筑，采用多跨钢混框架，现浇钢混楼板。内设大小房间 105 间，四周外墙红砖砌筑，框架柱受力筋和箍筋构造与现代建筑工艺一致，是汉口第一家现代化仓库楼房。此外，还建有两栋砖木楼和一栋砖瓦平房，并购置了两台水压机，以便打包棉花。

当时施工的主要负责人沈祝三，在此次工程中发现了汉口的巨大建筑商机，所以决定留在汉口发展，并于1908年开办了日后名噪武汉三镇的汉协盛营造厂。武汉大学校园一期工程即主要由汉协盛承办。平和打包厂主要是为平和洋行收购湖北江汉平原的棉花，先将其用机械打包（可将棉花压成原体积的1/17，昼夜可打包1 500件），装运上船，顺长江而下经吴淞口出海，长途海运至欧洲。除满足自身业务需要外，还为其他洋行提供机械打包服务，仅打包一项就获利颇丰。汉口人称之为“棉花打包厂”（彩图69、70）。

平和打包厂修缮前，外墙隐约可见“大海航行靠舵手”等题词（刘建林摄）

武昌第一纱厂办公楼

武昌第一纱厂办公楼建于1916年，由景明洋行设计、汉协盛营造厂及永茂隆营造厂承建。大楼为三层砖混结构哥特式建筑，正面有两层爱奥尼柱支撑的外廊，中部入口略凸出并上加两层塔式钟楼，以增其高势，整体外观造型既严谨对称、布局规范，又富于形体和线型变化。

武昌第一纱厂全称为“商办汉口第一纺织股份有限公司”，有人简称“汉口一纱厂”，但由于厂址在武昌，故也有人称“武昌一纱厂”。之所以要叫第一纱厂，是因为当时几位筹建人的志向很大，打算这个纱厂办成后继续开办第二、第三以至更多纱厂。武昌第一纱厂于1915年由民国工商业巨子李紫云带头筹建，是武汉首家由民族资产阶级创办的纺织工厂，也是当时武汉最大的民族资本纺织企业。但除起步阶段发展顺利外，此后受到帝国主义压榨和战乱时局的影响，一直惨淡经营，可谓民国时期中国民族企业发展历程的缩影。

关于第一纱厂厂址的选择，当时的众股东议论不休，有要建在汉阳的，有要建在汉口的，一时不能定下来。李紫云经调查之后力排众议，要建厂于武昌武圣门（即草湖门）北的江岸，就是曾家巷一带。

因为办纱厂必须有一个好码头，才便于原料和产品的进出。当时汉口沿江一带的所有土地都已被工商业和洋行等机构占据，要想插足其间很困难。汉阳虽有空地，但位置过于偏僻。而武昌武圣门北的江岸，不但靠近长江，运输便利、取水方便，而且地价比汉口低了不少。此外，那块地方还比较开阔，很适合营建厂房群，张之洞主政湖北时，那块土地就曾被奥地利的买办盘了下来，准备筹建水厂，但辛亥革命后，由于武昌不许外国人开辟租界，那片土地就被搁置了。李紫云还曾带人到曾家巷一带查勘，请来的风水师大赞这里风水好，正对汉江入江口，建厂后一定能生意兴隆，这更是坚定了李紫云在此办厂的决心。

在建办公楼时，李子云也请风水师前来看过，风水师说：“这楼不能正对长江，正对不敛财，财随江水抹门而过。必须斜对大江，门正对汉江之口，应财源滚滚而来。”李紫云马上吩咐照做，于是才有了这座斜对长江的钟楼。另外，第一纱厂的西大门正对汉江入江口，也寓有生意兴隆通四海，财源茂盛达三江之意；布厂的门前雕有大树栖凤凰，遥对武昌凤凰山；职工办公楼前的花园内，建有水池，立有石狮，狮口日夜喷水，长流不息，都有吉祥的含意。这些建筑特色都体现出了李紫云对风水学说的推崇。

李紫云在迷信风水的同时，却也对欧洲中世纪的建筑风格十分青睐，于是将作为中轴线的董事会钟楼的建筑风格选定为“哥特式”。不过在钟楼的建设当中，精明的李紫云主要采用本土建材。主要的建材砖是洪湖新堤“吴兴合”砖厂的红砖，木料是湖南常德放排到鹦鹉洲的原木，钢筋用材即汉阳铁厂所产。厅柱、护栏及边角装饰用材，按图纸上的设计要求，均要使用湖南麻阳的花岗石。仅此一项的开销就不菲，加上雕琢、运输，将极大抬高造价。李紫云脑子一转，旋即改变方案，设计不变，采用在当时称“洋灰”的士敏土（水泥）浇铸制模。这样一来，既节约了工时，又缩减了大量开支，并且还完全保留了欧洲风格。整个建筑结构严谨、布局规范，在武汉实业家的厂房中可谓独树一帜。特别是三层塔式顶上安装的英国自动报时钟，既能让工人准时上工，也成为当地百姓生活中不可缺少的计时工具。1916年大楼建成，第一纱厂的北厂竣工（南厂因资金不足而暂缓），厂房建筑设施全部按英国模式建设，当时身在北京的黎大总统还托人送来一块“发家致富”的金漆匾额作贺，这块匾一直被挂在钟楼的大厅里，直到沦陷时期才被毁掉（彩图71）。

大智门火车站

大智门火车站位于京汉大道车站路口，因地处大智门外而得名，是当时京汉铁路南端的中心点，始建于1900年，1903年竣工，由法国工程师萨杜和普多曼设计、广荣兴营造厂承建。1911年辛亥首义期间遭到北洋军重炮轰击，惨遭损毁，1914年仿原样重修。1917年改建为三栋二层砖混结构房屋。

火车站建筑面积 4 000 多平方米，其中候车厅面积 1 022 平方米。整个建筑平面布局为横亚字形，中部凸出，两翼内收。正立面临街，呈山字形对称设置，中间高，两翼低，两端再突出。中部大厅前后墙设大圆拱窗，四角各有一 20 米高的铸铁流线型方锥塔堡，凸显了主体建筑的立体效果，有人称之为“法国四堡式建筑”。正中为红瓦四坡屋面，正上方饰有鹰雕。两端平顶覆斗式屋面，但屋面均不出檐，而在檐周设栏杆式女儿墙。墙面及窗檐等部位均以几何图形雕塑装饰，显得古朴典雅。室内正中为候车大厅，高达 10 米，宽敞明亮，两端为相同规格的二层楼，室内采用方形立柱，柱头饰以涡卷纹撑拱。

1949 年武汉解放之后，大智门火车站和循礼门火车站合并为“汉口火车站”，后经多次整修和扩建，一直沿用至 1991 年 10 月金家墩新汉口火车站建成。原京汉铁路附线被拆除，改建成京汉大道，并在此修建高架地铁，于 2004 年 10 月通车，是为武汉地铁 1 号线。历经百年沧桑的大智门火车站于 2001 年被国务院公布为第五批全国重点文物保护单位（彩图 72）。

和利汽水厂

1904 年，两位见识过汉口夏季的漫长酷热和汉口人对地窖藏冰巨大需求的轮船招商局安平轮苏格兰工程师沃特·休斯·科赛恩（晚清民国汉口人称其为“柯三”）与安德森（1925 年去世；另一合伙人克鲁奇于 1922 年加入，1936 年去世）在汉口法租界霞飞将军街（今岳飞街 26、24 号）创建了和利冰厂[①]，是汉口第一家机器制冰厂，生

① 岳飞街 44 号省级文物保护铭牌“英商和利冰厂旧址”有误。

意十分火爆。此后，二人又于1917年3月在霞飞将军街36号（今岳飞街44号）创办和利汽水厂，是为汉口第一家机制汽水厂，也是抗战胜利前武汉乃至湖北省最大的两家机制汽水厂之一（另一家为1918年建成投产的“汉口赞育汽水厂”，后于1948年停产）。

和利汽水厂厂址原为法侨安德鲁住宅，建于1904年，陈茂胜营造厂承建，[①]为巴洛克风格二层砖木建筑。乳白色外墙，正立面对称布局，正中设门斗，与屋顶女儿墙连为一体。二层局部设外廊，两端设弧形飘窗，阳台与窗台均呈曲状。屋顶用作露台。屋后扩建一、二层厂房，空高近6米。

1938年，和利汽水厂被售予汉口商人刘耀堂[②]，但不久即因武汉沦陷而一直处于半停产状态。1938年年末、1939年年初，科赛恩在法租界栅栏以内的和利冰厂为难民免费提供自来水。抗战胜利后，刘耀堂返回汉口经营和利汽水厂，并于1948年租赁停业的赞育汽水厂厂房和全部设备，一统武汉汽水市场，不久又兼并和利冰厂。1949年年底，和利汽水厂停产，1952年并入美的食品公司，20世纪80年代厂址作为食品厂仓库使用，2006年被分割出租，2007年被列入湖北省文物保护单位，2012年被列入武汉市第一批工业遗产保护名单。

南洋烟草公司汉口分公司大楼及工厂

19世纪80年代，已有在天津经商的广东商人吸烟的记载，证明

① 刘英姿、[法]蓝博主编：《汉口法国租界及其建筑》，武汉出版社，2013年，第252页。

② 刘耀堂为汉口同和米厂经理兼油商，以16.7万元购入和利汽水厂，旋即于10天后离开汉口前往重庆。

当时现代卷烟已经输入中国。约在1890年，美商老晋隆洋行开始贩运纸烟来中国销售，此后美国烟草公司先后在香港和上海办过一些小厂，就地卷制，国人逐渐养成吸食纸烟的习惯。1902年，英国的帝国烟草公司与美国的美国烟草公司联合创办合资国际企业——英美烟草公司，在伦敦设立总机构并迅速向世界各地扩展，中国因其广阔市场和大量廉价劳动力而成为其扩张的主要对象。同年，它在香港成立了分支机构，稍后又在上海（1903年）、香港（1903年）、汉口（1906年）、沈阳（1909年）等地设立工厂及附属机构，逐渐垄断了中国的纸烟产销市场。而在此阶段，中国民族烟草业也开始兴起，如上海三星、德麟，北京大象，天津北洋等烟厂先后成立，其中简氏兄弟简耀登、简玉阶的南洋烟草公司发展最快。

1905年，简氏兄弟成立“广东南洋烟草公司”（寓意与天津的北洋烟草公司分峙南北，同兴国货，共挽利权），向港英政府注册为股份有限公司。由于技术落后等原因，1908年5月广东南洋烟草公司宣告清理拍卖，并以他们的叔父简铭石的名义，以9万元拍入，易名“广东南洋兄弟烟草公司”，在香港注册为无限公司，资本总额定为13万元，于1909年2月重新正式营业。辛亥革命后，英美烟草公司曾两次提出收购，但没有成功。1918年3月，简氏兄弟将公司改为股份有限公司，发行股票500万元，1918年7月再报农商部注册，定名“南洋兄弟烟草有限公司”。

1916年，南洋烟草开始在汉口派员推销，一开始只是在德租界以办事处的形式销售上海生产的卷烟。1917年成立机构，在汉口六渡桥贤乐巷、文书巷之间（紧邻民众乐园）破土动工，邀请景明洋行设计，由汉协盛营造厂承建，1921年建成，取名“南洋大楼”，是武汉三镇最早采用钢筋混凝土的建筑之一。南洋大楼中间为5层，两边为6层，占地面积885平方米，建筑面积4 747平方米。整栋大楼呈不规则多边形平面，对称布局，外墙为36~60厘米厚的砖墙，临街立面造型平直简洁，局部古典主义风格，阳台和凸窗点缀铁灰色墙面，线脚花饰细腻，楼顶设复古回廊、穹顶、拱门及钟楼。大楼坚固雄伟、气度不凡，是汉口现代派高楼的开山之作，成为民国汉口的标志性建筑。大楼一、二层为办公和营业场所，三层及以上为客房，内设电梯间、舞厅和电影场，楼顶中部设置三面两层的三角铁架（汉阳铁厂制作），用来放置巨大的广告牌。此外，公司还在江边码头租赁仓库用于卷烟及广告用品，正式成立汉口分公司。紧接着，汉口分公司又在南洋大楼后建造群楼，包括1幢四层楼房和6幢二层楼房，均租予职员居住，时称“南洋里”（2003年前后，除砖木结构的四层宿舍楼外，南洋里群楼被拆除）。汉口分公司的营业范围在南洋烟草销售系统中最为广大，覆盖鄂、湘、赣、豫、川5省，在区域内重点城市如沙市、沙洋、樊城、老河口、长沙、南昌、九江等处设立货仓。

1931年汉口南洋大楼（刘建林供图）

1926年12月，国民党中央党部和国民政府由广州迁至武汉，简氏主动将南洋大楼让给国民政府做办公用房，1926年12月—1927年3月，武汉国民政府就在南洋大楼三层办公，“武汉临时联席会议”（1926年12月13日—1927年2月21日）和著名的国民党二届三中全会（1927年3月10—17日）均在此召开，国共两党许多重要领导人如宋庆龄、邓演达、陈友仁、毛泽东、董必武、李汉俊、恽代英、吴玉章、何香凝等均在这里活动过。南洋大楼成为国民革命军的办公大楼后，主楼一层为国民革命军总政治部和《革命军日报》编辑部，邓演达和郭沫若为政治部正、副主任；二层是卫兵室及其居室；三层是武汉临时联席会议会议室、秘书处；四层是劳工部、实业部、教育部；五层是国民政府副官处、国民党海外执委会秘书处。副楼则为国民政府工作人员宿舍。武汉沦陷期间，南洋大楼和南洋里被日军和日商强占。抗战胜利后，汉口分公司收回南洋大楼及其附属建筑。1946年，汉口分公司与汉口恒记建筑公司签订合同，对大楼进行过一次修缮。1983年，武汉卷烟厂搬迁楼内108家住户，1987年全部收回南洋大楼后，武汉卷烟厂先后投资500多万元对旧址进行全面维修。1988年复原国民党二届三中全会会场和国民政府部分办公用房，正式对外开放。1996年被列为全国重点文物保护单位。

南洋大楼外墙装饰（刘建林摄）

1925年“五卅惨案”发生后，国人提倡国货的热度达到顶峰，南洋兄弟烟草公司的产品供不应求，广开分厂，遂于1926年在硚口仁寿路建卷烟制造厂。厂区约2.9万平方米，由景明洋行设计、李丽记承建，先建办公室，次建厂房，最后建U字形仓库。但因时局动荡，厂房建好后久未开工，曾被军队借用。1934年8月1日，硚口制造厂正式开工，同年10月登记为“中国南洋烟草股份有限公司汉口分公司制造部”。

1937年抗日战争全面爆发后，汉口分公司及制造厂仍照常生产。1938年6月烟厂决定迁至重庆，将重要的必需机件、器材、原材料等分批装运，至是年10月运毕。汉口分公司于1938年9月30日全部停工，工人被遣散，大部分职员先后押货赴重庆，仅留10余人（后裁至3人），由美商卫利韩公司管理，设办事处于景明大楼。1939年9月，日商东亚烟草公司占用硚口制造厂，运入机器、原料等，于1940年4月14日开工。1942年10月成立中华烟草株式会社，将该厂改称“中华烟厂”。抗战胜利后，恢复汉口分公司和卷烟厂，1948年以后业务困难，至武汉解放前夕只利用存料粗制滥造。

1949年5月16日，武汉解放。5月30日，武汉军事管制委员会接管汉口南洋厂，8月17日，中原临时人民政府公营企业部下令将南洋汉口分公司、汉口制造厂机构合二为一，于是南洋大楼业务迁至硚口制造厂合并办公（南洋大楼成为烟厂职工宿舍），8月22日工厂恢复生产。1951年2月，改组为公私合营企业，1953年定名为“公私合营南洋兄弟烟草公司汉口制造厂”。1958年6月和1960年4月，国营汉口烟厂、国营宇宙烟厂先后并入，“南洋”从此成为武汉地区唯一一家机制卷烟厂。1965年10月，与其他5个烟厂组成汉口卷烟总厂。1966年，改为国有企业。1968年11月27日，改名为“武汉卷烟厂”。1984 年 5 月，由硚口迁至汉阳十里铺新厂。2012 年，“南洋大楼”和“南洋烟厂”入列第一批武汉市工业遗产名录。

亚细亚火油公司汉口分公司

亚细亚火油公司是英国壳牌运输贸易公司和荷兰皇家石油公司联合罗特希尔德公司于 1903 年设立的石油专销公司[①]，总部设在伦敦，在华总部设在上海，1912 年在汉口设立分公司，1913 年正式开业。分公司地址初设英租界三码头江边（今南京路口），后迁宁绍码头（今粤汉码头），不久又迁往今胜利街平汉铁路南局二楼，至 1924 年始在今江岸区天津路 1 号（原汉口法租界内）兴建分公司大楼，由景明洋行英国建筑师海明斯设计，魏清记营造厂承建，于 1925 年落成。

大楼系钢筋混凝土结构，原设计 8 层，最终建成 5 层（建设期间因要求严格，险致营造厂歇业），但每层净空高达 4 米，仍显高大稳重，与对面的英领馆西式庭院别墅建筑风格迥异。该楼设计紧密结合地形，平面为不规则矩形，沿江大道侧转角处做弧形处理，简洁实用，是汉口早期现代建筑中的代表作。三段式构图。檐口挑出很深，沿江大道侧二、三层有挑出阳台，其石雕装饰精美，造型别致。平窗下设有风口，可调节室内空气。天津路侧仅三层有挑出阳台，石雕装饰十分精美。墙面为仿麻石墙面并有隅石护角，使用中式纹样作为装饰。

---

① 1907 年，英国壳牌运输贸易公司和荷兰皇家石油公司合并组成“英荷壳牌石油公司”，成为世界第二大石油垄断组织。后英国人股份逐渐增加，掌握了公司领导权。

20 世纪 20 年代的亚细亚火油公司汉口分公司（刘建林供图）

1941 年太平洋战争爆发后，日军接管该公司，油罐几乎被全部拆除，汉口分公司被改为集中营，用以囚禁美英人士，以便遣送回国。1944 年 12 月，美军轰炸汉口，一枚炸弹嵌入分公司大楼四层地板，幸未爆炸。抗战胜利后，汉口分公司复业，但因丧失内河航行权而导致业务不振，遂将大楼部分出租给美国新闻处使用。新中国成立后，亚细亚火油公司在华各分公司相继歇业。1951 年，亚细亚火油公司汉口分公司大班艾立德申请停业，经批准后关闭业务归国，分公司大楼遂被武汉市人民政府接管，交付广州空军部队使用，成为空军招待所，后易名为“临江饭店”。2014 年，“亚细亚火油公司汉口分公司旧址”被公布为湖北省文物保护单位。

新中国成立初期的武汉工业遗产

武重老厂门

武汉重型机床厂是我国 156 项重点工程之一，也是新中国第一个

"五年计划"期间由国家投资兴建的最早的一座制造重型工作母机的专业工厂，是我国也是亚洲最大的机床制造厂家之一。武重老厂门是武汉重型机床厂工业遗产的突出代表，是一座厚重的苏式大门，高约10米，长近20米，宽约6米，在"武汉重型机床厂"6个金黄印刷小字之上，顶着两个厚重刚毅的朱漆楷书大字——武重，以一种淡然谦和的襟怀，静静矗立在闹市之中，这既是一座中苏友好之门，也承载了新中国成立初期工业建设的厚重历史记忆。

新中国成立初期，党和人民发展工业生产的需求十分强烈，而作为机械工业的基本生产设备，机床的需求十分急切。于是，在1953年5月，武汉重型机床厂的前身——"中南重型机床厂筹备处"成立，简称"重型"，此后厂名先后改为"中南重型工具机厂筹备处"和"武汉重型工具机厂筹备处"，其间还并入了原在长沙的"中南车床厂筹备处"。1956年5月15日，厂名正式定为"武汉重型机床厂"，1962年，最终确定简称为"武重"。

起初武重厂址挑中了东湖，但当时武汉市政府已规划在东湖边打造文化产业。为此，武重差点落在了湖南。第二次，武重选择了青山，但那里已经在规划建设"红钢城"了。最后，筹备者们在沙湖与东湖间相中了一块地皮，名叫"答王庙"，即现在的中北路青鱼嘴片区，武重的厂区从青鱼嘴一直延展到洪山广场。

1955年9月，在苏联的援助之下，武重在武昌答王庙地区破土动工，1956年4月之后，一批批苏式厂房拔地而起，至1958年6月底，一期工程竣工，比原计划提前了一年半。1958年9月26日通过国家验收委员会鉴定，准予全面投产，共完成55个项目，建筑面积达25万余平方米。

武重建厂时，所在的青鱼嘴一带还是一片荒地，而到武重搬迁时，青鱼嘴早已成为武昌的中心地带，所以在武重搬迁后，旧厂址迅速建起了一栋栋高楼大厦，只有那座厚重的苏式老厂门仍然岙然矗立在一片住宅楼之间，诉说着这位重型机床行业的共和国“长子”辉煌的过去。另外，值得欣慰的是，武重已入选武汉市第一批工业遗产，目前留存下来的部分老厂房也将得到很好的保护。

武汉锅炉厂 403 车间

武汉锅炉厂原址位于湖北省武汉市武昌东南方的钵盂山，东邻马房山，西临晒湖，北对洪山，南濒南湖，正门面临武珞路，旧址内分布南北纵向道路三条，东西横向道路四条，形成三纵四横的格局，目前老厂房多已不存，只有 403 车间还矗立在原址上。

武汉锅炉厂原拟建于上海，1953 年 2 月筹备移至大冶，1954 年 7 月定址武汉，并由捷克斯洛伐克专家指导选择厂址，主要生产设备均系捷克斯洛伐克和民主德国制造。1956 年动工建设，工程建筑任务由中南建筑工程公司（后改称省建二公司）承包，次年一度暂缓工程建设，1958 年续建，1960 年 6 月 28 日先期工程落成，1962 年二期工程基本完成，成为继上海锅炉厂、哈尔滨锅炉厂之后由我国自行设计与建设的大型锅炉制造骨干企业。武汉锅炉厂主要从事各类锅炉、辅机、压力容器的生产、开发与销售。自 1961 年开始，武汉锅炉厂还承担国家核能工程设备制造任务，1966 年完成我国第一套石墨-水冷反应堆设备的制造，为我国核能生产设备填补了空白，大大推动了我国核战略计划的实施。改革开放之后，武汉锅炉厂的生产经营呈现腾飞之势，逐渐成为中南地区最重要的锅炉制造企业，跻身全国五大锅炉骨干企业之列。

2009 年，武汉锅炉厂整体搬迁至东湖高新技术开发区，武昌区武珞路586号的旧厂址则被完整保存，这恰恰为旧址文化遗产功能的发挥提供了契机。武汉锅炉厂旧址处在“古琴台—长江大桥—黄鹤楼—首义广场—宝通禅寺”这一历史文化走廊的侧翼，从工业的历史遗存来看，武锅旧厂址属于当代工业遗产，是一系列新中国铸造的“武字头”企业的典型代表，是社会主义工业化的象征，在特定的历史背景下，几代人艰苦的创业历程在这里沉淀为真实而弥足珍贵的城市记忆。

403车间于2012年被《武汉市工业遗产保护与利用规划》列为武汉8个三级工业建筑遗产之一，成为“武锅”悠久文化的代表，当年即被改造为403国际艺术中心。

武汉钢铁集团早期建筑群

武汉钢铁集团是新中国成立后兴建的第一个特大型钢铁联合企业，被人亲切地称为共和国的“钢铁长子”。武汉钢铁集团厂址位于武昌青山区，极具工业遗产价值的早期建筑群主要包括其下属的武钢炼铁厂、武钢第一炼钢厂、武钢焦化厂、武钢轧钢厂、武钢轧板厂、武钢大型轧钢厂6个“一五”计划时期建立起来的早期工厂。

新中国成立之初，我国的钢铁工业不仅十分落后，而且布局很不合理，基本都在东三省。为改变这一状况，1950年年初，重工业部就主张在武汉附近的大冶地区建立钢铁工业基地，于次年将此建议和考察情况呈报给了毛主席，并得到毛主席的同意。1952年5月6日，大冶建厂一事正式敲定，年底就成立了华中钢铁公司。

1954年3月，苏联列宁格勒设计分院院长别良其可夫带领的选址组来到武汉东郊的青山，结果发现这片为中国第二汽车制造厂预留的厂址竟然是建立大型钢铁厂的绝佳场地。别良其可夫认为：“选择巨型钢厂厂址，所依据的条件是复杂的，除水源、交通、地质、地形等条件外，利用旧城市也是重要一环。这里靠近武汉，水运有长江，铁路有京汉、粤汉，可以节省运输投资，各地支援也很便利。”新的《厂址选择意见书》很快被送至北京，并于当年5月获批，华中钢铁公司改名为“武汉钢铁公司”。

1955年1月，我国在莫斯科接受了苏联承担的武钢设计方案。6月，国家正式批准了武钢一期工程的初步设计，从此武钢的建设进入了紧张的施工阶段。8月，大冶铁矿剥离基建工程开始施工，10月，青山厂区工程正式破土动工。

英国国家图书馆藏汉阳铁厂照片，英国人劳伦斯·邓达斯摄

1958年9月13日下午2点59分，毛主席亲临武钢一号高炉，准备观看高炉首炉出铁。作为现场亲历者之一，武钢退休职工苏恒秀还清晰地记得，当时毛主席站在出铁台前，给炉台工地主任韩喜递了一根中华烟，自己也点了一根，听着身旁苏联专家的介绍，眼睛不时地盯着出铁口。为了缓解在场专家和工人们的紧张情绪，毛主席说："今天看不到，我明天再来，明天看不到，我以后还来。总而言之，我三顾茅庐也要看到你们出铁。"15 时 25 分，火红的铁水终于从炉内冲了出来，霎时间，全场掌声雷动。一号高炉投产，标志着我国第二大钢铁工业基地——武钢从此跨入了建设、生产并进的崭新历史阶段。

随着武钢的发展壮大，武钢的厂址面积也不断扩大，获得了"十里钢城"的称号。早在 2002 年，武钢的土地登记面积就约有 31 平方千米，占青山区总面积的七成。目前，武钢是少有的不需外迁的企业之一，因此大部分厂房和建筑仍在使用，这也为武钢早期建筑群的保护提供了极大的便利，但保护规划仍需早日制定。

今天武汉人口中的青山红房子泛指 20 世纪 50 年代参照苏联新西伯利亚工业区模式，在修建武钢工业区和厂房的同时，为职工及其家属配套建设的单位制工业住区，内设住宅楼、医院、幼儿园、学校、食堂、邮局、副食商店等。

因其均为规制相同（三层砖混结构，各单元入口处有砖砌花饰）、整齐对称排列的大片红砖红瓦的红色房子，故俗称"红房子"；又因其是武钢职工宿舍及家属区，故往往在其街坊名称之前冠以"红钢城"三个字。红房子沿长江向内陆延伸，街坊代号按数字排列，被称作红房子的住宅区主要是指四、五、六、七、八、九、十街坊，其中的八街坊是最早建设、保存也最完整的红房子社区。

武钢成立之初，全国十多个省的干部、工人被调到这里，几乎囊括东三省炼钢炼铁的能手，仅从辽宁鞍山钢铁厂调来的熟练工人就有 2 900 人。当这些来自全国各地的行家风尘仆仆地赶来之际，他们惊喜地发现武汉人民已经为他们筑好了舒适的新巢。

原来在武钢建设的同时，中苏联合的建厂队伍已经选好了一处很适合建家属区的好地方——一个叫作蒋家墩的小渔村。那个地方当时尽管十分荒凉且沟壑纵横，却也意味着拥有大片空地，拆迁也相对容易，并且距离建设中的厂区较近，很适合进行大规模的职工生活区建设。

很快，在苏联专家的建议以及中国设计师的具体实施之下，在东起青山港、西到倒口湖、南临武大（武昌到大冶）铁路、北濒长江的广大范围内，一座座整齐划一的红色苏式小楼拔地而起，这批职工住宅楼，连同 1957 年、1960—1970 年建设的另外两批红砖墙、红坡顶职工住宅楼群，被形象地称为“红钢城”。

红钢城的整体空间模式较为传统，从空中俯瞰，大片的红房子连在一起，貌似一个极具中国传统文化色彩的吉祥文字——“囍”，两旁的房屋依“囍”字中轴对称，按横平竖直“棋盘网格”式布局，由若干个街坊组合而成，每个街坊的面积大约为 5 200 平方米，其中的红钢城八街坊是最早兴建的一处住宅区。

八街坊建于 1956 年，在苏联专家的建议之下，设计成红砖红瓦、三层尖顶的苏联建筑风格的红房子：含有苏联风格的内阳台、拱门、尖顶的红砖楼群，每 6 栋红房子围成一个宽敞的四合院，从空中看，恰好是一个“囍”字。中国设计师在建筑细节上加入了一些中国传统纹饰。每栋楼都有黑板报，上面写着“人民代表大会制度是我国的根本政治制度”之类的标语，据说每栋楼还都取了“党员先锋楼”和“关照楼”等名字。当时由于水泥紧缺，最好的材料都用于建设钢铁厂，住宅区砌墙用的是石灰砂浆掺少许水泥。房间内隔墙舍不得用钢筋，中国设计师发明了“竹片代替钢筋”的施工法。在这种简陋的施工之下，当时楼房的设计使用寿命为 25 年，不过大部分红房子都已经使用超过半个世纪了，由鲜红褪成了暗红。

八街坊的房型基本一致，两间十多平方米的房间加上厕所、厨房，组成一个“团结户”。生活区内文化教育、医疗卫生、生活福利设施配置齐全，职工及其家属生活十分方便。八街坊生活区建成后不久，一个个小围合式住宅楼中间都做好了绿化工作，其宽阔程度是武汉现在的住宅区也难比拟的。1957 年，红钢城八街坊开办了武钢第一小学，不久之后，红钢城大部分院子街坊之间都配置了学校和幼儿园。1959 年 5 月 4—11 日，在八街坊的工人俱乐部召开中国共产党武钢第一次代表大会。1963 年 2 月，武钢和武建分开以后，武钢职工俱乐部由工人村迁来了红钢城八街坊，歌剧队的全部骨干转入俱乐部。在职工俱乐部迁至十四街坊之前，八街坊俨然成为武钢的文艺中心，加之当时职工俱乐部成立了以辅导为主、演出为辅的艺术室，工作重点转向基层、转向业余，八街坊的职工业余文艺活动空前活跃了起来。同样是 1963 年，八街坊图书室规模扩大，藏书增至 3 万册。1964 年夏，八街坊还增辟了夏夜露天茶园，每年 6—10 月开放，有评书、棋类表演、游艺等文娱节目。每天清晨，数以千计的工人走出红钢城八街坊，走进武钢；每天傍晚，数千名工人及其家属又聚集在八街坊的大院子里，品茗消夏，参与观看各种文娱活动。在不知不觉之中，红钢城八街坊已然成为武钢的一处缩影，记录下了那个火红的年代。

随着时间的流逝，当年第一批入住八街坊的老工人早已退休，他们陪伴着八街坊、陪伴着武钢走过了半个多世纪的风雨历程，也忍受了大半辈子因包围结构和墙壁过厚而导致的夏季的酷热和冬季的黑暗。他们当年共同见证了武钢第一口高炉炼出的铁水，如今很多健在的老工人也目睹了武钢2016年壮士断腕式的4万员工分流。如今的红钢城，虽然很多“鞍钢”子弟的武汉方言总让人感觉不那么纯正，一口“青山弯管子普通话”成为当地工二代、工三代甚至是工四代的标志，但在潜移默化之中，这个生活区的文化氛围已经全然“武汉化”了。

由于年代久远以及困难条件下的简易施工，红房子普遍存在线路老化、抗震能力差、外墙风化严重等问题。出于安全以及发展的考虑，如今红钢城的大部分房舍都在拆除或等待拆除之中。庆幸的是，作为共和国历史的见证，在青山区的规划之下，红钢城片八、九街坊和红卫片五、六街坊局部，总面积586亩、房屋建筑约20万平方米的“红房子”将划为保护对象。未来的武汉人仍然有机会前来参观、感怀这片与武钢历史相始终的苏联式红房子。

一冶机关大院旧址

一冶机关大院旧址位于青山区和平大道1274号、青山区和平大道与工业大道交会处，西北与和平公园隔街相对，第一冶金建设公司曾于1965年2月—2006年9月在此办公，故称“一冶机关大院”。这里是新中国成立初期办公建筑的典型代表，也是青山区历史上修建最早、设计最别致、最引人注目的机关办公用房。

大院坐南朝北，主体建筑是5栋建于1956年的红色办公楼，与当年蒋家墩（红钢城）和任家路（红卫路）同时修建的大片职工住宅相连，虽然都是“红房子”，但外观明显不同。5栋楼房均为混合结构，红砖清水墙，水泥勾缝，整齐清晰。人字形屋顶依次排列着的木头檩条和椽子上，铺着一层厚约15厘米的木板用于固定红色机制瓦。其中主体一栋，辅楼四栋，左右各两栋，对称布局，主体为两层砖混结构，整体呈“凸”字形，红色清水砖墙面，两坡屋面。

每栋房子的用途都非常明确，正对院门的一栋为二层楼房，门厅居中为半圆外置式，顶部塑有红五星一颗，门开于厅的两侧，这栋专门用作会议中心和电信站。它的两翼各有办公楼房两栋，皆高三层并相向而立，四栋楼房面积相等且左右对称。

一冶与武钢渊源颇深，其前身为1954年9月成立的武汉钢铁建设公司，是当时国内最大的冶金施工公司，同时是武钢的总承包方和主要建设者。它在20世纪50—80年代，建成了武钢全套钢铁冶炼和钢材轧制设施等数百个工程项目，此后又继续为武钢建成一批国家重点冶金工程项目，几乎参与了武钢所有时期的工程建设。1958年3月10日，武建与武钢合并，至1963年1月17日，又以“武汉冶金建设公司”的身份从武钢中独立出来，由冶金工业部直接领导。1964年11月16日，冶金工业部将所属施工企业按序号命名，武汉冶金建设公司改名为第一冶金建设公司，简称“一冶”。

为了解决新成立的一冶的办公楼问题，经过协商，将武钢机械厂的四栋职工宿舍和一栋工人俱乐部划归一冶，作为机关办公楼，自1965年2月一冶机关由蒋家墩迁入，直至2006年9月移往位于青山区工业大道的新办公大楼，历时41年。在此期间，一冶在此指挥数以万计的员工，成功为新中国建设了占全国钢铁1/10产能的钢铁项目，极大推动了中国跻身世界钢铁强国进程。此外一冶还参与了许多非冶金类的工业建筑、公用设施和民用建筑，并圆满完成了大量的海外工程和劳务合作任务。

第二节

从江汉关到武汉剧院：武汉近现代公共建筑

武汉近现代公共事业的发展

汉口租界建立之后，五国在各自的租界内都设置了负责市政管理与建设的机构。英、德、俄、法等国都设有工部局（市政委员会）和巡捕房，日本租界则设有居留民团。租界成为事实上的“国中之国”。为了保障租界的繁荣稳定，各国工部局等部门相继开始了现代化的市政建设。从规划、修路等基本建设，到完善邮政、电话、电灯等公共设施，再到引入自来水、修筑下水道等现代化服务设施，汉口租界逐渐成为武汉三镇发展的标杆。

张之洞督鄂之前，汉口华界以及汉阳、武昌的公共事业发展都弱于租界。湖北新政实施之后，随着相关机构的设立与完善，各项公共服务事业也逐渐开展。无论是拆除汉口堡修筑后城马路，还是拓宽街道、开办现代邮政与电报、电话等事业，都有了较大的起色。华商也开始投入公共事业的建设。

市政服务之外，文化方面，武汉的报业、图书馆行业也走在了时代的前沿。1866 年，《汉口时报》在英租界发行，随后又有《新民报》

《字林西报》《楚报》等报纸陆续发行。其中英文《楚报》发行时间长达 37 年，是武汉地区发行时间最长的报纸。1904 年，湖北省立图书馆正式建立，是我国最早的省级公共图书馆之一。1910 年，文华大学图书馆——文华公书林建成，虽然主要面向文华大学的学生服务，但也是一个面向全社会的公共图书馆。

辛亥革命后，武汉的公共事业发展逐渐进入高潮，市政现代化建设快速推进，公交车、柏油路、抽水马桶、市政公园等现代设施的不断出现，推动汉口成为一个国际化的大都市。然而好景不长，武汉在沦陷时期，公共事业一片萧条、举步维艰，战后也很难恢复。直到新中国成立之后，市政建设与公共服务才回到正轨。

晚清民国时期的武汉公共建筑

江汉关大楼

汉口开埠之后，并没有立即设立海关。根据《长江各口通商暂定章程》，在长江上航行的英国商船，只要在上海完纳关税，就可以在镇江以上汉口以下随意装卸货物，不用纳税。这一规定促使外商与中国的私商交往，甚至还有外商利用这个章程把武器和粮食供给太平军。这样一来，清政府在汉口设立海关的要求就更为迫切了。

应湖广总督官文的上奏，1861 年 11 月，总理衙门议准了设置汉口海关的请求。1862 年 1 月 1 日，江汉关正式建立，以汉黄德道兼署监督税务，第一任税务监督为郑兰。最初只征收子口税，1863 年 1 月 1 日起开始征收正税。和当时其他的海关一样，江汉关也由外国人担任税务司，首任负责人为英国人狄克。外籍税务司本应是第二负责人，但实际上外籍税务司操控了整个江汉关的事务。1862 年

1月—1945年9月，长达80余年的时间里，江汉关税务司一职一直是外国人，外国人也通过控制江汉关，控制了汉口的贸易命脉。

江汉关的地址，最初设在汉口英租界外的花楼街江滨，江汉关监督署设在汉口青龙巷。由于业务发展迅速，原办公房已不敷用，且梁架腐朽，几成危房，遂于1899年申请将汉口英租界东南角江边的英租界工部局大楼转让给江汉关，经过数年努力，终在1906年9月与英国驻汉口领事费雷泽达成房屋地基购买协议。1907年6月，江汉关办公室发生部分倒塌事故，新任江汉关税务司安格联即以此为由，再提转让申请，终获费雷泽和清政府的同意，江汉关税务司遂于1908年1月19日迁至原英租界工部局大楼办公。但新大楼的建设因近旁太古洋行房产的置换谈判（涉及太古洋行和轮船招商局的竞争）而迟迟不能动工，直至1920年才达成协议。

尚未完工的江汉关大楼（刘建林供图）

1922年5月，大楼开始填土工程，由刘歆生的刘歆记公司填土公司承包，1922年11月4日奠基，1922年年底填土工程全部完成，自 1923 年 1 月起由魏清记营造厂承建大楼，1924 年 1 月 21 日竣工。设计者为英国的思九生洋行。思九生是英国建筑师，洋行最初由他一个人创办，名字也与自己相同，地址设在圆明园路。后来因为有人参股，洋行的英文名字改为“Stewardson, Spencer & Watson”，中文名不变。合伙人为斯彭思和华生。其中，思九生是英国皇家建筑师学会正式会员，其他二人都为该学会非正式会员。根据公布的原始图纸上的签名，江汉关的设计者应该是思九生和斯彭思，[①] 设计之初他们还都在上海，正式动工之后，由于需要对一些细节进行修改，他们一度搬到了汉口洛克比路的高级住宅区（即今珞珈山街）。思九生洋行在上海建筑史上产生了重大影响，设计了怡和洋行、卜内门洋行、莫道理住宅、邮政局大楼等重要建筑。其中，怡和洋行和邮政局大楼的英式新古典主义风格，与江汉关大楼有较多的相似之处。

江汉关大楼占地 1 499 平方米，建筑面积 4 109 平方米，高达 46.3 米，是当时汉口最高大雄伟的建筑。大楼主体为半地下一层、地上三层，钟楼另有四层。底层和一层略呈倒梯形，正立面略窄，两侧墙体与正立面墙体呈 92° 角；背立面设面阔 8 间的门廊，两端为厕所，中间为建筑的出入口。二层与三层平面呈“凹”字形，背面凹口之上原为平台，20 世纪 80 年代有一层加建。由于它所处的特殊位置，江汉关的北、东、西三个立面都临主要街道，其中北立面为正立面，东立面面向长江，西立面面向江汉路。正立面采用三段式构图，正中为

---

① 朱莉、王有珍《略论江汉关的主要业务职能——以江汉关大楼文物保护工程及全国首次可移动文物普查新发现为例》(《国家航海》第二十三辑，上海古籍出版社，2019 年，第 152 页）一文提到，据建筑师手迹，江汉关图纸为思九生洋行的建造师 F．阿里尔萨（F&A RIBA）绘制。据该文提供的图纸显示，签名为“Stewardson, Spencer F&A RIBA”. 手迹“B”与“S”形似，“阿里尔萨”应为“A. RIBA（RIBA 非正式会员）”之误读。

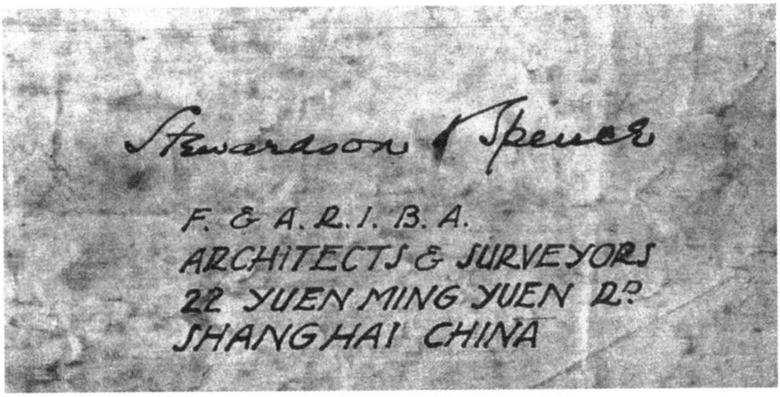

江汉关设计图纸上设计师的签名

图片来源：朱莉、王有珍：《略论江汉关的主要业务职能——以江汉关大楼文物保护工程及全国首次可移动文物普查新发现为例》，第 145 页。

高耸的钟楼，檐部正中刻着由著名书法家宗彝书写的“江汉关”三个大字，主入口拱门也在这条轴线之上，门外是 23 级台阶。

宗彝题字

正立面主体部分是由 8 根贯通三层的圆柱支撑的柱廊，入口两侧为双柱，其余为单柱。柱头为改良的混合柱式，下半部分是传统的科林斯式柱头使用的忍冬草，上半部分则为抽象化的涡卷和花饰。大门左侧的柱础上刻有“中华民国十一年十一月四日总税务司安格联爵士奠基此石 THIS STONE WAS LAID BY SIR FRANCIS AGLEN K.B.E. INSPECTOR GENERAL OF CUSTOMS ON THE 4TH NOVEMBER, 1922”的字样。

江汉关柱头

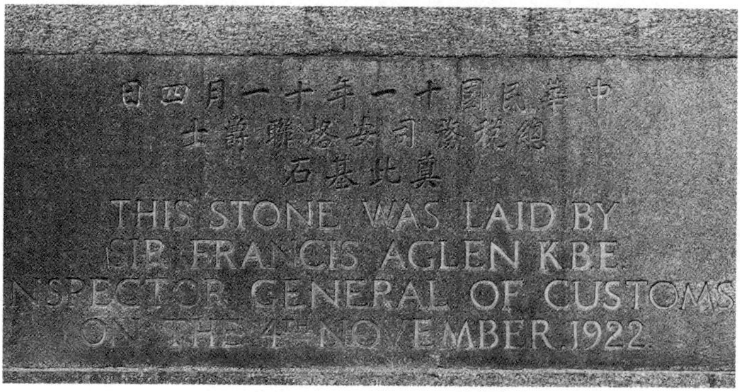

江汉关奠基石刻（刘建林摄）

建筑四层均有方窗，底层窗框为麻石砌筑，窗框上方有楔石，形制与主入口一致。一层窗均设有三角形窗楣。二层与三层正中一窗，

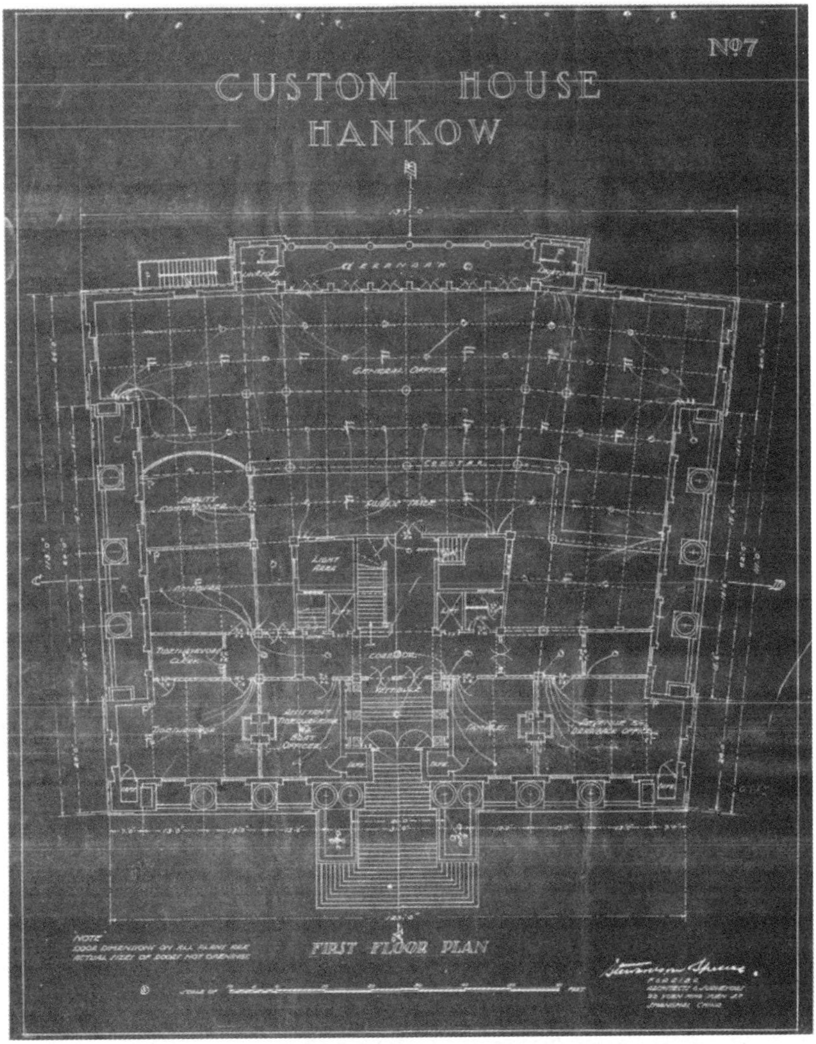

江汉关大楼一层平面图

图片来源：朱莉、王有珍：《略论江汉关的主要业务职能——以江汉关大楼文物保护工程及全国首次可移动文物普查新发现为例》，第 148 页。

均由立柱划分为中间宽、两边窄的三部分。二层为爱奥尼柱支撑，中间有一组突出的圆柱，两侧为方柱，中楣部分有雕花装饰，窗框中心有楔石，檐口处有带状装饰，并有一个弧形的小型山花；三层则为简洁的方柱。二层其余六窗也均有檐口装饰，不带护栏；三层窗较为简洁，但均有护栏。江汉关的东、西两个侧立面较为相似，各有由三根圆柱支撑的贯通柱廊，柱式、尺寸与正立面相同。东立面底层仅右侧设门，西立面底层则左右两侧均有侧门。

江汉关的钟楼共有四层，下三层为四边形平面，最高一层为八边形平面，钢筋混凝土结构。最高一层为 7 个不同音阶的铜钟组成的音响室，三层为大钟的时针室，二层为大钟的机件室，底层为摆砣室。钟楼顶层钟的机件由瑞士蔡氏土麦士钟表厂制造，报时装置由美国安达森迈尔公司制造。整个机件的安装均由汉口的达卫长和亨达利钟表公司承担。

1949 年武汉解放后，中国政府收回海关主权。1950 年，江汉关改名“武汉关”，1956 年武汉关撤销，大楼交由湖北省外贸局使用。1980 年武汉海关成立，与湖北省外贸局共用大楼，直至 1987 年湖北省外贸局迁出。2001 年国务院公布江汉关大楼为全国第五批重点文物保护单位。2015 年改建为江汉关博物馆，正式对外开放（彩图 73）。

湖北咨议局大楼（红楼、武昌起义军政府旧址）

咨议局是清末各省成立的具有省级议会性质的机构。当时的清政府内外交困，为了挽救统治危机，逐步由君主专制向君主立宪（即预备立宪）转变，以延续其统治，实施了一系列新政，在各省设立咨议局即为其中之一，使得中国近代以来首次出现了民意代表机构，在我国议会史上具有重要的开创意义。湖北咨议局于 1909 年 10 月 14 日借湖北省教育总会会场举行开局典礼，后由湖广总督陈夔龙选定武昌阅马场北的演武厅绿营会所旧址，建造咨议局大楼，1909 年 12 月动工，1910 年 9 月完工。

湖北咨议局占地 18 694 平方米，建筑面积 6 139 平方米，是一组背倚蛇山、坐北朝南的建筑群，院落布局基本按传统庭院排列，但改高墙为装有铁栅的红色矮墙以增加开放性，建筑形式则完全仿照近代西方国家的议会大厦。正中为二层砖木结构主楼，墙体砌以特制红砖，屋顶为红瓦，协调壮观，故俗称为“红楼”（彩图 74、75）。

当时陈夔龙相中了江苏咨议局仿西方议会大厦的新潮款式，便令湖北咨议局照搬江苏咨议局的图纸。而江苏咨议局的款式是江苏议长张謇派人到日本考察，广学日本各种西式建筑设计方案后，综合所需而仿照设计的。因此从外观上看，江苏咨议局和湖北咨议局的造型基本是一致的，都具有日本的西式议院建筑风格，完全不同于中国的旧式衙门。

红楼为花岗岩石基，红色墙面用白灰勾缝，装饰有柱斗、垂花、束莲等图案花纹，平面呈“山”字形，门厅空间高旷，栅栏低矮，院落宽敞，展示其开放的形象。屋顶正中原为穹隆顶教堂式望楼，1911 年辛亥首义期间遭清军炮火损毁，后修复为圭形。大门前左侧镶嵌大理石文物保护标志，上刻“武昌起义军政府旧址”9 个金色大字，为宋庆龄亲题。一、二层的东西两侧排列办公房，有内外走廊相通。中部南北走向为门厅和会堂。门厅高旷，覆盖玻璃望板。会堂呈方形，讲演台坐北朝南，台下设 96 座，呈扇面分布，由前向后分 6 层逐级升高。室内墙面用白灰粉刷，顶棚和壁间饰以复线弦纹和双回纹，间设壁灯、壁炉等设备。整座大楼庄重气派，又不失明快雅致。

咨议局界碑（刘建林摄）

湖北咨议局正式迁入新大楼两个月后，“皇族内阁”成立，举国哗然，立宪派士绅对清政府的离心力骤然加剧。不到一年时间，武昌首义即告爆发，革命党人在此组建中华民国鄂军都督府（即湖北军政府），颁发一号布告，宣布废除清朝帝制，建立中华民国，并通电号召各省起义。

鄂军都督府（刘建林供图）

在第一次国共合作期间，以董必武为首的共产党人在这里成立了国民党湖北省党部，领导了蓬勃兴起的工农革命运动，有力地推动了北伐战争的进程。1926 年 10 月，北伐军攻克武昌，武昌民众集会阅马场，庆祝北伐胜利，国民革命军总政治部和国民党湖北省党部进驻红楼。1927 年 3 月，湖北省农民协会第一次全省代表大会在此召开，毛泽东被聘为大会名誉主席。

1949 年武汉解放后，这里又成为新中国第一届中共湖北省委和省政府的办公地。1958 年，中共湖北省委正式提出在红楼建立湖北革命纪念馆的决议。1961 年，“武昌起义军政府旧址”成为首批全国重点文物保护单位。1981 年 10 月 10 日，湖北武汉地区纪念辛亥革命 70 周年大会隆重召开，还举办了第一次有关辛亥革命的大型国际学术讨论会。1981 年 10 月 8 日，辛亥革命起义纪念馆在红楼举行开馆剪彩，整座红楼和红楼内举办的陈列展览全部向公众开放，红楼由此成为武汉乃至全国纪念辛亥革命的一个重要场所。

汉口新市场（新民众乐园）

汉口新市场位于后城马路旁边（今中山大道中段六渡桥附近，当年的租界与华界交界处），与南洋大楼隔街（贤乐巷）相望，是一个融游览、观光、娱乐、购物于一体的综合性游乐场所，与上海“大世界”、天津“劝业场”齐名，令几代武汉市民津津乐道，堪称汉口中山大道最气派、最有名的老建筑。

1917 年，由时任汉口稽查处处长的刘友才（刘贵狗）牵头集资，湖北督军王占元、汉口镇守使杜锡钧等支持参与，仿上海大世界建造方式，修建一座以戏曲表演为主的大众综合游乐场，最初定名“汉口新世界”（New World · Hankow），后因其余股东反对而改名“汉口新市场”（公司名为“新市场股份有限公司”）[①]，并分别成立了汉口新市场协利股份有限公司（简称“协利公司”）和协兴合记房地产经理处（简称“协兴公司”），以增加保险系数。

1918 年，新市场开工（当年汉口最大的建设项目），当年冬刘友才去世，由汉口总商会周星堂主持建设。新市场由祝康成主持整体设计，前半部分（7 层圆舞大厅、左右两侧 V 字形 3 层裙楼和院中的雍和厅）由协利公司聘请汉合顺营造厂承建，协兴公司聘请汉兴昌营造厂装修内部，1919 年 5 月 29 日（农历五月初一）建成开业；后半部分（大舞台、新舞台）亦由汉兴昌营造厂承建，1920 年建成，以出租形式交予协利公司经营管理。此外，协兴公司还在新市场左侧贤乐巷一带兴建门市房 20 多栋，包括协兴里和永福里等。

① 但英文名忘记改动，后因多数人不识英文，也就无人过问了。

20 世纪 20 年代的汉口民众乐园（刘建林供图）

新市场占地面积 12 187 平方米，建筑面积 17 168 平方米，宽敞明亮，富丽堂皇。主楼为文艺复兴式风格，呈少见的 V 字形布局，优雅脱俗，韵律十足。正中为圆形塔楼，逐层缩小，极富层次感。每层四周围以圆拱窗，沿街面设悬挑阳台，雕花墙面，外贴瓜米石，两翼有三层楼房相接。主入口为拱券大门，进门一至三层皆有圆形大厅，四层有通道直达两翼平台，五层墙面嵌一时钟，绿色穹隆顶设敞开式塔亭，强化了大楼的古典主义风格，内部设电梯直通顶层。大楼内侧立面为环形，平面粉饰，每层皆有柱廊，相互连通，圆形廊柱，水磨石地坪。中间大广场，上有二层单体建筑雍和厅（戏曲演出场所，曾改名“总理纪念堂”）。

新市场是武汉最大的文化娱乐场所，设有三个剧场、两个书场和中西餐厅、弹子房、阅报室、陈列室、室内花园（小乾坤）、哈哈亭（内置当时少见的哈哈镜）、溜冰场以及雍和厅、游艺室（牌室）等，招待演出丰富时髦，加之临街底层商场内外商铺林立（80余家），商品琳琅满目，吸引大批汉口市民及来往汉埠的各色人等前来“见洋广、开洋荤”。

1926年北伐军占领汉口，于12月28日没收新市场，改名“中央人民俱乐部”，又名“血花大世界”，除保留原戏剧（楚剧曾在此正式命名）、游艺、娱乐功能之外，还将此地打造为政治讲坛和会议中心，曾在此召开收回英租界群众大会、太平洋劳动代表大会、全国总工会紧急会议、第四次全国劳动大会和汉口华洋救灾赛珍会等重要会议。1927年9月19日改名为“武汉人民俱乐部”。1928年6月15日改名为“汉口民乐园”。1929年3月在此举办武汉中华国货展览会，5月改名为“汉口特别市民众俱乐部”。1930年年底改名为“兴记新市场”。1931年4月，中共早期领导人顾顺章曾化名“黎明”，以魔术师的身份做掩护，从上海带来“广化奇魔术团”到新市场演出，开展革命活动，不幸被叛徒发现，于4月24日遭捕，此后发生“几乎改变历史”的叛变。

汉口新市场广告

图片来源：武汉书业公会：《汉口商号名录》，武汉书业公会，1920年，第15页。

抗战全面爆发之初，新市场常有抗战宣传演讲和演出，成为抗战文宣的大众堡垒。武汉沦陷后，新市场停业。1939年3月，由亚细亚魔术团领班王文明接管并正式对外演出，更名为“明记新市场”，日本人则称之为“支那剧场新市场”。1940年11月30日，汪精卫在大舞台举行湖北省兴亚奉公日动员会。抗战胜利后，国民政府接管新市场，将其更名为“民众乐园”。武汉解放后，1949年7月17日，武汉军管会文教接管部代表新政府接管民众乐园，将其更名为“新民众乐园”，展开“净园行动”，开展“三改”（改戏、改人、改制）工作。新民众乐园的戏曲表演和文化娱乐逐渐政治化，但仍为全国一流的休闲娱乐和举办文艺活动的场所，游客和观众人次每天最高可达3万多。1966年全园关门，8月改名为“人民文化园”，直至1979年4月26日恢复“民众乐园”之名。1983年9月30日，修饰一新的民众乐园全部对外开放。1993年，民众乐园与新加坡亮阁集团（现属雅阁集团）签约合作，更名为“新民众乐园”。新民众乐园经过改扩建，于1997年开业，仍为华中地区最大的文化娱乐购物中心。2011年6月，凯德商用公司购入新民众乐园全部股份。经过新一轮改造和装修后，2014年5月，“凯德民众乐园”开业。①

汉口总商会（汉口中华全国文艺界抗敌协会旧址）

1898年，张之洞在汉口设商务局。汉口商务局为清政府的下属机构之一，性质为官办商务机关，由官方倡导设立和制定有关章程，并提供其所需经费。

1903年，清政府农工商部奏定《商会简明章程》，规定：“凡前

① 彭翔华：《武汉民众乐园故事》，长江出版社，2017年。

经各行众商公立有商务公所及商务公会者，应一律改为商会，以归划一……汉口属于商业繁富之区，宜设立商务总会。”加之由汉口租界带来的西方自治思想影响的日益加剧，汉口商人发出成立汉口商会的强烈呼吁。张之洞遂于1903年夏上奏请求商务局筹设商会。清政府应允了张之洞的提议，派刘子涛为总理，邓季常为协理，选定议董12人并拟就该会暂定章程10章，原拟改汉口商务局为汉口商会。但是汉口商务局并未撤销，而是继续留存以监督汉口商会。1905年，张之洞从各商帮中选举董事与分董事，组成官商合办的“汉口商会”，由此形成汉口商务总局与汉口商会并存的局面。

1907年11月，继任湖广总督的赵尔巽认为官府不必插手商界，遂裁撤汉口商务总局，汉口商会设在商务学堂办公，正式成立“汉口商务总会”。汉口商务总会成为一个纯民间独立的华商事务联合团体，是为近代意义的汉口总商会的雏形。

1908年，赵尔巽批准调拨后城马路（今中山大道）张美之巷西北官地300方，作为建造汉口商务总会会所之用，后因辛亥革命被搁置。1916年，汉口商务总会和工业分会依照《商会法》，被改组为“汉口总商会”，改帮董制为会长制，原总理、协理、议董更名为会长、副会长、会董，会址移至英租界湖北街（今中山大道）与扬子街交叉口。1919年秋，汉口总商会会长万泽生召集商界人士筹款，委托汉协盛营造厂设计建造，于1920年开始兴建，连同院门两侧三层商住楼，共计10栋，总共耗银10万两。1921年元旦，汉口总商会迁入后城马路新大楼办公。大楼一层为大会议所，二层为办公房间，三层为文娱场所及研究室，四层中央设开敞凉亭（后改为房屋）（彩图76、77）。

总商会大楼前院临街为三层商业建筑，正中设二层高门洞，门洞正对商会大楼大门，大门两侧爱奥尼柱高达两层，上设山花檐，其余

一、二层每开间设通高矩形壁柱。大楼坐西朝东，砖木结构，为简化西式折中主义建筑风格，外墙为仿麻石水刷石。正立面纵横三段式构图，中间凸出。二、三、四层分别设有檐部，其中二层檐部略深，为始建原貌；三层顶部原为护栏，后改为简化西式檐部；四层加建后亦设简化檐。

1922 年 11 月 1 日—12 月 3 日，全国商会联合会第四届常会在汉口总商会大楼礼堂召开。1938 年 3 月 27 日，在周恩来和郭沫若的组织下，经过近三个月积极筹备，中华全国文艺界抗敌协会在此成立，发起人包括文艺界各方面代表97人，共计600余人出席成立大会，形成声势浩大的文艺界抗日救亡统一战线。成立大会通过了《中华全国文艺界抗敌协会宣言》，旨在组织和号召广大文艺工作者用文艺来发动群众，抵抗日寇，推选老舍为总务部主任，主持日常工作。6 月 5 日，武汉各界人士在此举行公祭，沉痛悼念张效贤、杨慎贤、陈怀民和孙金鉴 4 位空军烈士，从早到晚络绎不绝，共 2 万多人参加，蒋介石也亲临礼堂致敬。武汉沦陷后，大楼遭日军占用。抗战胜利后，汉口总商会将大楼收回办公。

中华全国文艺界抗敌协会成立大会在汉口总商会大楼召开（刘建林供图）

1951年，武汉市工商联合会（筹）在此召开抗美援朝动员会，共计捐款661亿元旧币，可购买战机44架。1952年，汉口总商会被武汉市工商联合会取代，大楼遂为武汉市工商联合会办公用房，因此更名为“工商联合会大楼”。1957年，武汉市工商联合会在平台上加建一层。1958年，武汉市工商业联合会将所有经管房产包括本大楼一并移交武汉市房地局统一管理，武汉市房地局即将大楼交由其直属房管所经管。1959年，武汉市房地局对大楼进行了全面检修。1966—1980年，该旧址为武汉市革命委员会商业局办公使用。1980年至今，该大楼一直为武汉市工商业联合会办公使用。

1993年汉口总商会大楼被定为武汉市优秀历史建筑。2014年6月，汉口总商会暨中华全国文艺界抗敌协会旧址被列入湖北省文物保护单位名单。2019年10月，汉口中华全国文艺界抗战协会旧址被列入第八批全国重点文物保护单位名单。

英文楚报馆

1904年，苏格兰圣经会传教士、汉口圣教书局经理计约翰在汉口新昌里（地址为今金城里）创办《楚报》，由计约翰亲任主笔，主要刊登湖北、湖南、四川、贵州、河南、陕西、甘肃等省的消息，信息来源于各地教会形成的情报信息网络，次年发行同名中文报纸。《楚报》后来发展成为武汉地区历时最长和影响最大的英文报纸，与天津《京津泰晤士报》、香港《孖剌报》和上海《字林西报》并称为英国人在华创办的四大“魔力”报纸。英文楚报馆也成为近代汉口两家历时较长且建有大型馆舍的外国在华新闻出版机构之一（另一家为圣教书局）。

1924年，英文楚报馆在原英租界湖南街与北京街的转角处（今胜利街与北京路交叉口）建设新大楼，由景明洋行工程师格里波夫设计、汉兴昌营造厂承建。新大楼为钢筋混凝土结构，地上四层（后加建一层），地下一层，平面为“一”字形。

一层为花岗石砌筑，外墙粉饰假麻石，檐线和腰线十分简单。正立面中间和两侧开间突出，层次丰富。居中设主入口，圆柱门斗，上方有通贯二、三层的混合壁柱。二层中间两边三开间为 4 根圆廊柱。左侧第一开间的二至四层及右侧转角处三四层做挑出阳台，使立面更加凹凸有致。平窗上饰横平窗楣，其中一层窗户上饰有变形的锁石凸出图案。大楼外形活泼而宏伟，是一座具有现代风格的古典主义建筑。

1938 年年初，路透社、塔斯社曾在报馆内办公。武汉沦陷后，《楚报》成为汉口唯一发行的英文报纸。1941 年 5 月 15 日，报馆遭日军查封。1942 年，日寇进驻报馆大楼，开办日文版《大陆新闻》报。“英文楚报馆旧址”已于 2014 年成为省级文物保护单位。如今旧址内已无报馆，但附近街坊仍习惯称其为“新闻大楼”（彩图 78）。

湖北省立图书馆

刚刚落成的湖北省立图书馆（1937 年）（英国人沃克·弗兰克摄）[①]

---

① 丁援、李杰、吴莎冰编著，刘建林摄影：《武汉历史建筑图志》，武汉出版社，2017 年，第 308 页。

湖北省立图书馆旧址位于武昌蛇山南坡、首义街武珞路45号，落成于1936年9月，由缪恩钊设计、袁瑞泰营造厂承建。

设计师缪恩钊毕业于清华大学，曾在麻省理工学院和哈佛大学土木工程系留学，当时正在协助开尔斯设计建造武汉大学新校舍，受到开尔斯建筑风格的较多影响，故其设计的湖北省立图书馆与武汉大学老图书馆遥相呼应，仿佛兄弟建筑，同为中西合璧佳作。

建筑坐北朝南，平面为凸字形，采用中式的大屋顶和现代建筑结合的造型。建筑正中的主楼是一座单檐歇山的中式殿堂。4根立柱向上，直撑二层以上的檐下，采取中式立柱柱头，柱头为华表式的两翼张开。主楼为三开间，大门皆直角方框、玻璃门扇，二层设外廊，正中悬一个中式小阳台，作为下面主入口顶上的门斗。两侧灰色的副楼，外墙假麻石粉刷至顶，墙上每一间隔都雕刻着凹凸的墙面花饰，采用的是一种中西混合的石雕风格，窗框和檐下都有精美的雕饰。所有的建筑工艺和建筑技术都是西式的，主楼墙面和两侧副楼墙面上的线条采用纯西式的墙面粉饰方法。就整体而言，建筑组合体量丰富均衡，将欧洲古典主义的基调和中式的外观与细节很好地糅合在了一起。

湖北省图书馆的前身是张之洞主持创办的“鄂省图书馆”，光绪三十年，由武昌兰陵街西侧（今解放路）博文书院改建而成，是国内最早成立的省级公共图书馆。当时集中了武昌各书院的藏书约4万册，设南北两个书库，采用西方近代图书馆的运营模式，于1927年改称“湖北省图书馆”。因藏书日渐增多，老馆渐不敷用，故于1934年开始筹建新馆。但政府划拨的昙华林同仁医院斜对面的土地仍显狭小，不适合兴建大型图书馆。于是由李书城、沈祖荣、谈锡恩等负责，前往夏斗寅处，商议置换其在蛇山购置的土地，夏斗寅欣然应允。最终商定，按公地每方8元、夏地每方40元的价格成交。但夏斗寅并没有领受其中的差额 3 万余元，而是慷慨捐赠给了省图书馆。1936 年 9 月，新馆落成，馆藏书刊增至 10 万余册。

1938 年武汉会战期间，湖北省图书馆西迁，旧址曾用作国民政府军事委员会所在地，武汉沦陷后被汪伪市政府改名为“武昌图书保管处”，最后定名为“湖北省立图书馆”。1946 年 8 月，原湖北省人员和全部图书迁回原址，图书馆更名为“湖北省立武昌图书馆”，重新开始业务。因内战，推迟至 1948 年 1 月才对外开放，以后连续两次被军队收用，第二次时曾被迫闭馆。新中国成立后，图书馆改名为“湖北省人民图书馆”，1951 年由文化部领导，曾一度改名为“中南图书馆”，1954 年始定名“湖北省图书馆”，并一直使用到 2012 年搬迁至武昌沙湖余家湖村新馆（彩图 79、80）。

康登大戏院、九重天电影院和上海电影院

康登大戏院位于法租界福煦将军街和西贡街路口（今蔡锷路中山大道口），原为立兴洋行所有的“康生花园”，由德侨鲍德承租使用，后由鲍德转租给华商郑孝坤改建为电影院，初名“康登大戏院”，后改“中华大戏院”。1929 年，新剧院由景明洋行建筑师丁鉴人设计，康生记营造厂（剧院股东之一）承建，于 1931 年落成。

剧院依地形而建，平面呈三角形，砖墙平房、木屋架、铁瓦屋面。观众厅为长方形，砖墙附柱承重木屋架，前厅为二层混合结构。可容观众约 1 000 人，既可播放电影，又可演出戏剧或举办音乐会。后于 1936 年扩建，增设座位，达到楼下 814 座，楼上 256 座，共计 1 070 座。

剧院建成后又曾改名“汉口大剧院”“明星大戏院”，抗战胜利后方定名为“武汉电影院”。该剧院与“解放电影院”相对而立，今皆

1938 年汉口遭受空袭，图为汉口民众望向日本飞机的眼神。背后为明星大戏院胡蝶《空谷兰》海报。美国人罗伯特 · 卡帕摄

图片来源：中国近代影像资料库：http://www.lzp360.com/picture/cf00719a3ef9ea3f30fee9bd4fa0d651278867.jhtml。

辉煌不再，退居小厅（彩图 81）。

解放电影院初名“九重天电影院”，1918 年由西班牙人拉木斯投资修建，为二层砖混楼房，设座位近千，两侧设包厢房。后改名为“威廉大戏院”“皇后大戏院”。1930 年转予德侨鲍德，鲍德进一步投资改建、装潢，改名为“中央大剧院”，除 1941 年年底至抗战结束期间停业，营业状况一直较好。1949 年武汉解放后改名为“解放军电影院”，后改名为“解放电影院”。

两仪街（今洞庭街）上的上海电影院即今中原电影院，是民国时期汉口经营时间最长、影响最大的一家电影院，由浙江商人陈松林于

1930年委托卢镛标建筑事务所设计，明巽建筑公司承建，于1931年2月建成开业，命名为“上海电影院”。影院为钢混结构，气派十足，采用18米跨梁屋架，大理石墙裙，水磨石楼梯。楼座悬挑10.8米钢框，屋顶中部设纵向气窗。楼内放映厅上下共948个座椅，全为皮套沙发，水电暖、卫生设备齐全。

1938年7月6—15日，国民党参政会一届一次会议在此召开，通过《抗战建国纲领》。武汉沦陷前夕，电影院停业，放映机拆卸运往重庆，房屋由一美国企业挂旗。武汉沦陷后，影院为汉奸邓海珊占据，抗战胜利后没收，交由汉口帮派头目李青山经营。1946年，陈松林之子陈汉璋由重庆返回武汉，出资收回影院继续经营。

1952年在“三反”“五反”运动中，有职工揭发其在敌伪时期曾为汉奸邓海珊所有，故被视作敌伪产业，收归国有，最初改名“沿岸电影院”，不久正式命名为“中原电影院”。1988年，中原电影院扩建为三层，仍为武汉一流电影院，今亦盛况不再。

新中国成立初期的武汉公共建筑

武汉剧院

新中国成立初期，武汉的文艺演出场所奇缺，仅有的几个场所，也只能供各类地方戏曲表演。1953年，苏联莫斯科大剧院以乌兰诺娃为首的友好访华演出团因为中南剧场（当时武汉最高级别的剧场）场地陈旧狭小，无法进行大型演出，只得表演了一些片段和舞台小品。没有一个像样的剧场，成为武汉人共同的烦恼。1953年春，中南文工团改建为中南人民艺术剧院，武汉建立高水平剧场的契机到来。1955年春，文化部来汉视察工作后，将建一座高水平剧场提上了日程。

剧院由中南工业建筑设计院设计，1959 年 10 月建成正式投入使用，总造价 220 万元。武汉剧院占地面积 14 967.72 平方米，建筑面积 8 480.03 平方米，建筑占地 5 034.28 平方米。观众厅设有软席座椅 1 459 个，系新中国成立初期武汉兴建的第一个大型剧场，也是武汉市当年最大的一座现代化演剧场（彩图 82）。

20 世纪 50 年代初期，“苏联式建筑”开始在中国出现，经历了“苏联形式”及其中国化与简约化的过程。北京展览馆、上海展览中心等建筑建设得较早，更富有俄罗斯古典建筑风格。西南人民大礼堂、北京友谊宾馆等建筑，在中国建筑师“民族形式”的改良中，加上了大屋顶，“中苏合璧”。以全国政协礼堂、首都剧场和武汉剧院为代表的带有中国民族形式但进行了简约化的“苏联式建筑”则出现得较晚，基本遵循了现代建筑的设计原则，有节制地加入了一些中国传统装饰元素，风格较为凝练。

武汉剧院正立面为中轴对称构图，入口处有五开间、高两层的柱廊。立面装饰上，建筑顶部山花部位放置了象征苏维埃政权的红星徽章，带有花朵、齿轮和麦穗图案的装饰。齿轮和麦穗代表着工人阶级领导下的工农联盟，极具社会主义气息。建筑还加入了中国传统建筑的造型要素，如影壁、雀替、额枋、八角亭、石栏杆等，以体现民族形式。

在武汉剧院主楼的室内装饰中，融合了中西方的装饰图案与元素，并进行了简约化、现代化的处理；室内色彩方面，以米黄色调为主，整体呈暖色调，呼应室内设计经典、稳重、亲和的风格。在原设计中，门厅、观众厅、贵宾室等重要空间天井、地坪装饰基本一致，大多采用水磨石地坪、苏式圆形平顶花饰。其中，门厅和休息厅以西式风格为主，室内装饰丰富，采用西式方形立柱，井字梁天花饰以苏联式圆形花饰，与方格图案水磨石地坪相呼应。观众厅和舞台在装饰上运用菱形图案、竖向划分线条、圆形粉刷花饰、镏金植物花饰等图案，时代气息浓厚。除此以外，在其他的重点房间中仍保留有许多精美装饰，如贵宾室、会议室等房间墙面采用的人字形条纹木护墙扳、二层原休息室保留原有的暖气片木格栅、三层交谊室梅红色水磨石墙裙等处，均反映出剧院 50 年代室内设计风格。

武汉剧院作为武汉市在新中国时期的重要建筑，曾代表武汉市的形象，被评为新中国成立后武汉十大建筑之一，又被评为武汉市地标性建筑，同时它又被列入中国建筑学会建筑创作大奖获奖项目。作为新中国成立 10 周年献礼的建筑，它代表了武汉人民在建设社会主义国家中蓬勃向上的形象，体现了新中国成立后武汉市的城市新面貌。

1953 年国家实施第一个五年计划时，将解放大道拓宽至 60 米，成为武汉市贯穿东西的交通主干道，并在 20 世纪 50 年代初期陆续建成武汉体育馆、同济医院住院大楼（飞机楼）、武汉商场、湖北省广播电视台大楼、武汉市中苏友好宫、武汉展览馆、中山公园大门、武汉剧院、武汉市青少年宫等建筑，武汉十大建筑中解放大道有 5 处，其中包括武汉剧院。

第三节

跑马场、健身所与体育馆：武汉近现代体育建筑

武汉近代体育事业的发展

近代体育进入武汉，始于汉口开埠之后。同治元年（1862 年）以后，武昌驻地的清军相继引入了外国的兵操。1893 年，张之洞调集汉阳和岳州两镇水师及湖北各水师与兵船，在武昌青山江面检阅水操。同年 11 月，自强学堂聘请了日本吉三荣三郎、根岸福弥担任体操教习。1895 年，张之洞创办的“新军”和 1896 年开办的武备学堂，都邀请了德国人担任教习。1897 年，武昌经心书院、两湖书院和江汉书院增设体操科，比清政府的《奏定学堂章程》早 6 年。此后的五路高等小学堂、省师范学堂、武备学堂和武普通学堂等，均开设了体操科。1903 年，《湖北幼稚园章程》在武汉最早提出“体育”一词。1910 年，武汉作为 5 个单位之一参加了全国首届运动会，武汉的现代体育发展走在全国的前列。

1912 年，留美学生严家麟在武昌文华书院仿照英美童子军的组训方式，于 2 月 25 日组织部分自愿参加的学生创办了童子军。这一天也成为汉口童子军及中国童子军的诞生之日。此后，武昌及汉口的

一些教会学校相继成立童子军，一些其他公立及私立学校也陆续成立了童子军。一直到1948年童子军活动停止，武汉的童子军组织一直活跃于训练、农村服务、抗日战时服务等事务之中。

教会学校在很多体育运动方面都较为活跃。1898年，汉口博学书院开辟了正式标准足球场，开始足球运动。1899年，文华书院成立学生足球代表队。1901—1910年，教会学校出现了校际足球比赛。辛亥革命后，一般的学校也开始开展足球运动，足球在社会上也开始流行，足球比赛也层出不穷。1933年春，博学中学学生足球队和英、法、德、日等8国商人联合组成的足球队在汉口西商跑马场进行了比赛，并以4 ： 2赢得了胜利。

汉口开埠之后最早的体育场馆，就是英租界内的跑马场和足球场。后来，西商跑马场、万国跑马场等跑马场陆续建成，足球场和田径运动场也开始在教会学校中出现。1921年，文华大学的翟雅各健身所竣工投入使用。1922年春，湖北省政府拨款在武昌武普通中学旧址建设了武昌公共体育场，包括田径场、足球场和篮球场等场地。1923年，刘歆生在自己的私家花园中修建了“西园游泳池”，后于1929年被汉口市政府接管，成为中山公园游泳池。此后，中山公园陆续扩建运动场地，到1934年建成了汉口体育场。1937年，建立在武汉大学校内的宋卿体育馆建成投入使用。

新中国成立后，汉口体育场被改扩建为新华路体育场，1953年动工，1955年建成。1956年又建成了武汉体育馆，可以进行篮球、排球、羽毛球、乒乓球等现代体育项目的比赛和训练。武汉一直以来也是游泳运动的重镇，1956—1966年，毛泽东主席12次畅游长江，还曾写下著名的《水调歌头·游泳》。横渡长江的竞赛从1956年开始，成为一项极具地方特色的体育运动。

西商跑马场

西商跑马俱乐部老照片（刘建林供图）

汉口开辟英租界之后，外商开始在英租界之外的荒地开展跑马等运动。在绘制于 1877 年的《湖北汉口镇街道图》上，汉口堡垣内侧的东北角上，就已经出现了一个圆形的跑马场。据考证，这个跑马场位于如今的汉口兰陵路、岳飞街、蔡锷路、洞庭街之间。[①] 早期的跑马场观马亭是布瓦四坡屋顶、亭榭式的中国传统式建筑。[②]

1896 年，俄、法两国正式在汉口设立租界，原汉口堡垣内的预留设立法租界的土地，2/3 用于设立俄租界，1/3 用于设立法租界。大

① 王汗吾：《武汉最早的跑马场是什么样子》，《武汉文史资料》，2018 年第 2 期，第 58 页。

② 同上。

约在1900—1901年，西商跑马场开始从汉口堡内向外搬迁。到1902年，英文版和德文版地图上，汉口城郊就已出现“西商跑马场”这一地点了。[1]这个新的跑马场有800亩，地皮是从汉口“地皮大王”刘歆生手上购得的。跑马场内的建筑建于1905年，由6国商人共同投资，景明洋行设计，宋裕记、李培记、明昌裕等营造厂承建。跑马场的两圈马道位于今武汉市解放公园内，马道内的空地为马球场和橄榄球场，马道之外还设置有18洞高尔夫球场、足球场、网球场等。

西商跑马场现存的建筑尚有大看台、办公楼、游泳池（舞厅）、酒吧间等，但被分隔在了两个不同的居住社区（彩图83、84）。大看台长48米，宽21米，底层高3.5米，现由解放军国防信息学院作为职工宿舍使用。大看台为当时刚从西方传入的钢混结构，平屋顶前的悬挑梁板使用大型工字钢做连系梁，阶梯式看台，分上下两层，当时可供万人同时观看赛马。

办公楼等其他建筑则位于艺苑社区，其中游泳池（舞厅）不仅是当时最奢华的室内游泳池，而且是当时多功能建筑的典型范例。馆（厅）长31米，宽18.4米，游泳池长23米，宽11米，水深1.1~1.9米。夏热之时自然是供游泳使用，因为底部设置了锅炉，冬季亦可供热水游泳之用。但更让人称奇的是，停泳之时，在泳池上铺设木梁板后，这个场馆便成了舞厅。馆（厅）的屋顶之上设有三处采光通气用的天窗，地面为防滑斜纹水泥方块铺砌，靠墙之处还有茶座长桌，外墙上也设有窗户，白天即便不用辅助照明，厅内光线仍然明亮。[2]

---

① 王汗吾：《武汉最早的跑马场是什么样子》，第59页。

② 李翊、李钫所著《老汉口跑马场调查纪实》（《华中建筑》，2017年第1期）和《江岸文史》第八辑中的《西商跑马场》篇。

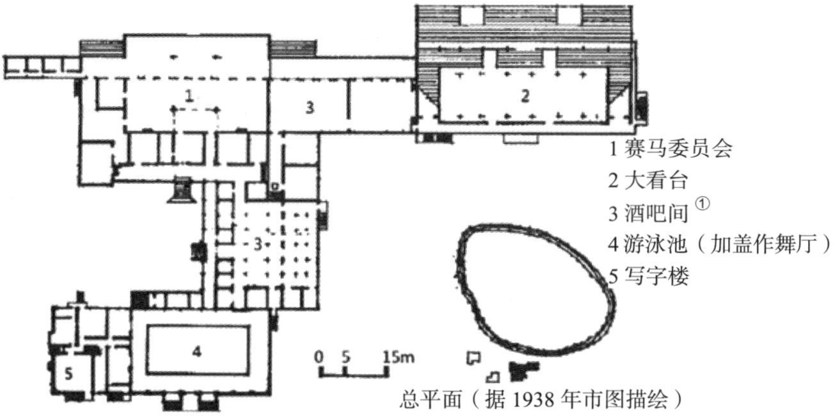

西商跑马俱乐部建筑平面图及总平面图

图片来源：童乔慧、杜娅薇：《武汉近代跑马场建筑》,《华中建筑》，2016 年第 8 期。

翟雅各健身所

翟雅各健身所的建立，是为了纪念文华大学首任校长翟雅各。建筑位于武汉市武昌区昙华林特 1 号，是从中山路进入昙华林历史文化街区的东大门，建筑于 1921 年 4 月 20 日中国基督教全体会议在文华大学举办时，由杨格非主教主持奠基，并于同年 10 月 2 日（文华大学成立 50 周年校庆）正式投入使用，主要用作体育教学与室内运动场地，也承担部分中外学者的讲座任务。它是中国最早的现代体育馆之一，也是武汉仅存的一座二层体育类历史建筑（彩图 85、86、87）。

建筑由美国建筑师柏嘉敏设计，为二层砖混结构，中西合璧的折中主义建筑风格。建筑坐东朝西，庑殿抱厦顶，清水红砖外墙，平面呈“凹”字形，中轴对称布局。立面采用三段式构图，一层正中设拱券入口，门楣由混凝土发券装饰，南北两侧分别设有侧门。二层设外

① 酒吧间现状见彩图 84。

廊，上部为抱厦和高窗，檐飞而平、翘而稳，隐隐有宋代建筑之风。建筑门窗使用中国南方民居形式，窗棂形制多样而统一。建筑的窗框和拱门使用混凝土框套；建筑二层的柱础、额枋、梁头、雀替、栏杆等，虽其形式采用中国传统元素，但皆以钢筋混凝土浇筑，且屋身使用钢木混合梁架，形成大跨度室内空间；建筑室内空间布局也按照现代体育馆功能设计，科学合理。

宋卿体育馆

宋卿体育馆（刘建林摄）

“宋卿”是首义功臣、民国大总统黎元洪先生的字，这也说明了这座建筑与黎元洪本人有着千丝万缕的联系。黎元洪虽是行伍出身，但对教育事业颇为关心，屡有捐资助学之举。早在民国元年，他就曾联合部分湖北名士，发起创办武汉大学以纪念共和首义的倡言，但碍于复杂多变的时局，一时未能如愿。1921 年，他又转而筹办江汉大学，并为此筹款 10 万元，购买了当时中兴煤矿公司的股票一千股作为基金，准备日后办学之用，但可惜直至其 1928 年去世时仍未实现。

1934 年 3 月 16 日，正当继任的王星拱校长为了武汉大学校园二期工程的筹款问题奔走呼号之际，黎元洪远在天津的两个儿子黎绍基和黎绍业先生联名致函武汉大学，表示愿意将其父此前为筹办江汉大学筹备的 10 万元股票基金转捐给武汉大学，以慰藉父亲的心愿，并请求告知这笔捐款的用途和保管方法。王星拱校长喜出望外，立即回信，说明要将这笔捐款用来建筑体育馆，“颜其额曰‘宋卿体育馆’”，并表示要在体育馆内单独开辟一部分用作宋卿前大总统纪念堂，用来保存辛亥革命首义文献，黎氏兄弟欣然应允。

不过，在此之后，黎元洪家人多次与武汉大学交涉，请求将黎元洪遗体安葬珞珈山，这也是笃信“风水”的黎元洪的遗愿。但是，受够了在建校初期迁坟之苦的武汉大学元老们，早已在 1932 年 3 月 18 日就正式做出了校园界内不得再建新坟的决议，校方对于捐资功臣的这一要求也只能屡次委婉拒绝。

到了 1935 年，国民政府拟定于 11 月 24 日在武昌为黎元洪举行隆重的国葬仪式。在此之前，黎元洪家人趁机再度与武汉大学交涉。黎家此次有备而来，已探知武汉大学早有建总办公楼之意，且已完成设计方案，但苦无经费支持，遂以捐资建造行政大楼为饵。但坚持原则的王星拱校长，权衡之后毅然忍痛放弃行政大楼，婉拒了黎家的这一请求。黎大总统的遗嘱最终未能如愿，家人也只能将他的遗骸归葬珞珈山南麓的卓刀泉土公山。

在得到黎氏兄弟的捐赠之后，武汉大学马上授意开尔斯展开设计。崇尚轴线秩序的开尔斯针对珞珈山的丘陵地形和校园布局在一期建设期间的些许变化，于是适当西移了体育馆的位置，使其处于校园中轴线的西端，从而使原本有些模糊的校园东西轴线变得清晰起来。随着体育馆规划地位的拔高，其设计力度也大为提升，甚至在很大程度上导致 1935 年 3 月"宋卿体育馆"第一次招标因标价过高而废止。于是建委会只得请开尔斯修改设计方案，这样才在 1935 年 9 月的第二次招标中由开尔斯推荐的上海方瑞记营造厂承建。工程都已进入施工阶段，不想方瑞记老板因失恋而开枪自杀，工程因此延宕将近一年时间，校方也不得不另请上海六合贸易工程公司承建，但六合不满标价，校方也只好加价。经历一番周折，直到 1936 年 7 月，体育馆才算正式动工。不过，好在二期工程时珞珈山已经接通水电，可以使用大型机械，而开尔斯又采用了 20 世纪 30 年代新兴的砖（石）钢筋混凝土结构，所以体育馆建设速度较快，至 1937 年年初即已完成主体工程。

建成的宋卿体育馆真正达到了外表艺术性与内部功能性的统一。半圆状的三重檐歇山顶古朴建筑之内，包裹着的是由当时最先进的三绞拱钢架结构带来的跨度达到 22.6 米的超大空间。馆内分上下两层，上层为小型观赛看台，也可做对外观景台；下层为室内篮球场，可进行各项球类比赛及教学、文娱活动。另有地下一层，设有健身房。按照开尔斯的设计，还应在体育馆外部的东西各设一喷泉和游泳池，但这两个附属建筑连同王星拱校长答应黎家的"宋卿前大总统纪念堂"，都随着抗战的爆发而中断以至终止了。

1937 年秋季开学，宋卿体育馆正式投入使用，但仅使用了一个

宋卿体育馆老照片（刘建林供图）

学期，武汉大学师生即因日寇进逼而西迁乐山。在此期间，1938 年 3 月 29 日—4 月 1 日，国民党临时全国代表大会在珞珈山举行，策定抗战建国的大政方针，宋卿体育馆就是其中一个重要的分会场。稍后，宋卿体育馆还成了珞珈山军官训练团的一个受训场地，蒋介石曾在此对参训军官进行点名训话。1938 年 10 月 25 日，武汉沦陷，武汉大学成为侵华日军的中原司令部，宋卿体育馆则成为日军军官俱乐部。至 1947 年“六一惨案”之际，宋卿体育馆被用作三位遇难同学的灵堂，并于 6 月 22 日举行了盛大的追悼会。

新中国成立初期的武汉体育建筑

新华路体育场

新华路体育场位于新华路 17 号，西侧、北侧毗邻中山公园，原址曾是刘歆生在汉口的私人花园西苑。1929 年，西苑在被汉口市政府接管后改名为“中山公园”。汉口市政府在西苑的游泳池（刘歆生自建长 23 米、宽 11 米小游泳池）附近、中山公园的东侧建一 140 米长、120 米宽的足球场，但因设施不齐、条件极差，管理不周，足球场陷入半荒废状态。

1934 年，第五届市民运动会和中学生联合运动会在汉口举行，汉口市政府遂将此足球场改为高尔夫球场，并新建了长轴 200 米、短轴 144 米的田径场和 120 米长的田径跑道，同时还在田径跑道起点设一记分牌，另修一条 400 米长的环形跑道，宽达 12 米，由炭砂铺成，圈内为足球场。体育场被正式命名为“汉口体育场”，两旁设木制看台，能容纳 5 000 人，看台中央建一三层楼高的司令台。体育场建成后，曾举行第一届汉口公务员和小学生运动会、第五届与第七届汉口市民和中学生联合运动会，以及各种大型球类赛和武术表演等活动。

1938 年武汉沦陷后，日军驻扎于汉口体育场，将其作为军营和马厩使用，体育场惨遭破坏。抗战胜利后，体育场恢复原功能，于 1946 年被改名为“汉口市国民体育场”，至 1949 年间曾举行过数次体育活动。1949 年武汉解放后，体育场又被更名为“武汉市人民体育场”。1953 年，武汉市人民政府在原体育场的基础上开始扩建新体育场，并更名为“中南体育场”。1954 年，再次更名为“新华路体育场”。

1959 年的新华路体育场（王钢供图）

该体育场为椭圆形体育场，有南北向和东西向两条中轴线，其中南北向长轴为 200 米，东西向短轴为 144 米。包括东、西、南、北四个门楼、看台及场内标准田径场，为混合结构。门楼为苏联式建筑风格，外墙为涂料粉刷，东、西两门楼的体量最大，南、北两门楼次之。

东、西门楼为三层混合结构，正立面横向呈三段式布局，中段由壁柱划分墙体，一层设有三个拱形门洞，上方二层设有条形竖窗，外设铁艺栅栏，三层设有外廊，上设仿中式额枋及雀替构件，外围设有栏杆；正立面两端设有条形券窗，外设铁艺栅栏，一、二层间设有如意纹花饰，三层设有方形花格窗，顶端沿女儿墙设有花饰。门楼背立面与正立面相对设有三个相同形制的拱形门洞，洞内保留有菱形格心的 4 扇平开木质隔扇门。门洞两侧对称设有双跑楼梯通往二层看台，看台上方设有雨棚。其中东侧门楼为主入口，东、西对称设司令台，台下各有大厅 1 间、休息室 5 间。

南、北门楼为三层混合结构，正立面呈对称式构图，一层为入口，二层设有券窗及栏杆装饰，三层设有方形花格窗装饰。门楼背立面与正立面相对设有相同形制的拱形门洞。

体育场正中为草皮足球场，外环 400 米环形田径跑道（其中弯道 8 条、两旁 100 米直道各 10 条），练习跑道 4 条，跳高、跳远沙坑和投掷比赛场 2 个，跑道和沙坑下有排水设施。南端是符合当时国际标准的土质篮球场和排球场。周围是 21 层预制板看台，有 20 个出入口大门，可容观众 3 万人。看台下有两层楼房，共 112 间，可供运动员住宿、学习、办公。①

1955 年，体育场建成后作为体育赛事、训练场所沿用至今，是

① 武汉地方志编纂委员会主编：《武汉市志 · 体育志》，武汉大学出版社，1990 年，第 175 页。

湖北省在武汉兴建的首座具有标志性的大型综合体育场，也是20世纪50年代全国一流的体育场。1955年至今，该体育场内曾多次举行各类国际、全国和全省的体育活动和赛事，尤其是曾长期作为全国足球甲级队联赛的比赛场地，曾在20世纪90年代末见证了武汉乃至湖北历史上首个顶级职业足球联赛俱乐部（湖北武汉雅琪职业足球俱乐部，为中国第一家民营企业的足球俱乐部，1998年甲A联赛开始前，武汉钢铁集团买断球队赛季冠名权，更名为“武汉红金龙队”）的诞生。此后，体育场因场地老化、设施陈旧，难以胜任大型体育赛事，遂于2002年维修改道，并于2003年夏天恢复足球赛事，现体育场兼具体育训练、体育赛事、办公、商业等功能。

武汉体育馆

武汉体育馆坐落在汉口硚口区崇仁路口，1956年5月建成，占地5.6万平方米，面积1.449万平方米。具有苏联式风格，与武汉剧院、武汉展览馆同为武汉标志性建筑，也是新中国成立初期武汉市第一座大型综合性室内体育馆。

体育馆主体为三层（局部二层）混合结构，正立面中部由6根通高立柱划分入口空间，两侧凸出，建筑为清水红砖墙面，底部为蘑菇石勒脚，檐口部分为水泥砂浆仿石粉刷。正中为比赛馆，面积9 608平方米，有两面看台，可容观众3 800人。比赛馆后面有供运动员训练用的体操房，两侧楼下有举重房、弹子房、舞蹈房和运动员休息室、更衣室、淋浴室。两侧楼上是宽敞、明朗的长廊，供观众出入和休息。长廊前方左边是陈列室，右边是阅览室，尽头有两间乒乓球室。馆外还有3个网球场和3个篮、排球两用场，1个250米田径跑道带小足球场。此后截至1985年，国家陆续投资在馆的外围又新建4个游泳池，还将 250 米田径跑道带小足球场改建为 8 个网球场。[①]

1958 年 4 月 6 日，湖北省暨武汉市科技界“向科学进军誓师大会”在此举办。中午 12 点，毛泽东主席突然到会，接见 5 000 余名科学技术工作者，其与天文和大地测量学家夏坚白亲切交谈的场景被《长江日报》记者抓拍，成为武汉体育馆的华彩瞬间。在 20 世纪 80 年代中期前，武汉体育馆是武汉举办国内外比赛和大型活动的场地，成为武汉体育对外交流的窗口。

后因场地条件、设施设备不能满足大型比赛的要求，武汉体育馆逐渐被改造为体育训练基地。因内部结构改变，周围地基出现不同程度沉降，主场馆于 2004 年停用。不久之后，由于承办第六届全国城市运动会的需要，武汉体育馆自 2005 年 5 月开始实施改扩建工程，对其内部结构进行加固修缮改造，完善内部功能，进行区域配套，扩建赛前训练厅，加强内部舒适性和服务功能，建筑面积扩大至 1.1 万平方米。看台由 3 200 个固定座位改造为 1 956 个活动座位，没有比赛时可将看台收起，作为日常业余训练和培训活动的空间。另外，馆内还增设了中央空调、大型电子显示屏、兴奋剂检测和信息中心及水、电、消防、绿化（占地 3 700 平方米，可容 2 000 人参加建设活动）、停车场等配套设施，功能布局更加合理；拆除广场外围建筑，建成开放式体育广场，新馆外立面风格与老馆仍保持一致。改扩建工程于 2007 年 5 月完工，改扩建之后的武汉体育馆，已晋升为一座现代化综合性体育馆，完全可承办高水平单项赛事。2007 年 10 月 25 日，中华人民共和国第六届全国城市运动会在武汉体育馆隆重开幕。

---

① 武汉地方志编纂委员会主编：《武汉市志·体育志》，第 175 页。

参考文献

1. 白胤，汪俊 . 烟台朝阳街中西合璧式建筑风格 [J]. 门窗，2016（9）：121–122.
2. 蔡泓秋 . 文华书院遗存建筑的研究与保护 [D]. 武汉：武汉大学，2005.
3. 蔡彦 . Art Deco 与上海 20 世纪早期艺术设计研究 [D]. 无锡：江南大学，2014.
4. 曹湘贵 . 浅谈多元文化下中国近代建筑历史见证 [J]. 中华民居（下旬刊），2013（12）：145–146.
5. 岑笑鼠 . 关于研究中国近代建筑史的方法问题 [J]. 华中建筑，1988（1）：61.
6. 岑笑鼠 . 向总体研究过渡——三谈中国近代建筑史研究进程中的方法问题 [J]. 华中建筑，1991（1）：52.
7. 曾悦伟 . “砖”视角下的天津近代建筑特征简述 [D]. 天津：天津大学，2014.
8. 车俊朋 . 跨文化传播视角下长沙近现代建筑发展研究 [D]. 长沙：湖南大学，2015.
9. 陈才俊 . 教会大学与中国近代建筑形态的转型 [J]. 暨南学报（哲学社会科学版），2007（6）：116–123，153–154.
10. 陈从周，章明，上海市民用建筑设计院 . 上海近代建筑史稿 [M]. 上海：上海三联书店，1988.
11. 陈飞，谢辉，邓春艳等 . 江汉关大楼在万里茶道中的突出普遍价值研究 [J]. 中国文化遗产，2017（1）：31–38.
12. 陈刚 . 历史街区中的城市设计研究——以汉口原俄租界街区为例 [D]. 武汉：武汉理工大学，2003.
13. 陈国栋，青木信夫，徐苏斌等 . 近代天津首位执业建筑师柏龄庚的工程、规划与

建筑实践 [J]. 建筑史，2017（2）：168–189.
14. 陈国栋 . 近代天津的英国建筑师安德森与天津五大道的规划建设 [J]. 中国建筑教育，2015（1）：118–135.
15. 陈晶，殷炜，谭刚毅 . 近代汉口租界建筑风格演替及保护——兼议名城保护中建筑样本的多样性及空间存续关系 [J]. 中国名城，2009（12）：38–45.
16. 陈李波，余格格，徐宇甦 . 武汉近代教育建筑的地域性研究 [J]. 华中建筑，2016，34（1）：175–179.
17. 陈玲 . 武汉近代里分住宅保护与更新的研究 [D]. 武汉：武汉理工大学，2003.
18. 陈倩 . 武汉近代名人公馆建筑初探及保护研究 [D]. 武汉：湖北美术学院，2019.
19. 陈曦 . 工商文化影响下的近代建筑式样研究——以苏锡常地区为例 [D]. 无锡：江南大学，2017.
20. 陈晓恬 . 中国大学校园形态演变 [D]. 上海：同济大学，2008.
21. 陈晓燕 . 中国近代折衷主义建筑文化浅探 [J]. 云南艺术学院学报，2009（3）：78–80.
22. 陈晓燕 . 中国近代折衷主义建筑研究 [D]. 武汉：湖北美术学院，2007.
23. 陈筱 . 中国近代早期开埠城市的文化交融——鼓浪屿与烟台山近代建筑的初步比较 [J]. 遗产与保护研究，2017，2（4）：8–15.
24. 陈欣涛 . “文献 + 实物”：一个切入近代中国建筑史学与中国古代史研究方法比较的视角 [J]. 建筑师，2019（5）：30–34.
25. 陈扬 . 近代南京基督教堂建筑研究 [D]. 南京：南京工业大学，2013.
26. 陈一鸣 . 中东铁路建筑文化交融现象解析 [D]. 哈尔滨：哈尔滨工业大学，2018.
27. 陈志华 . 外国建筑史 [M]. 北京：中国建筑工业出版社，1979.
28. 谌彤 . 武汉近代银行建筑设计研究 [D]. 武汉：武汉理工大学，2007.
29. 成海，黄炎 . 浅谈武汉租界建筑 [J]. 美与时代（上半月），2008（6）：113–119.
30. 村松贞次郎 . 近代建筑史的研究方法 近代建筑的保存与再利用 [J]. 世界建筑，1987（4）：47–52.
31. 代静 . 武汉近代教育建筑研究 [D]. 武汉：华中科技大学，2006.
32. 代卫峰 . 中国近代建筑——多元文化下的历史见证 [C]. 河南省土木建筑学会 . 河南省土木建筑学会 2008 年学术交流会论文集 . 郑州：河南省土木建筑学会，2008：176–178.
33. 戴梦婕 . 江南近代早期现代主义风格建筑的研究 [D]. 无锡：江南大学，2018.
34. 戴梦婕 . 近代无锡早期现代主义风格建筑初探 [J]. 山西建筑，2017，43（13）：13–14.
35. 戴雪茹 . 近代中国长三角地区教会大学建筑装饰研究 [D]. 苏州：苏州大学，2018.
36. 单霁翔 . 活着的 20 世纪建筑遗产 [N]. 光明日报，2012–09–16（6）.
37. 邓景煜，程琢涵 . 武汉地区近代建筑构建解析——以汉口商业银行为例 [J]. 中华建设，2019（4）：110–111.
38. 邓庆坦，辛同升，赵鹏飞 . 中国近代建筑史起始期考辨——20 世纪初清末政治变革与建筑体系整体变迁 [J]. 天津大学学报（社会科学版），2010，12（2）：138–143.
39. 邓庆坦 . 图解中国近代建筑史 [M]. 武汉：华中科技大学出版社，2009.
40. 丁永园 . 武汉城市建筑文化之沿革 [J]. 新建筑，1992（3）：28–31.
41. 丁援，蔡哲理 . 汉口古德寺：融合东西的佛寺 [J]. 中国文化遗产，2013（3）：68–75，9.
42. 丁援，李杰，吴莎冰等 . 武汉历史建筑图志 [M]. 武汉：武汉出版社，2017.
43. 丁援 . 无形文化线路理论研究 [D]. 武汉：华中科技大学，2007.
44. 丁援 . 武汉的辛亥建筑 [J]. 新建筑，2011（5）：25–34.
45. 董菲 . 武汉现代城市规划历史研究 [D]. 武汉：武汉理工大学，2010.
46. 董菲 . 汉口古德寺发展演变的思考 [C]. 中国民族建筑研究会，西南交通大学建筑学院 . 首届中国民族聚居区建筑文化遗产国际研讨会论文集 . 成都：中国民族建筑研究会，2010：392–401.
47. 董黎，杨文滢 . 从折衷主义到复古主义——近代中国教会大学建筑形态的演变 [J]. 华中建筑，2005（4）：160–162.
48. 董黎 . 教会大学建筑与中国传统建筑艺术的复兴 [J]. 南京大学学报（哲学 . 人文科学 . 社会科学版），2005（5）：70–81.
49. 杜超 . 天津五大道近代建筑文物保护初探 [D]. 昆明：云南大学，2016.
50. 杜小辉 . 天津义品公司研究 [D]. 天津：天津大学，2014.
51. 樊迪 . 中国建筑师庄俊设计审美研究（1910—1949）[D]. 济南：山东建筑大学，2016.
52. 范诚 . 近代中国城市建筑管理机制的转型变迁（1840—1937）[D]. 南京：南京大学，2014.
53. 方茜 . 近代武汉市民生活形态与里弄建筑的产生和发展 [D]. 武汉：华中科技大学，2005.
54. 方雪 . 墨菲在近代中国的建筑活动 [D]. 北京：清华大学，2010.
55. 冯刚，吕博 . 中国近代国立大学传统复兴式建筑研究 [J]. 中国文化遗产，2017（1）：4–12.
56. 冯刚，王哲宁 . 中西文化交融下的中国近代大学校园规划 [J]. 中国文化遗产，2017（6）：37–46.
57. 冯军 . 天津庆王府：中西合璧的建筑元素与修旧如故 [N]. 中华读书报，2013–09–11（18）.
58. 冯琳 . 南京民国建筑艺术研究 [D]. 西安：西安美术学院，2018.
59. 冯齐 . 近代天津与上海里弄住宅的地域性比较研究 [D]. 苏州：苏州科技学院，

2015.
60. 冯天瑜，陈锋 . 武汉现代化进程研究 [M]. 武汉：武汉大学出版社，2002.
61. 冯天瑜，何晓明，周积明 . 中华文化史 [M]. 上海：上海人民出版社，2010.
62. 冯彦志 . 中国近代建筑的优秀杰作——略议民国时期代表建筑风格 [J]. 华中建筑，2000（2）：119–122.
63. 冯雨乔 . 济南商埠区历史建筑保护利用调查研究 [D]. 济南：山东大学，2015.
64. 付璇 . 基于中西结合视点下的澳门近代居住建筑研究 [D]. 泉州：华侨大学，2017.
65. 付雅楠 . 沈阳近代三大板块西洋风建筑比较研究 [D]. 沈阳：沈阳建筑大学，2015.
66. 傅才武 . 近代化进程中的汉口文化娱乐业（1861—1949）：以汉口为主体的中国娱乐业近代化道路的历史考察 [M]. 武汉：湖北教育出版社，2005.
67. 傅文龄 . 日本横滨正金银行在华活动史料 [M]. 北京：中国金融出版社，1992.
68. 傅欣，陈静 . 论建筑的结构之美——以武汉民国金融建筑为例 [J]. 美与时代（上旬），2013（8）：64–66.
69. 傅欣，王云龙 . 论武汉近代里分建筑的渐进式重构 [J]. 华中建筑，2009，27（12）：164–165.
70. 傅勇，杨华 . 刍议苏式建筑风格和城市历史建筑保护——以合肥市为例 [J]. 中国发展，2015，15（3）：60–64.
71. 甘超逊，钟星 . 汉口古德寺 [J]. 档案记忆，2018（7）：7–8，10，50.
72. 甘骏 . 辛亥首义红楼 [M]. 武汉：武汉出版社，2001.
73. 高娴 . 中西文化碰撞中的晚清湖北近代建筑 [J]. 长江文史论丛，2017：199–207.
74. 高媛 . 试论古德寺的建筑风格 [J]. 大众文艺，2010（18）：39.
75. 高正扬 . 建筑遗产保护中原真性原则概念辨析与实践 [D]. 济南：山东建筑大学，2016.
76. 高仲林 . 天津近代建筑 [M]. 天津：天津科学技术出版社，1990.
77. 龚德顺，邹德侬，窦以德 . 中国现代建筑史纲 [M]. 天津：天津科学技术出版社，1989.
78. 龚兆先，董黎 . 工业文明与中国近代建筑文化 [J]. 武汉工业大学学报，1995（4）：45–47.
79. 谷扬 . 文脉视角下的武汉大学校园空间与建筑研究 [D]. 武汉：武汉大学，2017.
80. 顾长声 . 传教士与近代中国 [M]. 上海：上海人民出版社，1991.
81. 广州市规划局，广州市城市建设档案馆，广州建筑师学会 . 五羊城脉：1911—1949 广州城市建设 [M]. 广州：广东人民出版社，2012.
82. 桂宗瑜 . 武汉近代民居价值初探及保护策略研究 [D]. 武汉：武汉理工大学，2014.
83. 郭方芳 . 武汉基督教教堂建筑设计研究 [D]. 武汉：武汉理工大学，2008.
84. 郭方芳 . 武汉近代基督教教堂建筑 [J]. 华中建筑，2009，27（3）：247–251.

85. 郭建 . 中国近代城市规划范型的历史研究（1843—1949）[D]. 武汉：武汉理工大学，2003.
86. 郭明 . 战后武汉区域规划研究 [D]. 武汉：武汉理工大学，2010.
87. 国都设计技术专员办事处 . 首都计划 [M]. 南京：南京出版社，2006.
88. 过伟敏 . 建筑艺术遗产的保护与利用 [M]. 南昌：江西美术出版社，2006.
89. 过伟敏 . 近代江苏南通与镇江两地“中西合璧”建筑的比较 [J]. 湖北民族学院学报（哲学社会科学版），2015，33（1）：8-13.
90. 何方瑶 . 我国近代建筑文化遗产的保护与再利用——评《建筑遗产保护概论》[J]. 中国教育学刊，2017（8）：149.
91. 何静 .“武汉三镇”的整体历史特征研究 [C]. 中国城市规划学会，重庆市人民政府 . 活力城乡 美好人居——2019 中国城市规划年会论文集（09 城市文化遗产保护）. 重庆：中国城市规划学会，2019：525-532.
92. 何倩倩 . 汉口：一个传统市镇的近代公共空间形成研究 [D]. 南京：东南大学，2018.
93. 何文婷 . 浅谈折中主义建筑的美学魅力——以汉口老租界区为例 [J]. 艺术科技，2017，30（9）：311.
94. 贺辉 . 近代上海建筑立面装饰中的地域文化特征 [J]. 家具与室内装饰，2012（6）：56-59.
95. 侯婀清 . 汉口古德寺研究 [D]. 武汉：湖北大学，2012.
96. 胡莲孙 . 汉口东正教堂兴建始末 [J]. 武汉文史资料，2003（10）：49-50.
97. 呼泽亮 . 清末民初殖民建筑装饰设计研究 [D]. 武汉：华中科技大学，2017.
98. 胡迪帆 . 民国建筑师的建筑艺术与实践研究——以著名建筑师庄俊为例 [J]. 建筑与文化，2016（9）：142-143.
99. 胡莉婷 .20 世纪 50 年代苏联影响下的郑州城市建设探研 [D]. 郑州：中原工学院，2019.
100. 胡庆 . 汉口租界近代建筑研究 [D]. 武汉：华中科技大学，2007.
101. 胡戎睿，胡绍学 . 关于武汉近代建筑遗产保护与再利用问题的思考 [J]. 建筑学报，2007（5）：15-18.
102. 胡正鑫 . 北京旧城近代建筑色彩研究 [D]. 北京：北京建筑大学，2015.
103. 湖北省建设厅，李百浩 . 湖北近代建筑 [M]. 北京：中国建筑工业出版社，2005.
104. 华虹，王晓鸣 . 武汉近代里弄住宅居住环境特色与保护 [J]. 华中建筑，1998（3）：104-105，107-108.
105. 黄定福 . 宁波与天津汉口杭州近代城市及建筑发展之比较 [J]. 宁波经济（三江论坛），2010（5）：44-47，5.
106. 黄斐寅 . 近代武汉建设管理体系研究 [D]. 武汉：武汉理工大学，2012.

107. 黄光域 . 近代中国专名翻译词典 [M]. 成都：四川人民出版社，2001.
108. 黄建涛 . 近代历史建筑的修复技术研究 [D]. 武汉：武汉理工大学，2006.
109. 黄盛业 . 奥籍天津近代建筑师罗尔夫 · 盖苓研究 [D]. 天津：天津大学，2012.
110. 黄雪峰 . 青岛德占时期独立庭院式建筑的利用与改造技术研究 [D]. 青岛：青岛理工大学，2018.
111. 黄元炤 . 中国古典主义（上）：西方古典在中国的实践 [J]. 世界建筑导报，2015，30（5）：49–53.
112. 黄元炤 . 中国建筑近代事务所的衍生、形态及其年代和区域分布分析 [J]. 世界建筑导报，2017，32（3）：51–55.
113. 黄元炤 . 中国近代房地产的兴起，和建筑业、建筑师之间的关系 [J]. 世界建筑导报，2017，32（2）：53–55.
114. 黄元炤 . 中国近代建筑：缺席与无声于“世界”的老房子 [J]. 住区，2014（5）：83–94.
115. 黄元炤 . 中国近代建筑师的钟摆效应 [J]. 世界建筑导报，2016，31（6）：45–49.
116. 黄元炤 . 中国近代营造厂的衍生及其师承、社会和建筑师之间的关系 [J]. 世界建筑导报，2017，32（1）：53–57.
117. 黄元炤 . 中国折中主义（中）：西式折中在中国的实践 [J]. 世界建筑导报，2016，31（2）：29–35.
118. 黄元炤 . 庄俊：旧时代，中产阶级的贵气“古典”与“现代”功能 [J]. 世界建筑导报，2012，27（5）：35–37.
119. 黄媛 . 近代汉口建筑走向早期现代主义风格内质因素研究与推论 [J]. 华中建筑，2005（S1）：125–127.
120. 黄媛 . 透过立面材质谈保护——汉口原租界区近代建筑立面材质保护研究 [J]. 华中建筑，2007（4）：41–45.
121. 黄庄巍 . 厦门近代建筑中的装饰艺术派风格特征 [J]. 厦门理工学院学报，2014，22（2）：12–17.
122. 霍博，尚晓茜 . 武汉近代历史建筑保护与改造策略研究 [J]. 华中科技大学学报（城市科学版），2006（S1）：176–178.
123. 纪华传，张晓梅 . 武汉古德寺建筑艺术 [J]. 世界宗教文化，2012（1）：115.
124. 季国良 . 近代外国人在华建筑遗存的遗产化研究 [D]. 济南：山东大学，2015.
125. 贾超 . 西风东渐下的近代济南建筑——以齐鲁大学为例 [C]. 中国建筑学会建筑史学分会，中国科学技术史学会建筑史学术委员会 .2015 年中国建筑史学会年会暨学术研讨会论文集（下）. 广州：中国建筑学会建筑史学分会，2015：224–233.
126. 贾俊 . 浅谈太原苏式建筑 [C].《工业建筑》编委会，工业建筑杂志社有限公司 .《工业建筑》2018 年全国学术年会论文集（下册）. 北京：工业建筑杂志社，2018：

104–106.
127. 贾文亮 . 伪满时期日本建筑师在中国的建筑活动研究 [D]. 长春：吉林建筑大学，2013.
128. 江涌 . 武汉近代建筑的保护与再利用 [C]. 湖北省土木建筑学会学术论文集（2000—2001 年卷）. 武汉：湖北省科学技术协会，2002：91–94.
129. 姜汇泳 . 中国建筑哲学理念研究 [D]. 桂林：广西师范大学，2018.
130. 姜修宜 . 中国近代建筑设计受包豪斯设计理念的影响研究 [J/OL]. 设计，2019（23）：102–104. [2020–02–02]. http://kns.cnki.net/kcms/detail/11.5127.TB. 20200114.1710.070.html.
131. 蒋佳瑶 . 近代西方对中国建筑的误读和技术推动 [D]. 南京：南京大学，2019.
132. 金晨 . 近代日本殖民地城市规划与建设的比较研究（1895—1945）[D]. 沈阳：沈阳建筑大学，2016.
133. 晋婷 . 1950s—1960s 合肥苏式建筑研究 [D]. 合肥：合肥工业大学，2016.
134. 敬树勇 . 青岛教堂建筑设计特征研究 [D]. 青岛：青岛理工大学，2014.
135. 康峰，曹如姬 . 近代建筑装饰视觉美感研究 [J]. 中华建设，2018（5）：98–99.
136. 赖德霖 . 梁思成“建筑可译论”之前的中国实践 [J]. 建筑师，2009（1）：22–30.
137. 赖德霖 . 中国近代建筑史研究 [M]. 北京：清华大学出版社，2007.
138. 赖世贤，徐苏斌，青木信夫 . 中国近代早期工业建筑厂房木屋架技术发展研究 [J]. 新建筑，2018（6）：19–26.
139. 赖雄燕 . 天津旧英法租界区近代商业建筑研究（1912—1941）[D]. 西安：西安建筑科技大学，2018.
140. 雷蕾 . 近代开埠城市文化背景下的建筑创作手法研究 [D]. 天津：天津大学，2006.
141. 雷立柏 . 中国基督宗教史辞典 [M]. 北京：宗教文化出版社，2013.
142. 李百浩，王西波，薛春莹 . 武汉近代城市规划小史 [J]. 规划师，2002（5）：20–25.
143. 李本义，汤秀菊 . 论孙中山的建汉方略 [J]. 湖北大学学报（哲学社会科学版），1994（4）：12–16.
144. 李搏宇，佘跃心 . 从清代范式到建国新貌——传统建筑元素的符号化 [J]. 住宅科技，2018，38（11）：65–69.
145. 李传义，张复合，村松伸等 . 中国近代建筑总览 · 武汉篇 [M]. 北京：中国建筑工业出版社，1992.
146. 李传义 . 汉口旧租界近代建筑艺术的历史反顾 [J]. 华中建筑，1988（3）：40–44.
147. 李馥杨，王晓晗 . 武昌近代历史建筑装饰艺术研究——以昙华林街区历史建筑为例 [J]. 建材与装饰，2018（3）：105.
148. 李海清 . 中国建筑现代转型 [M]. 南京：东南大学出版社，2004.

149. 李恒 . 民国时期高校历史建筑研究与保护 [D]. 武汉：武汉纺织大学，2012.
150. 李婧 . 中国建筑遗产测绘史研究 [D]. 天津：天津大学，2015.
151. 李军 . 近代武汉城市空间形态的演变 [M]. 武汉：长江出版社，2005.
152. 李俊 . 武汉大学宋卿体育馆屋顶结构形式考析 [J]. 华中建筑，2019，37（3）：74-77.
153. 李奇伟 . 汉口法租界历史性建筑保护与再利用研究 [D]. 武汉：华中科技大学，2007.
154. 李启宇，詹朝霞 . 鼓浪屿史话 [M]. 厦门：厦门大学出版社，2013.
155. 李权时，皮明庥 . 武汉通览 [M]. 武汉：武汉出版社，1988.
156. 李睿 . 武汉近代建筑保护与利用的借鉴思考 [D]. 重庆：重庆师范大学，2012.
157. 李苏豫 . 厦门城市与建筑的现代化进程（1840 年 ~1949 年）[D]. 杭州：浙江大学，2014.
158. 李天，周晶 . 比商义品公司对天津法租界城市建设影响研究 [J]. 建筑学报，2012（S2）：103-106.
159. 李天 . 天津法租界城市发展研究（1861—1943）[D]. 天津：天津大学，2015.
160. 李晓娟，王光景 . 古德寺圆通宝殿建筑美分析 [J]. 华中建筑，2015，33（7）：128-131.
161. 李洋 . 武汉大学早期建筑理学院研究 [D]. 武汉：武汉大学，2018.
162. 李义纯 . 武汉市开埠以来城市规划管理历程研究 [D]. 武汉：华中科技大学，2015.
163. 李蕻楠 . 当前中国近代建筑史研究中的地域性差别和不平衡性——基于“中国近代建筑史研究讨论会”数据分析 [J]. 华中建筑，2012，30（8）：14-17.
164. 李蕻楠 . 二十世纪八十年代以来的中国近代建筑史研究 [D]. 北京：清华大学，2012.
165. 李喆 . 从本土建筑师的师承关系解读本土设计的发展历程 [D]. 北京：中国建筑设计研究院，2011.
166. 李治镇 . 武汉近代建筑与建筑设计行业 [J]. 华中建筑，1988（3）：36-39.
167. 李治镇 . 武汉近代银行建筑（续）[J]. 华中建筑，2000（1）：104-108.
168. 李治镇 . 武汉近代银行建筑 [J]. 华中建筑，1999（4）：130-131.
169. 李卓然 . 威海市英租时期建筑遗产价值体系初探 [D]. 济南：山东建筑大学，2013.
170. 梁超 .70 年前武汉三镇立体地图首现江城 [J]. 中国测绘，2013（3）：68-69.
171. 梁敏 . 近代工业建筑保护与再利用策略研究——以汉口租界区为例 [C]. 中国城市规划学会，贵阳市人民政府 . 新常态：传承与变革——2015 中国城市规划年会论文集（08 城市文化）. 贵阳：中国城市规划学会，2015：289-299.
172. 梁思成 . 梁思成全集 [M]. 北京：中国建筑工业出版社，2001.
173. 梁志敏 . 广西近代建筑的兴起历程与分布特点 [C]. 广西壮族自治区文物局 . 广西文博：第一辑 . 南宁：广西人民出版社，2017：279-285.
174. 林申 . 厦门近代城市与建筑初论 [D]. 泉州：华侨大学，2001.

175. 刘琮如，林明森 . 武昌近代市政公共建筑的“古典”之美——以湖北省图书馆和湖北咨议局为例 [J]. 大众文艺，2015（5）：130.
176. 刘琮如 . 武昌近代建筑的类型研究 [J]. 山西建筑，2004（14）：6–7.
177. 刘刚 . 基于城市空间演进的上海近代居住建筑类型及其谱系 [J]. 建筑师，2017（5）：83–90.
178. 刘红红，吴薇 . 近代武昌城市公共建筑类型与形式研究 [J]. 华中建筑，2014，32（4）：137–141，161.
179. 刘佳 . 镇江近代建筑形态及其演变研究 [D]. 无锡：江南大学，2012.
180. 刘剀，时雪莹 . 中苏友好时期武汉城市形态演变研究 [J]. 新建筑，2016（6）：23–27.
181. 刘剀 . 武汉三镇城市形态演变研究 [M]. 武汉：华中科技大学出版社，2017.12.
182. 刘珂 . 从师承关系的角度解读现代主义建筑在近代中国的发展 [D]. 长沙：湖南大学，2018.
183. 刘璐 . 基于符号学的“苏式”公共建筑特征性研究 [D]. 合肥：合肥工业大学，2016.
184. 刘先觉 . 中国近现代建筑艺术 [M]. 武汉：湖北教育出版社，2004.
185. 刘翔 . 建筑大师庄俊的建筑设计艺术及实践 [J]. 兰台世界，2014（25）：151–152.
186. 刘晓航 . 大汉口：东方茶叶港 [M]. 武汉：武汉大学出版社，2015.
187. 刘雅君 . 近代汉口跑马场的形成、演变及其对城市形态的影响 [D]. 武汉：华中科技大学，2017.
188. 刘艳芬 . 地域性和外来文化影响下的大同近代建筑 [D]. 太原：太原理工大学，2013.
189. 刘洋 . 基于模因论的中国近代高校教育建筑群形态研究 [D]. 长沙：湖南大学，2017.
190. 刘亦师 . 近现代时期外籍建筑师在华活动述略 [J]. 城市环境设计，2015（Z2）：320–329.
191. 刘亦师 . 中国近代“外廊式建筑”的类型及其分布 [J]. 南方建筑，2011（2）：36–42.
192. 刘亦师 . 中国近代建筑的特征 [J]. 建筑师，2012（6）：79–84.
193. 刘亦师 . 中国近代建筑史教学的回顾与展望 [J]. 新建筑，2013（1）：22–27.
194. 刘英姿，蓝博 . 汉口法国租界及其建筑 [M]. 武汉：武汉出版社，2013.
195. 刘英姿，张光清，Siegfried Enders. 工程 · 文化 · 景观“I COMOS–Wuhan 无界论坛”论文集 [C]. 南京：东南大学出版社，2014.
196. 刘源 . 哈尔滨近代建筑外立面装饰柱形态与特征分析 [D]. 哈尔滨：东北林业大学，2016.
197. 龙盛运 . 清代全史：第 7 卷 [M]. 沈阳：辽宁人民出版社，1993.

198. 娄承浩，薛顺生 . 上海百年建筑师和营造师 [M]. 上海：同济大学出版社，2011.
199. 卢茨 . 中国教会大学史 [M]. 曾钜生译 . 杭州：浙江教育出版社，1988.
200. 卢庆旼 . 中韩两国近代建筑史分期研究之比较 [J]. 新建筑，2014（4）：86–90.
201. 卢锐 . 武汉食品工业遗产研究 [D]. 武汉：华中师范大学，2014.
202. 卢永毅，周慧琳 . 近代上海四大百货公司——建筑类型学中的都市现代性解读 [J]. 新建筑，2017（6）：4–10.
203. 陆严冰 . 民国建筑中设计意识现代性研究 [D]. 北京：中央美术学院，2017.
204. 陆致瑛 . 商业利益与社会责任：企业社会责任的历史、现实及未来 [M]. 北京：新华出版社，2010.
205. 路中康 . 民国时期建筑师群体研究 [D]. 武汉：华中师范大学，2009.
206. 路中康 . 中国近代建筑师群体的兴起及其职业地位的确立 [J]. 近代史学刊，2008：34–48，161.
207. 罗福惠 . 湖北通史 · 晚清卷 [M]. 武汉：华中师范大学出版社，2018.
208. 罗晶，过伟敏 . 近代“中西合璧”城市建筑遗产的式样特征——以南通地区为例 [J]. 城市发展研究，2012，19（7）：146–150.
209. 罗晶 . 中国近代“中西合璧”建筑研究评述 [J]. 湖北民族学院学报（哲学社会科学版），2015，33（6）：25–29.
210. 罗连杰 . 新古典主义建筑思潮与近现代重庆主城建筑演变（1891—1960）[D]. 重庆：重庆大学，2016.
211. 罗睿，彭雷 . 武汉近代里分住宅更新保护研究——以坤厚里片区为例 [J]. 华中建筑，2012，30（6）：162–166.
212. 罗时汉 . 古城汉阳 [M]. 武汉：武汉出版社，2017.
213. 罗涛 . 汉正街近代里分研究 [D]. 武汉：华中科技大学，2008.
214. 骆志华 . 沙面近代建筑群的保护和开发利用研究 [D]. 广州：华南理工大学，2009.
215. 吕淑梅，刘莹，周洪军 . 浅析武汉建筑的历史变迁及发展前景 [J]. 华中建筑，2008（4）：174–177.
216. 马佳志 .“建筑”与“营造”视角下中国建筑学科的建立与发展（1840 年代—1940 年代）[J]. 建筑师，2019（5）：25–29.
217. 马莉 . 现代主义建筑在青岛地区的源起与发展（1949 年以前）[D]. 青岛：青岛理工大学，2016.
218. 马守恒，张宇晴 . 营口老街近代建筑类型研究 [J]. 建筑与文化，2018（5）：237–238.
219. 门永生 . 折衷主义对荆州近代历史建筑装饰艺术的影响研究 [D]. 荆州：长江大学，2017.
220. 牟怡 . 建筑类型学视角下中国典型近代建筑西方样式原型初探 [D]. 济南：山东大学，2016.

221. 内田佐和吉 . 武汉巷史 [M]. 武汉：武汉出版社，2014.
222. 聂非 . 武汉教会医院的源流、演进与社会动因研究（1864—1953 年）[D]. 武汉：华中科技大学，2016.
223. 潘谷西 . 东南大学建筑系成立七十周年纪念专集 [M]. 北京：中国建筑工业出版社，1997.
224. 潘谷西 . 中国建筑史 [M]. 北京：中国建筑工业出版社，2001.
225. 潘洪钢，潘浩 . 清代商品经济发展与武汉三镇合一 [J]. 长江文史论丛,2018：2–14.
226. 潘建 . 南京民国建筑立面元素及立面风格特征研究 [D]. 南京：南京工业大学，2018.
227. 裴鹤鸣 . 徽州近代建筑遗存及其特征研究 [D]. 合肥：安徽建筑大学，2017.
228. 彭翔华 . 武汉民众乐园故事 [M]. 武汉：长江出版社，2017.
229. 彭晓光 . 中国近代基督教青年会（Y.M.C.A.）建筑研究 [D]. 广州：广州大学，2016.
230. 皮明庥 . 武汉建市的历史考察 [J]. 江汉大学学报，1994（5）：1–5.
231. 皮明庥 . 武汉近百年史（1840—1949）[M]. 武汉：华中工学院出版社，1985.
232. 皮明庥 . 孙中山与长江开发——兼评《建国方略》[C]. 近代中国（第七辑）. 上海中山学社，1997：23–32.
233. 皮明庥 . 简明武汉史 [M]. 武汉：武汉出版社，2005.
234. 皮明庥 . 近代武汉城市史 [M]. 北京：中国社会科学出版社，1993.
235. 蒲仪军 . 中国近代建筑设备工程制度初探 [J]. 暖通空调，2018，48（5）：38–41，71.
236. 钱锋 . 现代建筑教育在中国（1920s—1980s）[D]. 上海：同济大学，2006.
237. 钱毅，任璞 . 青岛德国近代建筑中来自殖民地外廊风格的影响 [J]. 华中建筑，2014，32（10）：19–24.
238. 钱毅，魏青 . 近代化与本土化——鼓浪屿建筑的发展 [J]. 建筑史，2017（1）：151–161.
239. 钱毅 . 鼓浪屿百年建筑风格流变及其背后的文化意义 [J]. 中国文化遗产,2017（4）：16–31.
240. 钱毅 . 鼓浪屿近代建筑中的“厦门装饰风格”[J]. 华中建筑，2013，31（6）：29–32.
241. 钱毅 . 西方古典复兴建筑在鼓浪屿近代建筑中的影响 [J]. 鼓浪屿研究，2019（2）：25–49.
242. 硚口区地方志办公室 . 汉正街与汉口城市 [M]. 武汉：武汉出版社，2017.
243. 秦红岭 . 建筑装饰与道德：基于维特鲁威至近代西方建筑伦理的考察 [J]. 华中建筑，2016，34（11）：39–42.
244. 秦添 . 武汉城市空间形式演变与意义 [J]. 建筑与文化，2017（7）：219–220.
245. 任康丽 . 汉口景明洋行 [J]. 档案记忆，2019（9）：22–24.
246. 荣振华 . 在华耶稣会士列传及书目补编 [M]. 耿升译 . 北京：中华书局，1995.
247. 茹存光 . 初探民国建筑之“传统复兴”式建筑 [J]. 兰台世界，2013（1）：117–119.

248. 沙永杰．“西化”的历程 [M]. 上海：上海科学技术出版社，2001.
249. 上海建筑施工志编委会编写办公室．东方“巴黎”：近代上海建筑史话 [M]. 上海：上海文化出版社，1991.
250. 尚克强，刘海岩．天津租界社会研究 [M]. 天津：天津人民出版社，1996.
251. 邵星宇．从“依图组合”到“案图造型”[D]. 南京：东南大学，2017.
252. 申洁，许泽凤，林珑．城市文化传承视角下对历史建筑保护的思考——以武汉近代历史居住建筑为例 [J]. 中外建筑，2010（11）：65–68.
253. 沈琳．总统府“中西合璧”之建筑遗存 [J]. 江苏地方志，2005（2）：54–56.
254. 石峰．南通近代中西合璧建筑造型研究 [D]. 无锡：江南大学，2012.
255. 石林，过伟敏．近代中西合璧建筑的发展脉络及原因解析 [J]. 山西建筑，2016，42（7）：2–4.
256. 石林，王天健，滕有平．鼓浪屿近代洋楼装饰图案的风格及文化特征解析 [J]. 青岛理工大学学报，2017，38（1）：59–64.
257. 时雪莹．中苏友好时期武汉城市形态演变研究（1949—1965）[D]. 武汉：华中科技大学，2017.
258. 斯克鲁登．建筑美学 [M]. 刘先觉译．北京：中国建筑工业出版社，1992.
259. 宋莉娜，过伟敏．以扬州玉秀楼为例谈近代中西合璧住宅建筑 [J]. 山西建筑，2014，40（33）：2–4.
260. 宋莉娜．扬州近代中西合璧建筑式样研究 [D]. 无锡：江南大学，2015.
261. 宋日升．基于材料技术演进的武汉近代砖建筑发展研究 [D]. 武汉：华中科技大学，2013.
262. 苏全有，崔海港．中国近代建筑史研究视角述评 [J]. 河南城建学院学报，2013，22（3）：73–77.
263. 孙皓，肖承志．绉议汉口古德寺圆通宝殿的建筑艺术 [J]. 现代装饰（理论），2016（12）：176–177.
264. 孙君恒，陈星辰．武汉青山苏式建筑的文化魅力 [J]. 荆楚学刊，2016，17（2）：5–10.
265. 孙君恒．武汉高校苏式建筑历史文化论 [J]. 商丘师范学院学报，2017，33（4）：92–98.
266. 孙乾，董昊旻，林瑨．中国近代折衷主义建筑装饰纹样特色——以天津易兆云旧居为例 [J]. 艺术教育，2013（7）：167.
267. 孙珊．武汉市历史建筑保护研究 [D]. 武汉：华中科技大学，2008.
268. 孙震，徐可．近代本土建筑师庄俊在汉设计作品研究——汉口里分之金城里与大陆坊 [J]. 华中建筑，2011，29（2）：61–64.
269. 孙震．中国近代里式住宅比较研究 [D]. 武汉：武汉理工大学，2007.

270. 孙中山，张小莉，申学锋 . 建国方略 [M]. 北京：华夏出版社，2002.
271. 孙竹青，谭刚毅 . 大火焚城与涅槃重生——伦敦 1666 年与汉口 1911 年的火灾及其重建比较研究 [J]. 西部人居环境学刊，2015，30（5）：8–15.
272. 谭刚毅，孙竹青，翟跃东 .《汉口兵燹后改良市政新旧街道详图》读解 [J]. 建筑师，2017（1）：73–86.
273. 谭刚毅，余泽阳 . 从近代建筑师的身世之考到近代城市建筑的“风貌”之变——以景明洋行创始人海明斯和伯克利为例 [J]. 建筑师，2017（5）：133–137.
274. 谭刚毅 .“江”之于江城——近代武汉城市形态演变的一条线索 [J]. 城市规划学刊，2009（4）：93–99.
275. 汤佳 . 老汉口租界建筑外窗构造及装饰形态研究 [D]. 武汉：华中科技大学，2017.
276. 汤若濛 . 历史建筑保护思考——以武汉近代公馆为例 [J]. 湖北广播电视大学学报，2019，39（1）：54–58.
277. 唐湉 . 近代无锡籍建筑师研究 [D]. 无锡：江南大学，2017.
278. 唐孝祥，冯楠 . 河南大学近代建筑的中西合璧特征探析 [J]. 中国名城，2017（7）：64–70.
279. 藤森照信 . 日本的近代建筑 [M]. 济南：山东人民出版社，2010.
280. 藤森照信，王炳麟 . 日本近代建筑史研究的历程 [J]. 世界建筑 .1986.
281. 田洋 . 解析折衷主义在中国近代建筑中的形式语言 [J]. 艺术科技，2013，26（5）：194.
282. 田野 . 基于建筑类型学的近代武昌城民居种类研究 [D]. 武汉：武汉理工大学，2013.
283. 童明 . 范式转型中的中国近代建筑——关于宾大建筑教育与美式布扎的反思 [J]. 建筑学报，2018（8）：68–78.
284. 童启明 . 宗教融汇的建筑表达以武汉古德寺为例 [J]. 中国宗教，2016（9）：76–77.
285. 童乔慧，杜娅薇 . 武汉近代跑马场建筑 [J]. 华中建筑，2016，34（8）：26–29.
286. 童乔慧，刘娅妮 . 武汉近代领事馆建筑 [J]. 华中建筑，2011，29（9）：171–175.
287. 童乔慧，唐莉，黎启国 . 交互与新生——武汉大学早期校园规划思想解读 [J]. 建筑师，2019（5）：56–68.
288. 涂文学 .“市政改革”与中国城市早期现代化 [D]. 武汉：华中师范大学，2006.
289. 涂文学 . 武汉沦陷史 [M]. 武汉：湖北教育出版社，2018.
290. 涂文学 . 按照“现代方式”重组空间：20 世纪 30 年代武汉（汉口）城市规划及其历史意义 [J]. 决策与信息，2017（4）：28–45.
291. 涂勇 . 武汉历史建筑要览 [M]. 武汉：湖北人民出版社，2002.
292. 万晶 . 西风东渐下的南通近代建筑装饰装修样式特征研究 [D]. 南京：东南大学，

2018.
293. 万杨，张健 . 现代主义思想在上海公和洋行系列建筑中的体现 [J]. 华中建筑，2016，34（6）：12–14.
294. 汪广丰 . 南京的民国建筑 [J]. 建筑，2019（19）：64–67.
295. 汪晶晶 . 从文化线路视角探究武汉和长沙的近代建筑 [D]. 长沙：湖南大学，2016.
296. 汪坦，张复合 . 第四次中国近代建筑史研究讨论会论文集 [C]. 北京：中国建筑工业出版社，1993.
297. 汪坦，张复合 . 第五次中国近代建筑史研究讨论会论文集 [C]. 北京：中国建筑工业出版社，1998.
298. 汪坦 . 第三次中国近代建筑史研究讨论会论文集 [C]. 北京：中国建筑工业出版社，1991.
299. 汪晓茜 . 大匠筑迹：民国时代的南京职业建筑师 [M]. 南京：东南大学出版社，2014.
300. 汪苑菁 . 报刊与城市现代性 [D]. 武汉：华中科技大学，2013.
301. 王蓓 . 杨嵩林学术历程和思想研究 [D]. 重庆：重庆大学，2013.
302. 王大治 . 哈尔滨建筑：中西合璧的典范 [N]. 光明日报，2011–10–12（14）.
303. 王芳 . 历史文化视角下的内陆传统城市近现代建筑研究 [D]. 西安：西安建筑科技大学，2011.
304. 王汗吾，吴明堂 . 中国第一个直辖市发祥地——"京兆区"武汉 [J]. 中国地方志，2008（7）：50–53.
305. 王汗吾，吴明堂 . 汉口五国租界 [M]. 武汉：武汉出版社，2017.
306. 王汗吾等 . 汉口租界志 [M]. 武汉：武汉出版社，2003.
307. 王汗吾 . 武汉里巷故事 [M]. 武汉：长江出版社，2015.
308. 王汗吾 . 武汉最早的跑马场是什么样子 [J]. 武汉文史资料，2018（2）：58–59.
309. 王汗吾 . 汉口郊外西商跑马场建筑群的变化 [J]. 武汉文史资料，2018（3）：56–58.
310. 王浩 .20 世纪"苏式建筑"遗产伦理文化初探——以北京百万庄住宅区为例 [J]. 美与时代（城市版），2018（6）：26–28.
311. 王浩 . 北京 20 世纪苏式建筑遗产美学特征与文化价值研究 [D]. 北京：北京建筑大学，2019.
312. 王建锋 . 被遗忘的主角——评《Building in China：Henry K. Murphy's "Adaptive Architecture", 1914—1935》[J]. 时代建筑，2005（1）：158.
313. 王俊晓 . 京津地区美国教会学校建筑研究 [D]. 北京：北京建筑大学，2019.
314. 王骏 . 中国近现代城市规划中的西方古典主义思潮研究 [D]. 武汉：武汉理工大学，2009.
315. 王琨 . 民国时期上海华人营造业群体研究 [D]. 上海：上海师范大学，2011.

316. 王乐 . 武汉现代建筑研究（1930 年代初—1980 年代初）[D]. 武汉：华中科技大学，2006.
317. 王莉 . 陕北近代建筑研究（1840—1949）[D]. 西安：西安建筑科技大学，2013.
318. 王苗，曹磊 . 天津近代建筑师事务所发展研究 [J]. 天津大学学报（社会科学版），2013，15（4）：324-327.
319. 王苗，师宽 . 解读近代天津中西文化交融的建筑语汇 [J]. 天津大学学报（社会科学版），2019，21（1）：35-40.
320. 王苗 . 中西文化碰撞下的天津近代建筑发展研究 [D]. 天津：天津大学，2013.
321. 王敏 . 近代云南约开商埠中的法式建筑研究 [D]. 昆明：云南农业大学，2017.
322. 王蕊 . 西安近代建筑风格与装饰研究 [D]. 西安：西安建筑科技大学，2011.
323. 王绍周 . 正视中国近代建筑的研究价值 [C]. 昆明：中国建筑学会建筑史学分会 . 建筑历史与理论：第五辑 . 北京：中国建筑学会建筑史学分会，1993：61-65.
324. 王绍周 . 中国近代建筑概观 [J]. 华中建筑，1987（2）：8-12.
325. 王绍周 . 中国近代建筑概说 [J]. 时代建筑，1991（1）：43-46，38.
326. 王世仁 . 中国近代建筑与建筑风格 [J]. 建筑学报，1978（4）：28-32.
327. 王世仁 . 中国近代史的界标——对北京近代建筑的再认识 [J]. 首都博物馆丛刊，2001：56-66.
328. 王晓堂 . 汉口租界公共建筑存续关系研究 [D]. 武汉：华中科技大学，2005.
329. 王筱婧 . 古德寺建筑装饰研究 [D]. 青岛大学，2018.
330. 王昕，赵淑红 . 近代建筑师研究一窥——以中国建筑师学会成员为立足点 [J]. 建筑与文化，2016（11）：26-27.
331. 王馨怡，刘佳 . 苏锡常近代建筑装饰中的几何图案流变 [J]. 设计艺术研究，2019，9（2）：30-37.
332. 王兴科 . 这也是一座红楼：辛亥革命武昌起义纪念馆 [M]. 北京：中国大百科全书出版社，1998.
333. 王旭，伊宏伟，邱岚 . 百岁建筑大师庄俊的开创性建筑设计艺术贡献 [J]. 兰台世界，2015（31）：24-25.
334. 王瑛琦 . 无锡历史街区传统建筑建造技艺研究 [D]. 无锡：江南大学，2015.
335. 王振宇 . 装饰艺术派（Art Deco）建筑在青岛的源起与影响 [D]. 青岛：青岛理工大学，2016.
336. 卫莉 . 留学生与中国近代建筑学价值观 [J]. 长治学院学报，2013，30（1）：40-43.
337. 温玉清 . 二十世纪中国建筑史学研究的历史、观念与方法 [D]. 天津：天津大学，2006.
338. 翁春萌 . 武汉近代工业发展与城市形态变迁研究（1861—1937）[D]. 武汉：武汉

大学，2017.
339. 吴柏华 . 汉口开埠至今街道界面形态的演变过程与机制研究 [D]. 武汉：华中科技大学，2019.
340. 吴红梅，黄学军 . 武汉近代建筑装饰中的西式纹样研究 [J]. 湖北美术学院学报，2013（4）：103–107.
341. 吴红梅，黄学军 . 武汉近代建筑装饰中的中国传统纹样研究 [J]. 湖北美术学院学报，2011（3）：109–112.
342. 吴杰 . 武汉大学近代历史建筑营造及修复技术研究 [D]. 武汉：武汉理工大学，2012.
343. 吴明友 . 南京近现代建筑保护与修缮技术研究 [D]. 南京：东南大学，2017.
344. 吴庆洲 . 建筑哲理、意匠与文化 [M]. 北京：中国建筑工业出版社，2005.
345. 吴薇 . 近代武昌城市发展与空间形态研究 [D]. 广州：华南理工大学，2012.
346. 吴奕霖 . 我国近现代战争文化遗产认定研究 [D]. 重庆：重庆大学，2017.
347. 吴之凌，汪勰 . 武汉城市规划思想的百年演变 [J]. 城市规划学刊，2009（4）：33–39.
348. 伍江 . 上海百年建筑史 [M]. 上海：同济大学出版社，1997
349. 武昌区地方志办公室 . 武昌旧城 [M]. 武汉：武汉出版社，2017.
350. 武汉地方志办公室 . 武汉市志简明读本 [M]. 武汉：武汉出版社，2010.
351. 武汉地方志编纂委员会 . 武汉市志 · 体育志 [M]. 武汉：武汉大学出版社，1990.
352. 武汉地方志编纂委员会 . 武汉市志 · 文物志 [M]. 武汉：武汉大学出版社，1990.
353. 武汉市城市规划管理局 . 武汉市城市规划志 [M]. 武汉：武汉出版社，1999.
354. 武汉市档案馆 . 大武汉旧影 [M]. 武汉：湖北人民出版社，1999.
355. 武晶 . 外国建筑史的中国研究 [D]. 天津：天津大学，2017.
356. 武求实 . 法籍天津近代建筑师保罗 · 慕乐研究 [D]. 天津：天津大学，2012.
357. 武艳红 . 武汉近代教育建筑设计研究 [D]. 武汉：武汉理工大学，2008.
358. 席悦，韦雨萌 . 浅谈西安苏式建筑的保护 [J]. 建材与装饰，2018（31）：110.
359. 向友国，闫海青，张大勇 . 现代长江水工程结构生态 [M]. 武汉：湖北科学技术出版社，2016.
360. 肖国艺 . 中国近代砖砌建筑的建构逻辑转变研究 [D]. 北京：北方工业大学，2017.
361. 肖剑平，刘美春，尹雅婧等 . 地图见证武汉城市发展变化 [J]. 测绘地理信息，2017，42（5）：116–121.
362. 肖伟，王祥 . 武汉近代建筑遗产的传承与发展 [J]. 建筑学报，2012（9）：113–115.
363. 萧忠生 . 林则徐研究文集 [M]. 福州：海峡文艺出版社，2017.
364. 谢宏杰 . 武汉教会建筑文化：结构、内涵及现实意义 [J]. 长江论坛，2008（4）：86–89.

365. 谢杰 . 长沙近现代建筑立面特征及保护研究 [D]. 长沙：湖南大学，2012.
366. 邢倩 . 西安近代建筑发展特征及价值定位研究 [D]. 西安：西安建筑科技大学，2010.
367. 熊亮明 . 广州近代历史建筑色彩特征及保护研究 [D]. 广州：广东工业大学，2013.
368. 熊威 . 文化叠合：武汉古德寺宗教艺术浅析 [J]. 法音，2016（6）：45–50.
369. 徐景猷 . 上海城市近代建筑文化 [J]. 城市规划，1990（4）：27–31，35.
370. 徐景猷 . 上海城市近代建筑文化 [J]. 城市规划，1990（5）：33–37.
371. 徐敏 . 中国近代基督宗教教堂建筑考察研究 [D]. 南京：南京艺术学院，2010.
372. 徐攀登 . 青岛近代历史居住建筑保护和再利用研究 [D]. 青岛：青岛理工大学，2018.
373. 徐齐帆 . 武汉近代营造厂研究 [D]. 武汉：武汉理工大学，2010.
374. 徐苏斌 . 近代中国建筑学的诞生 . 天津：天津大学出版社，2010.
375. 徐杨 . 汉口原租界区内近代产业建筑保护和再利用研究——以日军汽船仓库为例 [J]. 华中建筑，2006（11）：138–141.
376. 徐杨 . 汉口租界区近代产业遗产保护与再利用研究 [D]. 武汉：华中科技大学，2006.
377. 徐怡静 . 武汉古德寺之异域风格象征文化初探 [J]. 华中建筑，2006（11）：8–10.
378. 许颖，马志亮 . 武昌老建筑 [M]. 武汉：武汉出版社，2019.
379. 徐宇甦，陈李波，余格格 . 武汉近代教堂建筑类型研究 [J]. 华中建筑，2014，32（7）：149–154.
380. 徐宗武，杨昌鸣 . 天津近代 Art Deco 风格建筑研究 [J]. 建筑学报，2012（S1）：40–44.
381. 许乙弘 . Art Deco 的源与流 [M]. 南京：东南大学出版社，2006.
382. 薛芃芃 . 重庆使领馆建筑遗产保护与再利用研究 [D]. 重庆：重庆大学，2016.
383. 严昌洪 . 武汉掌故 [M]. 武汉：武汉出版社，2012.
384. 严何 . 历史场景中的都市生活——沪、汉两地近代城市滨水空间的建筑人类学比较研究 [J]. 南方建筑，2014（5）：21–27.
385. 阎波，张兴国，谭文勇 . 当代中国建筑师及其地域建筑创作思想初探 [J]. 新建筑，2010（6）：46–49.
386. 阎波 . 中国建筑师与地域建筑创作研究 [D]. 重庆：重庆大学，2011.
387. 杨秉德，蔡萌 . 中国近代建筑史话 [M]. 北京：机械工业出版社，2004.
388. 杨秉德 . 中国近代建筑史分期问题研究 [J]. 建筑学报，1998（9）：53–54，3.
389. 杨秉德 . 中国近代中西建筑文化交融史 [M]. 武汉：湖北教育出版社，2003.
390. 杨国安 . 钱庄、票号与银行：清代以来汉口金融业的发展与变迁 [J]. 中国经济与社会史评论，2018：3–39.
391. 杨海鹰，童乔慧 . 四明银行与武汉近代建筑的 Art Deco 风格 [J]. 华中建筑，2008（9）：189–193.

392. 杨思声 . 近代泉州外廊式民居初探 [D]. 泉州：华侨大学，2002.
393. 杨嵩林 . 中国近代建筑发展的三个阶段 [J]. 华中建筑，1988（1）：55–60，41.
394. 杨嵩林 . 中国近代建筑复古初探 [J]. 建筑学报，1987（3）：59–63，13.
395. 杨嵩林 . 中国近代建筑复古之初探 [J]. 华中建筑，1987（2）：19–25.
396. 杨嵩林 . 中国近代建筑师的学术思想 [J]. 华中建筑，1989（3）：35–38.
397. 杨亚，史明 . 无锡近代中西合璧建筑的造型特征 [J]. 山西建筑,2015,41（4）：1–2.
398. 杨亚 . 无锡近代中西合璧建筑类型及特征研究 [D]. 无锡：江南大学，2015.
399. 杨洋 . 浅论武汉近代历史建筑文化遗产保护成果——以武昌昙华林历史文化片区为例 [J]. 华中建筑，2015，33（9）：178–181.
400. 杨永康 . 武汉地区近代砖建筑建构文化与技术研究 [D]. 武汉：华中科技大学，2008.
401. 姚远 . 从民国到当代看建筑装饰文化的发展趋势 [J]. 中国建筑装饰装修,2012（5）：203–205.
402. 尹东国 . 天津近代建筑规则演变过程研究 [D]. 天津：天津大学，2016.
403. 于含书 . 近代中国西洋建筑 [D]. 长春：吉林大学，2007.
404. 于娟，张子毅 . 探析中西合璧的建筑典范“中华巴洛克建筑”——以哈尔滨老道外为例 [J]. 艺术研究，2013（1）：10–12.
405. 于梦瑾 . 烟台近代朝阳街历史街区建筑保护与利用研究 [D]. 青岛：青岛理工大学，2018.
406. 于英，鲁慧敏，王立君等 . 哈尔滨近代建筑立面柱装饰形态研究 [J]. 装饰，2013（2）：72–73.
407. 于志光 . 武汉城市空间营造研究 [M]. 北京：中国建筑工业出版社，2010.
408. 余倩，陈小将 . 武汉近代银行建筑中水刷石的运用探源 [J]. 福建建筑，2014（1）：31–34.
409. 余爽 . 卢毓骏与中国近代城市规划 [D]. 武汉：武汉理工大学，2012.
410. 余泽阳，谭刚毅 . 近代武汉建筑事务所——景明洋行历任主要负责人之身世及作品探究 [J]. 华中建筑，2019，37（8）：9–12.
411. 喻婷 . 近代武汉城市规划制度研究 [D]. 武汉：武汉理工大学，2011.
412. 袁曦临，顾建新 . 中央大学建筑系与民国时期的建筑师群体 [J]. 南京林业大学学报（人文社会科学版），2012，12（4）：107–112.
413. 苑丽娟 . 晋北近代建筑概论 [D]. 太原：太原理工大学，2014.
414. 岳兵 . 浅谈近代旅顺沙俄建筑艺术风格（1896—1905）[J]. 四川水泥，2016（10）：243.
415. 翟跃东，任予箴 . 千年未有之变：武汉近代建筑备览 [M]. 武汉：武汉出版社，2011.
416. 翟跃东，任予箴 . 水火：汉口焚城 100 年 · 水淹三镇 80 年——城市灾难纪念 [M]. 武汉：武汉出版社，2011.

417. 张春霞，过伟敏 . 中国近代“早期现代主义建筑”研究进展 [J]. 创意与设计，2019（1）：73–77，82.
418. 张春阳，孙冰 . 广州近代医院建筑发展研究初探 [J]. 南方建筑，2017（1）：100–107.
419. 张帆 . 中国晚近代建筑保护模式研究 [D]. 长沙：湖南大学，2012.
420. 张芳 . 殖民建筑在武汉城市发展中生存方式的研究 [D]. 武汉：湖北工业大学，2012.
421. 张复合 . 中国近代建筑史研究之回顾与展望 [C]. 中国建筑学会建筑史学分会；中国建筑学会建筑史学分会 . 建筑历史与理论：第五辑 . 北京：中国建筑学会建筑史学分会：中国建筑学会建筑史学分会，1993：69–81.
422. 张复合 . 第五次中国近代建筑史研究讨论会综述 [J]. 建筑学报，1996（11）：31.
423. 张复合 . 第五次中国近代建筑史研究讨论会综述 [J]. 南方建筑，1996（3）：66.
424. 张复合 . 交流 · 总结 · 提高 · 深入——“第四次中国近代建筑史研究讨论会”综述 [J]. 建筑学报，1993（5）：18–19.
425. 张复合 . 中国近代建筑史研究与近代建筑遗产保护 [J]. 哈尔滨工业大学学报（社会科学版），2008，10（6）：12–26.
426. 张复合 . 中国近代建筑史研究之回顾与展望 [C]. 中国建筑学会建筑史学分会 . 建筑历史与理论：第五辑 . 北京：中国建筑学会建筑史学分会，1993：69–81.
427. 张复合 . 中国近代建筑史研究之回顾与展望 [J]. 南方建筑，1994（2）：3–12.
428. 张复合 . 中国近代建筑研究与保护 [M]. 北京：清华大学出版社，2006.
429. 张海翱 . 近代上海清水砖墙建筑特征研究初探 [D]. 上海：同济大学，2008.
430. 张晗 . 青岛市广西路近代商业建筑研究 [D]. 西安：西安建筑科技大学，2018.
431. 张继舟 . 成都近代建筑遗产概况与保护利用研究 [D]. 成都：西南交通大学，2014.
432. 张捷 . 留学生与中国近代建筑思想和风格的演变 [D]. 太原：山西大学，2006.
433. 张雷 . 多元文化下我国近代建筑的历史见证 [N]. 中华建筑报，2012–02–17（10）.
434. 张娜 . 武昌文华大学建筑风格研究 [J]. 华中建筑，2012，30（5）：122–125.
435. 张乃夫 . 厦门本岛旧城近代骑楼立面特征研究 [D]. 泉州：华侨大学，2016.
436. 张鹏，杨奕娇 . 中国近代建筑结构技术演进初探——以上海外滩建筑为例 [J]. 建筑学报，2017（S2）：86–91.
437. 张倩倩 . 汉口英租界近代砖砌建筑保护与再利用研究 [D]. 武汉：华中科技大学，2007.
438. 张书铭，郭璇 . 中日近现代建筑发展历程的对照研究 [J]. 西部人居环境学刊，2014，29（3）：38–44.
439. 张松 . 多元文化生态视野下的鼓浪屿历史风貌建筑整体特征研究 [D]. 泉州：华侨大学，2018.
440. 张天洁，李百浩，李泽 . 中国近代城市规划的“实验者”——董修甲与武汉的近

代城市规划实践 [J]. 新建筑，2012（3）：138-143.
441. 张天洁，李泽 . 从“藏”到“开”：近代武汉公共图书馆建筑的发展述略 [J]. 南方建筑，2014（6）：34-42.
442. 张卫宁，李保峰 . 城市特色与近代文物建筑的保护——武汉“租界”建筑中某些问题的反思 [J]. 长江建设，1998（5）：26-27.
443. 张锡尧 . 青年风格派建筑在青岛的源起和评价 [D]. 青岛：青岛理工大学，2018.
444. 张小彤，万辉 . 移民文化影响下的哈尔滨近代建筑装饰艺术形式 [J]. 山西建筑，2016，42（22）：203-205.
445. 张小翼 . 南京新街口地区民国时期商业建筑研究 [D]. 西安：西安建筑科技大学，2018.
446. 张笑笑 . 芜湖近代建筑研究 [D]. 杭州：浙江大学，2017.
447. 张娅薇 . 武汉里弄保护更新的类型学研究 [D]. 武汉：武汉大学，2005.
448. 张耀天 . 长春近代建筑装饰图案研究 [D]. 长春：东北师范大学，2016.
449. 张伊檬 . 近代天津租界建筑装饰与环境艺术研究 [D]. 天津：天津大学，2016.
450. 张昱 . 中西合璧的城市建筑景观如何活化 [N]. 文汇报，2020-01-03（W02）.
451. 章开沅 . 20 后寄语 90 后：章开沅小品文选集 [M]. 武汉：华中师范大学出版社，2013.
452. 章玲玲 . 另类诠释——近代域外建筑者在华之中国民间风格建筑创作研究 [D]. 南京：南京大学，2012.
453. 章臻颖 . 杭州近代建筑史及其建筑风格初解 [D]. 杭州：浙江大学，2007.
454. 赵安棋 . 无锡近代中西合璧建筑的源流研究 [D]. 无锡：江南大学，2017.
455. 赵安棋 . 西方中世纪式样在无锡近代建筑中的应用研究 [J]. 大众文艺，2016（16）：105.
456. 赵彬，谌彤 . 武汉近代领事馆建筑 [J]. 华中建筑，2007（8）：215-217.
457. 赵彬，蒋韵 . 武汉近代建筑设计机构研究 [J]. 华中建筑，2011，29（6）：55-58.
458. 赵彬，吴杰 . 武汉大学近代历史建筑营造技术研究 [J]. 华中建筑，2013，31（3）：114-121.
459. 赵彬，武艳红 . 西方教会学校对武汉近代教育建筑的影响 [J]. 山西建筑，2008（18）：7-8.
460. 赵彬，徐齐帆 . 武汉近代营造厂发展进程之研究 [J]. 华中建筑，2010，28（8）：168-170.
461. 赵辰，伍江 . 中国近代建筑学术思想研究 [M]. 北京：中国建筑工业出版社，2003.
462. 赵辰 . 失之东隅，收之桑榆——浅议 1920 年代宾大对中国建筑学术之影响 [J]. 建筑学报，2018（8）：79-84.
463. 赵国文 . 中国近代建筑史的分期问题 [J]. 华中建筑，1987（2）：13-18.
464. 赵国文 . 中国近代建筑史的分期问题 [J]. 建筑学报，1987（3）：56-58.

465. 郑超引 . 武汉近代城市规划历史 GIS 数据库的设计研究 [D]. 武汉：湖北工业大学，2019.
466. 郑红彬，王炎松 . 景明洋行及其近代作品初探 [J]. 华中建筑，2009，27（1）：222-228.
467. 郑红彬，张波 . 晚清上海外籍职业建筑师群体略论（1843—1911）[J]. 南方建筑，2017（4）：79-85.
468. 郑红彬 . 国际建筑社区——近代上海外籍建筑师群体初探（1843—1941）[J]. 建筑师，2017（5）：111-120.
469. 郑红彬 . 近代天津外籍建筑师述录（1860—1940）[J]. 建筑史，2016（1）：175-194.
470. 郑红彬 . 近代武汉外籍建筑师述录（1861—1940）[J]. 建筑史，2015（1）：174-189.
471. 郑红彬 . 近代在华英国建筑师群体考论（1840—1949）[J]. 近代史研究，2016（3）：142-159.
472. 郑红彬 . 近代在华英国建筑师研究（1840—1949）[D]. 北京：清华大学，2014.
473. 郑立君 . 论苏联展览馆与中苏建筑设计交流 [J]. 艺术百家，2018，34（5）：163-169.
474. 郑时龄 .《中国近代建筑史料汇编》（第一辑）简述 [J]. 时代建筑，2014（6）：135.
475. 郑弌 . 中国近代建筑早期转型的三种面相（1910—1928）[J]. 美术研究，2018（4）：49-56.
476. 政协武汉市委员会文史学习委员会 . 武汉文史资料文库第 5 辑：租界洋行 [M]. 武汉：武汉出版社，1999.
477. 政协武汉市江岸区文史学习委员会 . 江岸文史第 8 辑：江岸区历史建筑专辑 [M]. 武汉：武汉出版社，2006.
478.《中国建筑史》编写组 . 中国建筑史 [M]. 北京：中国建筑工业出版社，1982.
479.《中国近代城市与建筑》编著组，杨秉德 . 中国近代城市与建筑 . 北京：中国建筑工业出版社，1993.
480. 中国人民政治协商会议北京市委员会文史资料研究委员会 . 文史资料选编第 27 辑 [M]. 北京：北京出版社，1986.
481. 中国人民政治协商会议湖北暨武汉市委员会 . 武昌起义档案资料选编：上 [M]. 武汉：湖北人民出版社，1981.
482. 钟贞，过伟敏 . 无锡传统街区中西合璧建筑细部分析 [J]. 江南大学学报（人文社会科学版），2007（1）：119-121，128.
483. 周德钧 . 武汉老字号 [M]. 武汉：武汉出版社，2013.
484. 周进 . 上海近代基督教堂研究（1843-1949）[D]. 上海：同济大学，2008.
485. 周靓 . 浅议亨利·墨菲对中国近代建筑发展的影响 [J]. 陕西教育（高教），2017（5）：10-11.
486. 周琦，庄凯强，季秋 . 中国近代建筑师和建筑思想研究刍议 [J]. 建筑师，2008（4）：

102–107.
487. 周荣光 . 北京地区近代银行建筑研究 [D]. 北京：北京建筑大学，2019.
488. 周荣蜀，舒莺 . 民国时期南京、武汉、重庆三座城市的历史文化内涵与建筑个性的比较分析（上）[J]. 重庆建筑，2013，12（7）：52–53，56.
489. 周韬，陈启泉，鵜飼哲矢 . 日本近代建筑师辰野金吾及“辰野式”建筑 [J]. 世界建筑，2019（8）：127–131，141.
490. 周围 . 历史地图和影像中的汉口华界城市空间要素演变研究 [D]. 武汉：华中科技大学，2019.
491. 周晓娟 . 美国建筑师在近代中国的医院建筑设计研究 [D]. 广州：华南理工大学，2019.
492. 周缨子 . 近代汉口怡和洋行物业中建筑的空间解析 [D]. 武汉：华中科技大学，2017.
493. 周予希 . 基于近代建筑制度视角的中国室内设计转型研究（1845—1953）[D]. 南京：东南大学，2016.
494. 周玉 . 武汉历史街区内近代建筑的保护及更新研究——以昙华林街区为例 [J]. 现代装饰（理论），2016（6）：52.
495. 周志 . 近代历史建筑外立面保护修缮技术及操作体系研究 [D]. 天津：天津大学，2013.
496. 朱成俊 . 武汉柏泉天主教堂案例研究 [D]. 武汉：华中科技大学，2015.
497. 朱光立 . 中西合璧与中国近代建筑的融合发展——以国民政府交通部办公楼为例 [J]. 档案与建设，2015（10）：57–60.
498. 朱佳 . 浅析近代武汉里分住宅的保护与更新 [J]. 山西建筑，2011，37（5）：6–7.
499. 朱洁皓 . 南通近代中西合璧建筑装饰与民俗文化关系研究 [J]. 美与时代（城市版），2016（3）：11–12.
500. 朱磊 . 兼收并蓄：中国近代建筑史时期上海的西方折衷主义建筑 [J]. 科技资讯，2008（32）：64.
501. 朱莉，王有珍 . 略论江汉关的主要业务职能——以江汉关大楼文物保护工程及全国首次可移动文物普查新发现为例 [J]. 国家航海，2019（2）：142–161.
502. 朱鹏飞 . 基于校园更新的武汉大学建筑风格研究 [D]. 武汉：武汉大学，2017.
503. 朱清 . 河南大学近代建筑群规划及建筑形态研究 [D]. 开封：河南大学，2015.
504. 朱松，刘猛 . 控制线和西方古典主义手法在近代沈阳满铁附属地建筑中的运用 [J]. 沈阳建筑大学学报（社会科学版），2016，18（3）：223–231.
505. 朱晓青，傅嘉言，孙姣姣 . 西方风格对浙江近代建筑样式演进的影响思辨 [J]. 建筑与文化，2014（9）：96–98.
506. 朱滢 . 汉口租界时期城市的规划法规与建设实施 [D]. 北京：清华大学，2014.

507. 朱原野 . 西安现存二十世纪中叶建筑风格研究 [D]. 西安：西安建筑科技大学，2015.
508. 朱昀彤 . 第一次日据时期（1914–1922）青岛地区建筑装饰风格研究 [D]. 青岛：青岛理工大学，2019.
509. 庄丹华 . 宁波帮与中国近代建筑业发展研究 [J]. 浙江工商职业技术学院学报，2018，17（1）：1–7.
510. 庄慕涵 . 浅谈中国近代建筑史 [J]. 城市建设理论研究（电子版），2018（22）：184–185.
511. 邹德侬 . 邹德侬文集 [M]. 武汉：华中科技大学出版社，2012.
512. 左奇志 . 汉口古德寺圆通殿建筑风格探讨 [J]. 华中建筑，2009，27（12）：180–183.
513. Wright，Arnold. Twentieth Century Impressions of Hongkong，Shanghai and Other Treaty Ports of China：Their History，People，Commerce，Industries，and Resources [M].London：Lloyds Greater Britain Publishing Company，1908.
514. 菲尔德维克 . 现时远东印象及在国内外都有名的人 [M]. 环球百科出版社公司，1917.
515. 约翰 · 罗斯金 . 建筑的七盏明灯，谷意译 . 济南：山东画报出版社，2012.
516. Torten Warner（华纳）. 德国建筑艺术在中国 [M]. 柏林：恩斯特出版社，1994.